당신이
알아야 할 한국사

당신이
알아야 할 한국사
10

초판 21쇄 발행   2023년 7월 17일
초판 1쇄 발행   2013년 11월 7일

지은이   서경덕과 한국사 분야별 전문가

발행인   손은진
개발책임   김문주
개발   김민정 정은경
제작   이성재 장병미
디자인   김훈 황지은
발행처   메가스터디(주)
출판등록   제2015-000159호
주소   서울시 서초구 효령로 304 국제전자센터 24층
전화   1661-5431   팩스 02-6984-6999
홈페이지   http://www.megastudybooks.com
출간제안/원고투고   writer@megastudy.net

ISBN   978-89-6465-442-2 03910

이 책은 메가스터디(주)의 저작권자와의 계약에 따라 발행한 것이므로
무단 전재와 무단 복제를 금지하며, 이 책 내용의 전부 또는 일부를 이용하려면
반드시 저작권자와 메가스터디(주)의 서면 동의를 받아야 합니다.
잘못된 책은 구입하신 곳에서 바꾸어드립니다.

메가스터디BOOKS
'메가스터디북스'는 메가스터디㈜의 출판 전문 브랜드입니다.
유아/초등 학습서, 중고등 수능/내신 참고서는 물론,
지식, 교양, 인문 분야에서 다양한 도서를 출간하고 있습니다.

DO YOU KNOW?

당신이
알아야 할 한국사

메가스터디BOOKS

prologue

역사 문제의 가장 큰 적은 우리의 무관심이다

— 한국홍보전문가 서경덕

한 방송사에서 청소년들의 역사인식 수준을 알아보기 위해 길거리에서 학생들을 인터뷰한 장면이 인터넷상에서 큰 논란이 되었다. '3·1절'에 대해 묻자 '삼점일절'이라고 답한 것이다. 또한 '야스쿠니 신사'에 대해 물었더니 '야스쿠니 젠틀맨?'이라고 되물었다. 정말 황당한 대답이었다.

또한 안중근 의사 의거 100주년을 기념해 전국 및 해외를 돌며 국내외 약 3만 명의 손도장으로 만든 '안중근 의사 대형 손도장 걸개 그림'을 제작하여 광화문 일대를 장식한 적이 있었다. 그때 한 대학생이 안중근 의사에 대해 '도시락 폭탄을 던진 사람'이라며 옆 친구와 이야기하는 것을 보고 정말 당황했던 기억이 난다.

특히 2000년대에 들어서며 일본, 중국 등 주변국들의 역사 왜곡은 더욱더 심해져 가고 있다. 중국은 동북공정을 통해 우리의 고구려와 발해 역사를 자신의 역사로 편입시키려 하고 있으며 특히 일본은 독도 도발을 거세게 진행하고 있는 중이다. 이에 맞서 나

는 지난 10여 년간 〈뉴욕타임스〉, 〈월스트리트저널〉, 〈워싱턴 포스트〉 등 세계적인 유력지에 일본과 중국 정부의 역사 왜곡과 관련된 광고 캠페인을 전개하며 세계적인 여론을 환기하고자 노력해 왔다.

하지만 동북공정과 독도 문제의 가장 큰 적敵은 중국 정부와 일본 정부가 아니라 우리들의 '무관심'이었다. '독도가 어느 나라 땅이냐?'라고 한국인들에게 물으면 하나같이 '대한민국 땅'이라고 대답한다. 너무나 당연한 일이다. 하지만 '왜 우리나라 땅이냐?'라고 또 물으면 대부분의 사람들은 명확하게 대답하질 못한다. 이것은 독도에 관한 역사 교육을 우리 스스로가 제대로 받지 못했기 때문이다.

과연 이런 일들이 대한민국 사회에서 왜 벌어지는 것일까? 여러 가지 이유들이 있겠지만 가장 큰 이유 중의 하나는 2005년부터 대입 수험생의 과목 부담을 덜어 준다는 목적 아래 한국사를 필수과

목이 아닌 선택과목으로 바꾼 것이었던 것 같다. 한국사를 입시에서 필수과목으로 지정한 대학은 서울대뿐이라 서울대에 갈 게 아니라면 그마저도 공부할 필요가 없게 된 것이다.

　이런 상황을 바꿔 보고자 한국사를 수능시험 필수과목으로 선정하기 위한 '100만 명 서명운동'을 벌여 왔고 많은 국민들이 적극적인 서명운동에 참여한 결과 한국사를 수능 필수과목으로 바꿀 수 있었다. 하지만 한국사가 수능 필수과목으로 바뀐 뒤 역사 교과서 문제가 또다시 대두되기 시작했다. 우편향 교과서, 좌편향 교과서 등 우리의 역사를 객관적인 시각으로 보지 못하고 정치적인 시각으로 집필하는 것은 큰 문제를 야기하게 된다.

　또한 글로벌시대를 맞이하여 우리의 역사를 우리의 것으로만 보는 것이 아니라 우리의 역사를 통해 세계를 바라보는 시각이 필요하다. 따라서 반대로 세계사에서 우리의 역사를 바라볼 수 있는 큰 안목이 필요할 때다.

　그리하여 우리나라의 역사 콘텐츠를 대표하는 분야별 전문가들과 함께 한국이라면 꼭 알아야 할 한국사책을 만들게 되었다. 요즘과 같은 글로벌시대에 다른 선진국들은 자국의 역사뿐만이 아니라 세계사까지 교육을 강화한다고 들었다. 우리나라 또한 역사인식을 바로잡아 다가오는 미래에 더 강한 국가를 만들어야 할 것이다. 우리의 영토와 역사는 우리 스스로가 지켜 나가야만 하기 때문이다.

Contents

prologue 역사 문제의 가장 큰 적은 우리의 무관심이다 | 4

1 **독도**   독도는 왜 우리나라 땅일까? | 10

2 **일본군 '위안부'**   왜 수요일마다 일본 대사관 앞에서 집회가 열리는 걸까? | 54

3 **동북공정**   우리나라는 왜 중국의 동북공정을 반대할까? | 80

4 **야스쿠니 신사**   우리나라는 왜 일본의 야스쿠니 신사 참배를 반대할까? | 126

5 **약탈 문화재 반환**   왜 우리 문화재가 외국에 있는 것일까? | 148

당신이 알아야 할 한국사 10

6 독립운동 인물
독립운동가의 의거는 개인적인 의열투쟁일까? | 176

7 독립운동 역사
3·1절과 광복절의 역사는 어떻게 이루어졌을까? | 204

8 한글
한글은 왜 알파벳의 꿈인가? | 234

9 한식
세계 건강식으로 뽑힌 한식의 비결은 무엇일까? | 268

10 아리랑
아리랑은 왜 우리 민족에게 상징적인 노래일까? | 298

독도

독도는 왜
우리나라 땅일까?

독도를
아는 것은
우리가 사는
이 세계를 아는 것이다

**왜 알아야 할까?**

대한민국 국민이라면 누구나 독도라는 말만 들어도 가슴이 뜨거워진다. 그만큼 독도는 한국인 모두에게 중요한 존재다. 하지만 독도가 왜 우리나라 땅인지 역사적인 근거를 아는 사람은 많지 않다. 독도가 우리나라 땅인데 무슨 말이 필요하냐, 일본이 억지 주장을 하고 있다는 것이 대다수 한국인들이 가지고 있는 독도에 대한 생각이다. 하지만 일본과의 독도 논쟁에 잘 대처하기 위해서는 독도가 우리나라 땅임을 보여 줄 수 있는 구체적이고 자세한 논리가 필요하다.

독도 인식의 시작, 독도가 울릉도에서 보인다

우리가 알다시피 울릉도는 한국 본토에서 동쪽으로 130km 떨어져 있고, 독도는 울릉도에서 동남쪽으로 87.4km 떨어져 있다. 아주 가까운 거리는 아니지만 1년에 60일 정도는 울릉도에서 독도가 육안으로 보인다. 5월에서 10월 초까지가 독도가 잘 보이는 시기이고, 특히 9월에서 10월 초까지가 가장 잘 보인다.

그런데 동해에 있는 일본의 오키섬은 독도와 가장 가까이에 위치한 일본 섬이지만, 오키섬에서 독도까지는 157km 정도의 거리라서 육안으로는 독도가 전혀 보이지 않는다. 그러므로 독도는 울릉도에 사람이 살기 시작했을 무렵부터 육안으로 보이는 섬이었다는 데에서 한반도 사람들이 먼저 독도를 인식했다고 할 수 있다.

일본 고지도에는 독도가 없다

옛날 사람들은 일단 눈으로 보이는 곳을 영토라고 인식했다. 19세기까지는 이처럼 눈으로 보이거나 자신들이 사는 곳과 근접한 곳을 자신들의 영토라고 여겼다. 20세기가 되어서야 그러한 개념이 조금 바뀌었다. 어떤 땅을 먼저 장악한 쪽이 주인이라는 개념이 등장했다. 그 예로서 아르헨티나 아래에 있는 포클랜드섬이 아르헨티나에서 훨씬 가깝지만 영국과 전쟁을 해서 아르헨티나가 패한 결과 영국 땅이 되어버린 일이 있다. 이처럼 지금은 영토의 개념이 거리와는 상관이 없어졌다.

그런데 일본에서도 19세기까지는 가까운 곳이 자국의 영토라고 주장한 사실을 인정했다. 일본에서 저명한 지도로 〈이노도伊能圖〉가 있다. 이 지도는 1821년 일본의 사무라이 정권이었던 에도막부가 완성시킨 일본의 공식지도다. 에도막부가 제작한 공식지도는 6개 정도가 있는데 그중 마지막에 제작된 지도가 〈이노도伊能圖〉다. 이 지도에는 오키섬과 대마도는 나오지만 울릉도와 독도는 전혀 나와 있지 않다. 이 지도의 배경에 대해 살펴보면 다음과 같다.

17세기 말 부산 동래부 출신인 어부 안용복이 울릉도에 갔는데 거기서 일본인들을 만나 일본으로 납치되는 사건이 일어났다. 이 사건을 계기로 조·일 간에 울릉도 분쟁이 일어났다. 마지막에는 당시 일본 정부인 에도막부가 울릉도와 독도에 대해 조사를 했는데 그 결과 두 섬 모두 일본 것이 아니라는 결론이 내려졌다. 독도

독도 동도에 새겨져 있는 한반도
독도 자체가 자신은 한국에 속한다고 말해 준다.

독도 : 당신이 알아야 할 한국사 10

는 울릉도에 속하는 섬이며, 울릉도에 가지 말아야 하고 아울러 독도에도 가지 말아야 한다는 취지에서 17세기 말에 일본 에도막부는 일본 사람들에게 〈울릉도 도해금지령〉을 내렸다. 에도막부가 이렇게 판단한 이유 중 하나는 울릉도는 일본이 아니라 조선에 더 가깝다는 것이였다. 그 당시에는 영토를 구분할 때 어느 나라에서 가까운지가 기준이 되었던 것이다.

근대기의 일본 지도에도 독도는 없다

안용복 사건 이후 일본 에도막부는 조선과의 약속을 지켰고, 문서와 지도에도 독도가 조선 땅임을 밝혔다. 즉 일본 땅이 아니라고 명확하게 명시해 놓은 것이다.

1868년 에도막부 시대가 막을 내렸고 메이지시대가 시작되었다. 사무라이 정권 시대가 끝나고 근대화된 일본의 메이지시대가 시작된 지 10년이 지난 1877년, 육군참모본부는 〈대일본전도〉를 공식지도로 제작했는데 여기에서 오키섬과 대마도는 일본 영토로 나오지만 독도는 어디에도 나오지 않았다.

독도가 작은 섬이라서 제외했다고 말하는 사람도 있지만 결코 그렇지 않다. 일본은 아주 작은 섬이라도 그 섬이 국경을 나타내는 섬이라면 반드시 지도에 그려 넣었다. 이 지도에서도 당시 일본 영토라고 인식한 곳은 한 곳도 빠짐없이 다 지도에 표시되어 있

독도가 제시되어 있지 않은 〈대일본전도〉

다. 현재 러시아령에 속해 있는 쿠릴열도도 당시는 일본 땅이었으므로 조그만 섬들까지 빠짐없이 다 기재되었으며 현재의 오키나와도 들어가 있다.

이와 같이 당시 일본의 영토라고 여겨지는 작은 섬들이 하나도 빠짐없이 다 들어가 있지만 독도는 없다. 그때까지도 울릉도와 독도는 일본 것이 아니며 조선에 속해 있는 섬이라는 문서들이 일본에 남아 있어서 그려 넣지 않았던 것이다.

그리고 1894년 일본 내에서 제작된 〈신찬조선국전도〉를 살펴보면 다음과 같다. 이 지도는 한반도를 그린 지도인데 한국이 아니라 일본이 제작한 지도다. 이 지도에는 울릉도와 독도가 표시되어

독도 : 당신이 알아야 할 한국사 10

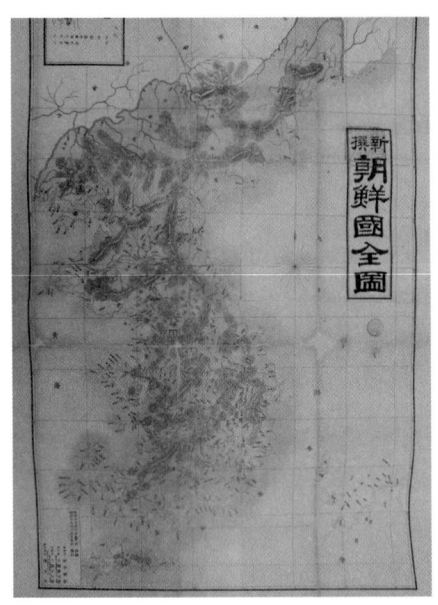
독도와 울릉도가 한국 영토로 표시된 〈신찬조선국전도〉

있고 한반도의 색깔로 사용된 밤색으로 울릉도와 독도가 분류되어 있다. 울릉도와 독도를 이처럼 확실하게 한국 영토로 그린 것이다.

일본은 지도의 우측 아래에 규슈 지방을 조금 그렸는데 그 부분에는 색을 넣지 않았고 무색이다. 다른 부분도 마찬가지다. 예를 들면 한반도 색깔로 한반도의 영토인 제주도도 그려 놓았다. 1894년 당시 일본은 청일전쟁을 일으켰고, 전쟁에서 이기기 위해 한반도 지도와 청나라 지도를 많이 제작했다. 일본은 그때 당시 일본에서 제작된 수많은 지도들에 울릉도뿐만이 아니라 독도까지 조선 영토로 표시한 것이다. 1905년까지 일본에서 제작한 지도는 다

이런 식이었다.

독도 역사의 전환점, 시마네현으로의 편입

하지만 문제는 1905년에 시작된다. 바로 1905년 2월은 일본이 독도에 '다케시마(죽도)'라는 이름을 붙여 시마네현의 오키섬에 강제 편입시킨 해다. 을사조약이 체결되기 9개월 전의 일이다. 바로 독도의 역사에서 1905년은 큰 전환점이 되는 해였다. 일본 쪽에서 볼 때도 마찬가지다. 1905년 이후부터 일본 지도에 독도가 나타나기 시작했다. 독도가 한순간에 일본 것으로 뒤바뀐 것이다.

19세기 중반 한국에서 제작한 지도 〈해동여지도〉에는 울릉도 동쪽에 독도가 우산도라는 이름으로 잘 표시되어 있다. 우산도는 한국 쪽에서 부른 독도의 옛 이름이다. 그러면 우산도라는 이름이 언제까지 독도의 이름으로 불리었을까? 이것은 약간 상세한 부분인데 독도를 정확히 알기 위해 기본적으로 배워야 하는 내용이다. 바꿔서 말하면 독도는 언제부터 독도라는 이름을 갖게 되었을까라는 질문이 된다.

한국 고지도에는 우산도가 있다

> 우산과 무릉, 두 섬은 동해에 위치해 (중략) 서로 거리가 멀지 않아 날씨가 맑으면 바라볼 수 있다.
>
> — 『세종실록지리지』(1454)

독도는 1454년 『세종실록지리지』에 우산도라고 기재되었다. 이에 나타난 '무릉'이라는 이름은 울릉도를 뜻한다. 당시 울릉도를 '무릉도'라고도 했기 때문이다. '우산과 무릉'으로 시작되는 『세종실록지리지』의 기록은 '서로 거리가 멀지 않아 날씨가 맑으면 바라볼 수 있다.'라는 구절로 연결되는데 이 부분은 현재의 울릉도와 독도의 관계와 똑같은 상황을 기재한 것이다. 그 무렵에 '우산도'라는 독도의 이름이 확정되었다. '울릉도'와 구별하는 이름으로서 '우산도'라는 이름이 붙은 것이다.

그 이후 독도의 이름으로서 '우산도'라는 명칭이 1882년까지 계속 붙어 있었다. 그러다가 1882년에 여러 가지 이유로 인해 고종이 '우산도'라는 이름을 없앴다. 그 이름을 대신해서 한때는 일본 쪽의 이름, '송도'를 사용하기도 했다. 당시 일본은 독도를 송도라고 불렀다.

1403년부터 울릉도에 입도할 수 없는 정책, 즉 울릉도를 비워 놓는 정책을 시작한 조선왕조는 1882년 울릉도에 사람을 이주시키는 이주 정책을 시작했다. 그런데 이주한 사람들이 주로 전라도

사람들이었기 때문에 전라도 사
람들은 독도를 '돌섬'이라고 불렀
다. 전라도에서는 방언으로 '돌'
을 '독'이라고 하니까 독도는 '독
섬'이 되었고 거기에서 '독도'라는
이름이 생겨난 것이다. '독도'라
는 이름이 확인된 것은 1904년이

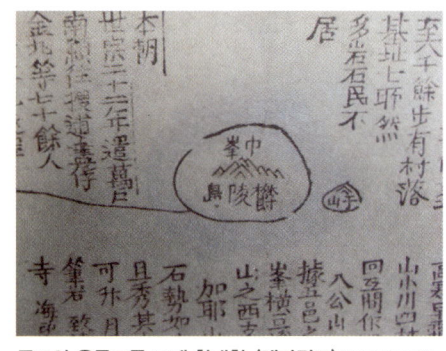

독도와 울릉도를 크게 확대한 〈해좌전도〉(19세기 중반)

다. 일본의 군함일지에 정확히 나온다.

그러니 1882년부터 1904년 사이에 '독도'라는 이름이 형성된 것
이다. 고종이 '우산도'라는 이름을 없앤 결과 생겨난 이름이 '독도'
인 셈이므로, '독도'라는 이름은 비교적 새로운 이름이다.

한국의 고지도에는 울릉도 동쪽에 '우산도'가 나온다. 옛날에는
우산도의 위치가 잘못 표시되었지만 18세기 이후에는 울릉도 동
쪽에 정확히 '우산도'가 나와 있다.

역사적으로 우산도는 독도다

일본 사람들은 '우산도'는 독도가 아니라고 주장한다. 울릉도의 지
도를 보면 울릉도 동쪽 2km 거리에 '죽도'라는 섬이 있다. 이름이
헷갈리지만 이 죽도는 일본에서 말하는 현재의 독도, 바로 죽도(다
케시마)가 아니다. 울릉도 동쪽 2km 거리에 있는 '죽도'는 조선에서

붙인 명칭이다. 이 섬이 독도만한 크기이므로 일본인들이 울릉도 옆에 있는 '우산도'는 '죽도'를 말하는 것이라고 주장한다.

그런데 한국인들은 죽도의 존재를 거의 모르고 있어 울릉도 옆에 있는 섬은 독도뿐인데 무슨 억지 주장을 하느냐고 화부터 내는 사람들이 많다. 그러나 일본 사람들은 이런 점까지 꼼꼼하게 보고 있다.

일본 측에서는 '우산도'가 '죽도'를 말하는 것이라고 주장한다. 이에 대해 한국 측은 '이런 조그만 섬은 지도에 그리지 않는다.'라고 반박했다. 그러자 일본 측에서는 이 섬이 오히려 독도보다 10% 크다고 반박을 해왔다.

울릉도에 가보면 죽도를 보는 것은 어렵지 않다. 울릉도에서 죽도까지의 거리는 2km이니까 비가 오나 눈이 오나 항상 보인다. 울릉도를 관광할 때도 볼 수 있다.

죽도는 『세종실록지리지』에 나오는, 날씨가 맑으면 서로 바라볼 수 있다는 그 섬이 절대 아니다. 죽도는 항상 보인다는 점을 염두에 두어야 한다. 일본은 이 섬의 존재를 주장하면서, 독도는 울릉도에서 87.4km나 떨어져 있어서 보통 사람의 눈에는 보이지 않으며, 지도에 그려져 있는 섬은 이 죽도라고 계속 주장해 왔다.

지도에 나오는 우산도가 죽도가 아닌 독도라는 것도 하나의 논리적인 싸움으로서 오랫동안 결론이 나지 않았다. 그런데 근래에 거의 결론이 났다. 그 이유는 울릉도 옆에 있는 죽도라는 섬은 납작한 섬이라는 점이다. 죽도는 산이 하나도 없는 완전히 납작한 섬이다. 울릉도에 가면 이 섬이 납작한지 어떤지를 눈으로 확인할 수 있다.

그런데 〈해동여지도〉에 나오는 우산도에는 산이 그려져 있다. 바로 이 점이 중요하다. 독도에는 산이 있다. 독도에 가면 알 수 있지만 독도의 서쪽에 있는 서도는 완벽한 산이다. 높이가 160m나 된다. 즉 우산도라는 이름을 갖고 있고, 산이 확실하게 존재하는 섬은 독도밖에 없다. 이로써 한일 간의 논쟁은 한국에게 훨씬 유리해졌다. 사실상 이에 대해 일본은 반박을 할 수 없게 되었다.

일본 공식문서의 내용, 독도는 조선 소속이다

일본은 메이지시대로 바뀌었어도 울릉도와 독도가 조선에 속한 섬이라고 인정했었다. 당시 일본 사람들은 울릉도를 '죽도(다케시마)'라고 했다. 19세기 중반까지 일본 측에서 말하는 죽도는 울릉도였다. 왜냐하면 울릉도에는 대나무가 많았기 때문이다. 일본어로 '다케'는 대나무이고 '시마'는 섬이다. 그러니까 죽도는 다케시마이고 거꾸로 읽으면 '마시케다'라는 것인데, 맛이 있으니 그들은 울릉도 옆 독도를 노리는 것이다.

옛날부터 일본 사람들은 울릉도를 오갔다. 특히 17세기에 약 70년간이나 울릉도를 왕래했다. 하지만 이 사실은 한국에 별로 알려지지 않았다. 일본 사람들은 70년간이나 울릉도를 왕래하면서 그

옆에 있는 독도를 발견하게 되었다. 즉 일본이 독도를 발견한 것은 17세기 중반이다. 이런 사실들은 일본 측 문헌에도 많이 나와 있다.

그 당시 일본 사람들은 울릉도 가기 전에 만나는 독도를 '송도(마쓰시마)'라고 불렀다. 여기서 '송'은 '소나무'를 뜻한다. 송도를 일본말로 '마쓰시마'라고 한다. '마쓰'는 소나무이고 '시마'는 섬이다.

일본 사람들이 독도에는 소나무가 없지만 일단 그들이 죽도라 부르는 울릉도 옆에 있으니까 '송도'라고 붙였다. 이것은 송죽매松竹梅의 개념이다. 일본에서도 송죽매는 고고한 존재이고 좋은 이름이다. 인천의 송도도 옛날 일본 사람들이 '마쓰시마'라고 부른 것으로, 일본 사람들이 붙인 이름이다.

1870년 일본 외무성은 〈조선국 교제시말 내탐서〉라는 공식문서를 일본 중앙정부에 제출했다. 이 문서에는 '죽도와 송도가 조선의 부속이 된 전말'이라는 글이 들어 있다. 여기서 말하는 죽도는 울릉도이고 송도는 독도다. 이는 이 섬들이 조선에 속한 섬이라는 것을 공식적으로 인정한 것이다.

이 문서에는 에도시대 17세기 말에 울릉도와 독도가 조선의 것이라고 에도막부가 인정했다는 이야기를 간략하게 썼다. 즉 에도시대에 두 섬은 조선에 속한다고 일본이 인정했다는 뜻이다. 이 글을 쓴 사람이 3명으로 기록되어 있는데, 그중 '사다 하쿠보'나 '모리야마 시게루'는 당시 조선의 내정을 알아보기 위해 조선에 파견된 외무성 사람들이었다. 당시 일본 정부는 메이지시대라는 새로운 시대가 되어서 천황이 집권했으니 새로운 일본과 수교하지 않겠냐며 조선에 문서를 보냈다. 하지만 그 당시 조선을 집권했던 대원군은 일본이 확실하게 서양 오랑캐들과 똑같은 오랑캐로 바뀌었다고 생각하며, 에도막부 때 입던 복장을 버리고 서양복장을 입고 서양사람 행세를 하는 일본을 거부했다. 일본에서 온 외교문서도 받아들이지 않았다.

이 문제를 풀기 위해 일본 외무성은 3명을 조선에 보냈다. 그때 이들은 울릉도와 독도에 대해서도 조사했는데, 이들조차 울릉도와 독도는 조선 부속이라고 확인한 것이다. 하지만 일본 측에서는 이 문서를 대중화하지 않도록 하고 있고 많이 왜곡하고 있다.

독도가 일본 외의 땅이라는 문서는 유효하다

1877년 일본 정부는 다시 한 번 울릉도와 독도가 일본 영토가 아니라고 공문서로 인정했다. 이는 그 당시 시마네현에서 일본 내무성에 청을 해서 생긴 일이었다. 그런데 아이러니하게도 현재 독도가 일본 영토라고 가장 적극적으로 주장하는 곳이 시마네현이다. 시마네현은 '이제 에도시대는 끝났고 시대가 바뀌었으니 울릉도와 독도는 옛날에는 조선 것이었다 하더라도 우리 시마네현의 지적이나 지도에 포함시키고 싶다.'라는 요청을 내무성에 올렸다.

그러나 내무성은 두 섬에 대한 역사적인 내용을 모두 조사한 후,

아무리 시대가 바뀌었다고 해도 에도시대에 두 섬이 조선 것이라고 인정한 것이 확실하므로 메이지 정부로서도 외국과의 약속을 내부 사정만으로 쉽게 바꿀 수는 없는 일이라고 답변을 했다. 이처럼 메이지 정부는 울릉도와 독도는 조선 땅이라고 결론을 낸 것이다.

단 내무성은 마지막 결정을 내무성에서 내리기 어려우니 일본 최고기관에서 결정해 달라며 당시의 일본 최고기관이었던 태정관에게 물었다. 태정관은 결론적으로 다음과 같은 지령을 내렸다.

죽도(울릉도) 그리고 그 밖에 있는 한 섬(독도)은
본방(일본)과 관계가 없다. 이것을 명심하라.

소위 〈태정관 지령문〉이라고 불리는 이 문서에는 다음과 같은 내용이 적혀 있다.

17세기 말에 조선인이 두 섬에 입도한 이래 양국의 서류 왕복이
끝났고 두 섬은 드디어 일본과 관계가 없는 섬이 되었다.

— 〈태정관 지령문〉

여기서 말하는 조선인이란 안용복과 그 일행들을 말한다. 그 이후 두 나라 사이에서 두 섬은 일본과 관계가 없는 것으로 결정이 났다고 했고, 이에 따라 에도시대의 결정은 지금도 유효하다고 결

론을 내린 것이다. 이 〈태정관 지령문〉은 현재까지도 법적으로 유효한 문서다.

〈태정관 지령문〉에는 독도에 관한 것뿐만 아니라 다른 내용에 관한 지령문도 많다. 그러한 〈태정관 지령문〉의 효력에 대한 각종 재판에서는 지금까지의 판례를 보면 거의 다 유효하다고 나와 있다. 만약 이런 지령문들이 무효하다는 선고가 내려질 때는 이러이러해서 지령 자체가 폐지되었다는 별도의 문서가 있었을 때에 한정된다. 그런데 독도에 관한 〈태정관 지령문〉에 대해서는 아직 그런 문서가 어디에서도 발견되지 않았다. 바로 이 문서는 재판에 걸린다 해도 현재 유효하다는 결과가 나올 것이다. 독도는 일본 외의 땅, 즉 한국 영토라는 결과를 말이다.

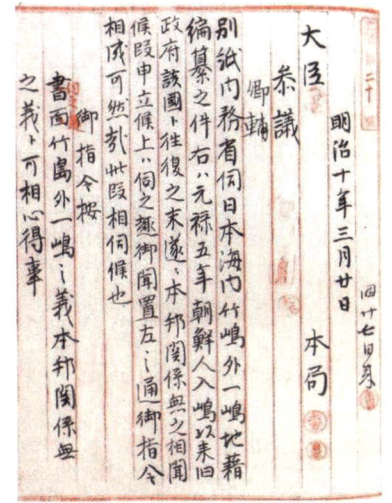

독도와 울릉도를 일본과 관계없는 곳이라고 말한 〈태정관 지령문〉

이 내용을 일본 정부도 잘 알고 있기에 일본 국회에서 일부 국회의원들은 이에 대한 질문을 계속 해왔다. 어느 국회의원이 2006년과 2009년 두 번에 걸쳐서 일본 총리에게 질문했다. 이 문서에는 울릉도와 독도가 조선 땅이라고 나와 있는데 총리는 어떻게 생각하느냐고 말이다. 이 문서가 법적으로 유효하다는 사실을 잘 아는 일본 총리는 "이 문서는 너무 오래된 문서이므로 답변하기 어렵다. 이에 대해 조사할 것이다."라고 똑같은 말을 반복했다. 그 후

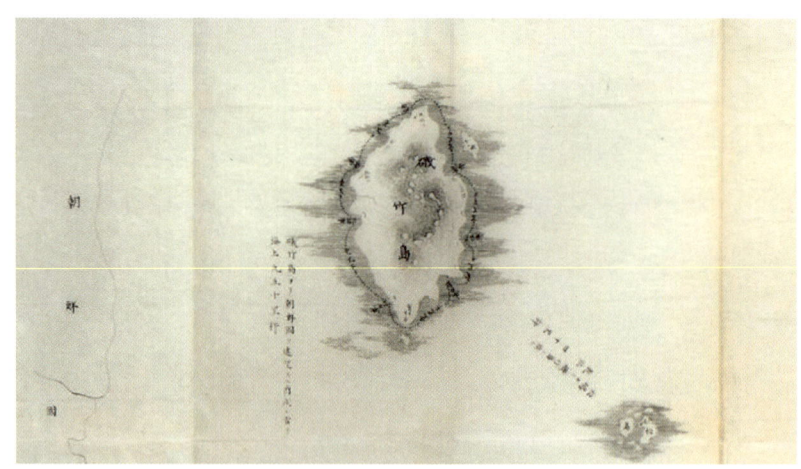

〈태정관 지령문〉에 삽입된 '기죽도약도'

로도 일본은 아직까지 이 문서에 대해 계속 조사 중이라 하며 진실을 회피하고 있다.

〈태정관 지령문〉에 숨겨진 비밀, 독도가 명시된 지도

일본 학자들은 〈태정관 지령문〉에 나오는 '죽도'를 울릉도라고 인정하면서도 '울릉도 밖의 한 섬'이라고 적힌 섬을 어떻게 독도라고 단정지을 수 있냐고 반박해 왔다.

그래서 우리나라는 하나의 지도를 근거로 제시했다. 이는 〈태정관 지령문〉에 삽입되어 있는 '기죽도약도'라는 부도다. 이 부도

위쪽에 그려진 기죽도는 '죽도'라고도 불린 울릉도다. '그 밖에 있는 한 섬'은 울릉도의 동남쪽에 그려져 있다. 울릉도의 동남쪽에 그려진 '그 밖에 있는 한 섬'에 바로 '송도(마쓰시마)'라고 쓰여 있다. 바로 이 송도가 독도다. 동도와 서도가 그려져 있듯 당시로서는 독도를 매우 정교하게 그렸다. 〈태정관 지령문〉의 부도는 '그 밖의 한 섬'을 확실하게 송도, 지금의 독도라고 명시해 놓은 것이다.

하지만 일본의 국립공문서관은 그동안 이 지도를 감추고 문서만 공개해 왔다. 우연한 기회에 일본의 어떤 목사가 이 지도를 발견해 냈다. 그러나 이 사실을 아는 일본인은 드물다. 한국 사람들도 일본 문서라서 별다른 관심을 두지 않고 있다. 그런 연유로 현재 이 지도를 독도의 역사적 근거로 잘 활용하지 못하고 있다. 하지만 일본인들 중 소수가 이 〈태정관 지령문〉의 실체를 알고 독도가 한국 땅이라고 주장하고 있기도 하다.

대한제국 칙령, 독도는 울도군 소속의 섬이다

대한제국은 1900년에 칙령 제41호를 통해 울릉도를 울도군으로 승격시켰고 독도를 '석도石島'라는 이름으로 울도군 소속으로 확인했다. 이때 울릉도를 '울도'라고 개칭했다. 또한 도감을 군수로 승격시켰다. 울도군은 울릉도 전체와 옆에 있는 죽도, 그리고 석도를 관할한다고 했다. 돌섬을 그냥 한자로 표기한 돌 석石 자에 섬 도島

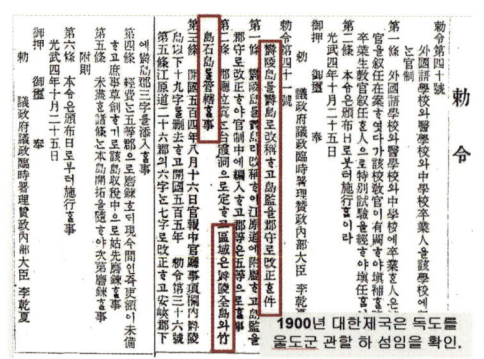

대한제국 관보에 실린 대한제국 칙령 제41호(1900.10.25)

자로 '석도'라고도 했고 그 과정에서 '독도'라는 명칭이 확립되었다. 여기서 우리나라는 석도가 독도라고 주장하지만, 일본은 이를 인정하지 않는다.

이러한 논리를 일본 측에 보냈지만, 지금까지 특별한 반박이 없었다. 일본은 우산도라는 이름이 왜 없어졌느냐에 초점을 맞추고 있었기 때문이다.

만약 칙령 제41호에 독도나 우산도라는 이름이 있었다면 독도 문제는 없었을지도 모른다. 이름이 바뀌는 과정이 있었다는 사실이 독도 문제를 복잡하게 만든 것이다. 일본 사람들은 석도란 울릉도 북동쪽에 있는 관음도라고 주장한다. 울릉도에 가면 울릉도와 관음도 사이에 작은 다리가 생긴 것을 볼 수 있다. 그만큼 울릉도와 관음도는 거의 붙어 있다. 만약 관음도가 없었다면 석도란 독도일 수밖에 없다. 칙령 제41호에 나오는 울도군의 구역이 '울릉도 전체와 죽도, 석도'인데 일본인들은 석도를 독도가 아니라 관음도라고 주장하는 것이다.

그러나 관음도에는 예부터 네 가지 이름이 있었다. 현재는 관음도라고 부르지만 옛날에는 '관음기'라고 했다. 이것은 '섬'이 아니라 '곶'이라는 뜻이다. '관음기'라는 이름에 나타나듯이 육지에서 20m 정도밖에 떨어져 있지 않아서 울릉도에서 뻗어나간 곶으로 보이기도 하다. 섬 아래로 돌이 솟아 있어서 사실상 울릉도와 연결되어 있는 듯하다. 그러기에 울릉도 거주민들은 이 섬을 섬이라고 부르지 않았다는 이야기다.

또 관음도에는 '도항'이라는 이름이 있었다. '도島'는 섬, '항項'은 '목덜미'라는 뜻이다. 그러니까 울릉도의 목이라는 것이다. 섬 이름이라고 하기에는 적합하지 않고 울릉도의 목처럼 뻗어 있는 곳이라는 이야기다.

또 하나로 '깍새섬'이라는 이름이 있다. 이렇게 이름이 넷이나 있었고 그중에 두 가지 이름은 관음도를 섬이라고 보지 않고 만든 이름이다. 이처럼 이름이 넷이나 되는데 굳이 애매하게 '석도'라는 이름을 붙일 필요가 없다.

일본은 이 논리에 반박을 하지 못하고 있다. 앞으로 석도에 대한 연구가 더 필요하겠지만 이 석도가 독도라는 증거들이 있다는 이야기다. 그러니 독도는 1900년 '석도'라는 이름으로 울도군 소속 섬으로 확인되었기에 무주지, 즉 주인이 없는 땅이 아니었다.

일본의 독도 편입은 무효다

일본은 1905년 1월 28일 독도는 이름이 없고, 국적도 없고, 사람이 살지 않는다고 하면서 독도를 일본 시마네현 오키에 강제편입시켰다. 일본은 러일전쟁 때 독도에 망루를 세워 전쟁 작전에 이용하려고 했다. 또한 나카이 요자부로라는 사람이 독도에서 강치를 잡는 일을 독점하려고 했다. 결국 민과 관 양쪽의 이익이 맞아떨어져 편입이라는 수단으로 독도를 한국으로부터 탈취한 것이다.

일본은 독도를 편입시키는 과정에서 거짓말을 했다. 우선 독도는 무명이 아니었다. 일본에서는 '송도(마쓰시마)'라는 이름이 있었다. 그리고 이미 1904년에 한국이 '독도'라는 명칭을 사용하고 있었다는 사실이 일본 군함일지에서 확인되었다. 따라서 독도는 무명이 아니었다. 특히 일본 측에서 울릉도와 독도의 명칭 자체에 혼란을 겪고 있었는데 반해 한국은 독도라는 명칭을 1904년 시점에 확립해 있었다는 사실은 당시 이미 한국이 독도를 실효지배했다는 증거다.

그런데 일본 측에서 독도를 이름 없는 섬으로 규정한 데는 이유가 있다. 일본은 독도를 송도(마쓰시마)라고 불렀고 한국은 독도라고 불렀다고 인정해 버리면 옛날 역사와 엮이게 된다. 특히 송도(독도)가 조선 영토이며 조선에 속한 땅이라는 일본 문서는 중요한 증거로서 작용한다. 그런 까닭에 일본은 독도를 무명이라고 했고 새로 발견한 섬처럼 꾸민 것이다.

일본은 이 섬을 옛날에 부르던 송도도 아니고 우산도도 아니며 서양에서 부르던 '리앙쿠르 락스'를 줄여서 '량코도'라고 했다. 바로 이 섬의 이름은 '량코도'라고 해서 독도를 새로운 섬으로 탈바꿈하려는 속임수를 썼던 것이다.

그러나 이 과정에서 일본은 실수를 범했다. 조선 섬으로 하지 않기 위해 무국적, 무주지라고 했는데, 이 말은 그때까지 일본 섬도 아니었다는 뜻이 된다. 현재 일본은 독도가 역사적으로 봐도 일본 고유 영토라고 주장한다. 그러면 무국적이라는 1905년의 일본 측 논리와 완전히 배치된다. 독도가 무인도라는 주장은 옳을지라도 이처럼 커다란 모순이 있는 것이다.

1943년 카이로 선언이 발표되었을 때 일본은 폭력과 탐욕으로 탈취한 모든 영토를 원래의 주인에게 돌려주어야 한다고 촉구했다. 이에 대해 일본 정부는 독도를 조용하게 편입시켰으므로 전혀 폭력을 쓰지 않았다고 반박했다. 탐욕은 있었다고 인정하지만 강제로 편입시키지 않았다는 것이다.

그러나 일본은 1904년 2월 8일 러일전쟁을 시작하면서 사단급 규모의 부대를 한반도에 보냈다. 말하자면 한국이 어떤 행동이라도 취하면 바로 위협할 수 있는 준비를 갖춰 놓았다는 것이다.

그리고 되도록 대한제국이나 열강들이 일본에 의한 독도 편입 사실을 눈치채지 못하도록 독도 편입은 비밀리에 진행되었다. 그러나 그 후에 일본은 을사조약(1905)으로 한국의 외교권을 박탈하고, 1904년 한일 간에 체결된 한일의정서에 기재된 '한국 영토를 보전한다.'라는 조항을 을사조약에서 삽입조차 하지 않았다. 일본이 을사조약으로 독도뿐만이 아니라 한국 영토 전체를 가지려는 계획에 착수하였기 때문에 결국 한국은 일본에 대해 직접적으로는 어떤 항의도 못하게 되었다. 이러한 일본의 행동은 법적 폭력으로 규정할 수 있다.

고종의 밀사 활동이 본격적으로 진행됨에 따라 일본은 열강들이 일본에 의한 한국침략에 대해 항의하지 않도록 열강들과 협상을 벌이기 시작했다. 그 첫 번째가 1905년 7월 27일 미일 간에 비밀리에 맺어진 가쓰라 - 태프트 밀약$^{The Katsura-Taft Agreement}$이다. 이 밀약은 당시의 일본 수상 가쓰라 다로^{桂太郎}와 당시 미국의 육군장관이었던 윌리엄 하워드 태프트가 맺은 밀약이다. 이 내용은 1924년까지 공개되지 않았었다. 밀약의 내용은 다음과 같다.

(1) 일본은 미국의 식민지 필리핀에 대해 야심이 없다.
(2) 극동의 평화는 미국, 영국, 일본의 사실상의 3국동맹에 의해 유지되어야 한다.
(3) 미국은 일본이 한국을 보호국화하는 것에 동의한다.

— 가쓰라 - 태프트 밀약

위와 같은 내용에 미국, 일본뿐만이 아니라 영국도 동의함으로써 일본은 한국지배에 대한 미국과 영국의 찬성을 얻게 되었다. 처음부터 계획된 대로 미국의 루즈벨트 대통령을 중개자 역할로 내세워 러일전쟁을 조기에 종결시키려 한 것이다. 미국의 포츠머스에서 열린 강화회의 결과 1905년 9월 4일 포츠머스 조약이 러일 간에 체결되어 러일전쟁이 정식으로 종결되었다. 일본은 한국에 대한 모든 이권을 러시아로부터 인정받는 것, 사할린 남쪽을 러시아로부터 할양받는 것 등에 합의를 보았으나 배상금은 한 푼도

받지 못했다. 러시아가 일본 측이 러시아의 요구를 수용하지 않는 한 전쟁을 계속할 수 있음을 분명히 했기 때문에 일본은 러시아 측의 요구를 수용한 것이었다.

그러나 포츠머스 조약 제2조에 일본이 한국에 대한 모든 권리를 갖는 것을 러시아에게 인정하게 하는 조문이 들어갔다.

> **제2조** 러시아제국 정부는 일본국이 한국에 있어서 정치상, 군사상 및 경제상의 탁월한 이익을 유함을 인정하고, 일본제국 정부가 한국에 있어 필요하다고 인정하는 지도, 보호 및 감리 조치를 취할 때 이것을 의심하거나 간섭하지 말 것을 약속한다.
>
> — 포츠머스 조약

이처럼 일본은 미국, 영국, 러시아 등으로부터 한국에 대한 일본의 침략행위를 승인받게 되었다. 중국은 일본에게 청일전쟁으로 패배한 후 일본에 대한 발언권이 약화되어 일본의 한국지배에 대해 어떤 항의도 못하는 입장이었다.

독도를 편입시키기 전에 내무성이 우려한 점, 즉 독도를 편입시키면 열강들이 한국 전체를 일본이 삼켜 버릴 것이라고 경계할 것이라는 점이 이제 사라져 일본은 마음대로 대한제국을 삼킬 준비에 착수할 수 있었다. 그것이 바로 1905년 11월 17일 한국이 일본에게 강요당한 을사조약으로 나타났다. 독도 편입은 이와 같이 일본이 한국을 침략하는 과정에서 일어났기 때문에 원천적으로 무효라 할 수 있다.

샌프란시스코 조약에는 독도가 명시되지 않았다

오늘날 일본이 주장하는 독도 영유권 주장의 핵심은 샌프란시스코 조약(대일 평화조약)을 둘러싸고 나오는 일본 측의 논리와 같다.

일본 대표는 연합국 대표 앞에서 무조건 항복문서에 서명함으로써 일본은 7년간 연합국의 지배를 받았다. 이 기간에 여러 가지 일이 있었지만 연합국과 일본 간에 평화조약을 맺는 일이 가장 중요했다. 평화조약을 맺어야만 전쟁의 전후처리가 완성되어 전쟁이 정식으로 끝나기 때문이다.

일본이 받아들인 포츠담 선언의 제8조에는 '카이로 선언의 각 항은 실행되어야 한다.'라고 명기되어 있다. 그리고 일본의 주권을 혼슈本州와 홋카이도北海道, 규슈九州 및 시코쿠四國 그리고 우리(연합국)가 결정할 작은 섬들에 국한시킨다고 규정했다.

결국 포츠담 선언 제8조 속에 기재된 '우리(연합국)가 결정할 작은 섬들'이라는 내용이 독도와 관련이 있는 구절이다. 즉 독도가 연합국이 결정할 일본의 '작은 섬들' 중에 들어갈 것인지, 혹은 독도는 일본의 '작은 섬들'과 구별되어서 한국 영토가 될 것인지가 우리가 주목해야 하는 점인 것이다. 이 관점이 바로 샌프란시스코 조약과 독도를 생각할 때 가장 핵심적인 내용이다.

그런데 샌프란시스코 조약의 최종안에는 독도의 이름이 어디에도 기재돼 있지 않았다. 그리고 독도는 한국 영토 조항뿐만이 아니라 일본 영토 조항 속에도 기재되지 않았다. 더 정확히 말하면 일본 영토 조항 자체가 최종안에서 다 삭제되었다. 그러면 독도와 관련이 있는 한국 영토 조항 최종안은 어떻게 기술되었는가?

> 일본은 한국의 독립을 승인하고, 제주도, 거문도, 울릉도를 포함한 한국에 대한 모든 권리, 권원, 그리고 청구권을 포기한다.
> Japan, recognizing the independence of Korea, renounces all right, title and claim to Korea, including the islands of Quelpart, Port Hamilton and Dagelet.
>
> — 샌프란시스코 조약 최종안(1951.9.7)

한국 영토 조항은 위와 같이 기재되었는데 조문에서 독도가 빠진 것이다. 이것을 가리켜 일본 측이 독도는 일본 영토로 남았다고 주장해 왔다.

이에 우리나라는, 최종안에 독도에 대한 언급이 없으므로 샌프란시스코 조약의 한국 영토 조항은 1946년에 연합국 총사령부가 발한 연합국 총사령부 각서SCAPIN 제677호를 계승해 독도는 한국 영토로 재확인되었다고 주장한다. 〈SCAPIN 제677호〉란 연합국에 의한 일본점령 시대에 독도를 일본 영토에서 제외시킨 연합국 문서다. 이에 대한 현 한국 정부의 공식견해는 다음과 같다.

〈제2차 세계대전 이후 대한민국의 독도 영유권 재확인〉

1945년 제2차 세계대전의 종전과 더불어, 일본은 폭력과 탐욕에 의해 약취한 모든 지역으로부터 축출되어야 한다는 카이로 선언(1943)에 따라 우리 고유 영토인 독도는 당연히 대한민국 영토가 되었다.

아울러 연합국의 전시점령 통치시기에도 SCAPIN 제677호에 따라 독도는 일본의 통치·행정범위에서 제외된 바 있으며, 샌프란시스코 강화조약(1951)은 이러한 사항을 재확인하였다.

이후 우리는 현재까지 독도를 실효적으로 점유하고 있다. 이러한 사실에 비추어 볼 때, 독도에 대하여 역사적, 지리적, 국제법적으로 확립된 우리의 영유권은 현재에 이르기까지 중단 없이 이어지고 있다.

— 〈대한민국 정부의 독도에 대한 기본입장〉(2010)

이와 같이 한국 정부의 2차대전 후의 독도 영유권에 관한 견해는 연합국 총사령부가 발한 〈SCAPIN 제677호〉에서 독도가 한국 영역에 포함되었다는 것을 근거로 그 효력이 샌프란시스코 조약에 계승되었고 그것이 현재까지 이어졌다는 논리를 중심으로 구축되어 있다.

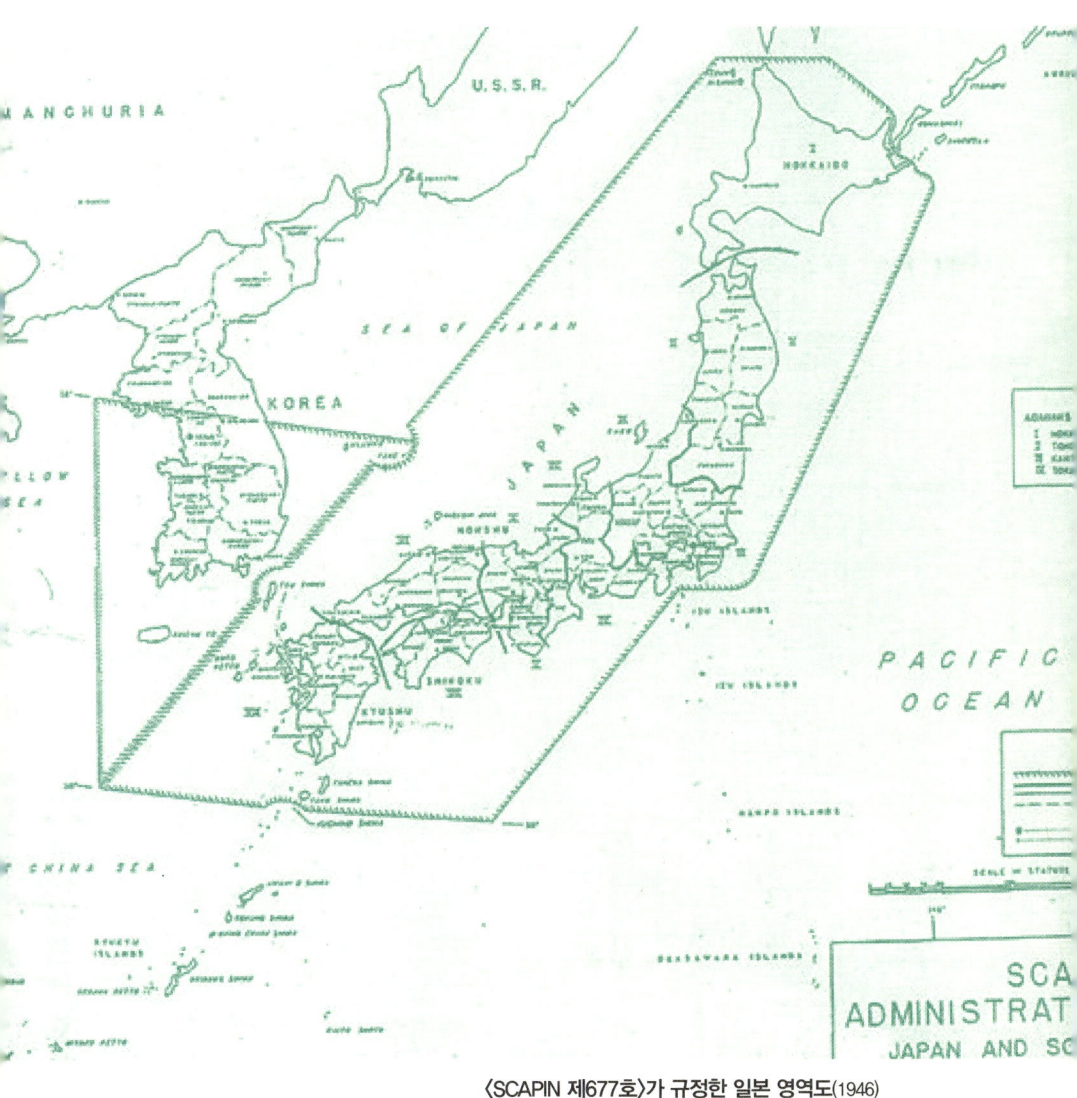

〈SCAPIN 제677호〉가 규정한 일본 영역도(1946)
독도는 한국 영토로 규정되었다.

〈러스크 서한〉, 독도는 일본 땅이다?

한국은 샌프란시스코 조약의 가입국이 아니었기 때문에 초안 작성과정에 대한 정보가 충분치 못했다. 그러므로 한국 정부는 처음에 한국 영토로 명기되었던 독도가 최종안에서 한국 영토에서 빠진 사실에 대해 뒤늦게 알게 되었다.

그래서 한국 정부는 1951년 7월 당시 주미 한국대사였던 양유찬 대사를 통해 한국의 독도 영유권을 초안에 명시해 달라고 요청했다. 양유찬 대사는 미국무성 샌프란시스코 조약(대일 평화조약) 대사였던 덜레스를 만나 서한을 건네주었다. 그 서한을 통해 한국 정부는 한국 영토 조항을 다음과 같이 수정해 달라고 요청했다.

> 일본은 한국과 제주도, 거문도, 울릉도, 독도, 그리고 파랑도를 포함한, 일본의 한국에 대한 합병 이전에 한국의 일부였던 도서들에 대한 모든 권리, 권원, 그리고 청구권을 1945년 8월 9일자로 포기했다는 것에 동의한다.
>
> — 양유찬 대사의 서한(1951.7.19)

이어서 열린 양유찬 대사와 덜레스의 회담에서 덜레스는 "1905년 이전에 이 섬들이 한국 영토였다는 것이 확실하다면 일본이 포기해야 할 한국 영토 조항에 이들의 명칭을 명기하는 것은 큰 문제가 아니다."라고 대답했다. 덜레스는 이때 독도와 파랑도의 위치에 대해 물어 봤으나 양유찬 대사 대신 답한 한표욱 일등서기관은 "아마도 울릉도 가까이에 있다고 생각한다."라고 애매하게 답했다. 파랑도는 현재 제주도 남쪽에 있는 '이어도'를 뜻하지만 한국 측은 그 섬의 위치에 대해서도 그렇게 대답했다. 그들은 이어도의 위치에 대해서는 전혀 몰랐던 것이다.

1951년 8월 7일에 있던 샌프란시스코 조약(대일 평화조약)에 관한 극동위원회에서는 독도의 소속에 대해 한국에 있는 정치고문인 뭇쵸 대사에게 정보를 얻는 것으로 했다고 기록되어 있다. 그러므로 독도 명칭을 샌프란시스코 조약(대일 평화조약)의 한국 영토 조항에 기재하느냐 마느냐의 문제는 아직 해결되지 않았다.

그런데 3일 후인 1951년 8월 10일자로 미국무성은 극동담당 국무차관보 딘 러스크 명의로 다음과 같은 서한을 주미 한국 대사관에게 보냈다. 이 문서가 소위 〈러스크 서한〉으로 불리는 문서이자 일본이 대일 평화조약상 독도가 일본 영토가 되었다고 주장하는 근거다.

> … 합중국 정부는 1945년 8월 9일의 일본에 의한 포츠담 선언 수락이 이 선언에서 취급된 지역에 대한 일본의 정식 내지 최종적인 주권 포기를 구성한다는 이론을 (대일평화) 조약이 취해야 한다고는 생각하지 않는다.
> 독도, 또는 다케시마 내지 리앙쿠르 암礁으로 알려진 섬에 관해서는, 통상 무인無人인 이 바위섬은 우리들의 정보에 의하면 조

선의 일부로 취급된 적이 결코 없으며 1905년경부터 일본의 시마네현 오키섬 지청의 관할하에 있다. 이 섬은 일찍이 조선에 의해 영유권 주장이 이루어졌다고는 볼 수 없다.

— 〈러스크 서한〉(1951.8.10) 중에서

미국 정부의 견해는 대일 평화조약이 포츠담 선언을 반드시 지킬 필요가 없다고 먼저 전제한 다음 미국의 정보에 의하면 1905년 이전에 독도가 한국의 일부였다는 증거가 없으며 한국이 독도 영유권을 주장한 적도 없는데 1905년 이후 독도는 일본 시마네현 오키섬 관할하에 있다는 것이었다. 그러므로 독도를 한국 영토 조항에 넣어 달라는 한국 정부의 요구를 수용할 수 없다는 것이 미국 정부의 결론이었다.

현재 일본 정부는 이 부분을 크게 선전하면서 결국 독도는 일본 영토로 남았다고 주장한다. 이에 대해 한국 정부는 일본 측 주장을 무시한 채 명료한 비판과 극복논리를 제시하지 못하고 있다.

〈러스크 서한〉은 무효다

그런데 〈러스크 서한〉은 한국에만 송부된 비밀문서였다는 내용이 발견되었다. 이 부분을 알려 주는 좋은 자료가 있다. 그것은 일본이 일본의 독도 영유권 주장의 근거로 외무성 사이트에 게재하는

〈밴 플리트 대사 귀국 보고서〉다.

이 보고서는 6·25 전쟁에 참전한 밴 플리트가 극동사절단 단장으로 아이젠하워 대통령의 특명을 받아 한국, 일본, 대만, 필리핀 등을 순방해 그 결과를 1954년 8월에 아이젠하워에게 보고한 내용으로 구성되어 있다. 이는 극비문서로 분류되었는데 이 문서 속에 독도 관련 기록이 다음과 같이 나온다.

4. 독도의 소유권

독도(리앙쿠르, 다케시마라고도 불린다.)는 일본해에 위치해 있고 대략 한국과 혼슈本州 중간에 있다(동경 131.8도, 북위 36.2도). 이 섬은 사실 불모의, 거주자 없는 바위들의 집합체일 뿐이다. 일본과의 평화조약 초안이 작성되었을 때, 대한민국은 독도 영유권을 주장했지만 합중국은 그 섬이 일본의 주권하에 남는다는 결론을 내렸고 그 섬은 일본이 평화조약상 포기한 섬들 중에 포함되지 않았다. 이 섬에 대한 합중국의 입장은 대한민국에 비밀리에 통보되었지만 우리의 입장은 아직 공표된 바가 없다. 합중국이 이 섬을 일본 영토로 생각하지만 두 나라간의 논쟁을 방해할 우려가 있다. 이 논쟁을 국제사법재판소로 회부하는 것이 바람직하다는 우리의 입장은 비공식적으로 대한민국에 전달된 바 있다.

— 〈밴 플리트 대사 귀국 보고서〉(1954.8) 중에서

위와 같은 〈밴 플리트 대사 귀국 보고서〉는 미국이 독도가 '일

본의 주권하에 남는다는 결론을 내렸다.'고 하고 '독도에 대한 합중국의 입장은 대한민국에 비밀리에 통보되었지만 우리의 입장은 아직 공표된 바가 없다.'고 보고했다.

즉 〈러스크 서한〉이 비밀리에 한국 정부에 송부되었지만 공표되지는 않았다는 얘기다. 이 말은 〈러스크 서한〉이 오로지 한국에게만 송부되었고 패전국 일본은 물론 다른 연합국에도 미국이 일제 비밀로 하여 알려 주지 않았다는 것을 증명하고 있다.

결국 다른 연합국들과 합의가 안 된 상태에서 비밀리에 한국에 통보된 미국만의 견해는 대일 평화조약의 공식견해로 볼 수 없다. 쉽게 말해 연합국의 합의 없이 한국으로 송부된 〈러스크 서한〉은 연합국들의 통일된 견해가 아니기 때문에 대일 평화조약의 견해로는 무효가 된다.

이러한 내용을 알려 주는 미국무성의 비밀문서는 더 있다. 예를 들면 대일 평화조약의 미국 측 책임자였던 덜레스 대사가 1953년 국무장관이 되었을 때, 〈러스크 서한〉은 미국만의 견해라고 밝힌 비밀문서가 남아 있다. 이는 1953년 12월 9일자 문서다. 덜레스 국무장관은 이 비밀문서 속에 '독도에 대한 미국의 견해는 많은 서명국 중 하나의 견해일 뿐이다 US view re Takeshima simply that of one of many signatories to treaty.'라고 썼다. 이 말은 〈러스크 서한〉으로 한국에 알린 내용 즉 독도가 일본 영토라는 견해는 미국만의 견해이지 다른 연합국들은 다른 견해, 즉 독도는 한국 영토라는 견해를 갖고 있었다는 것을 고백한 내용을 포함하고 있다. 즉 〈러스크 서한〉이 미국만의 견해이자 연합국 전체의 합의를 얻지 못한 비밀문서라는 것이 밝혀진 셈이다. 결국 〈러스크 서한〉은 어디까지나 미국만의 견해이지 대일 평화조약의 결론이 되지 못한다. 그러므로 〈러스크 서한〉은 대일 평화조약의 결론으로는 무효가 된다.

미국의 독도 주장, 연합국의 합의가 없었다

그렇다면 미국은 왜 이 중요한 결정내용을 연합국들과의 합의 없이 한국에만 전달했을까? 당시 미소냉전이 시작되었고 6·25 전쟁이 진행되는 상황에서 미국은 일본을 자유주의 진영의 일원으로 복귀시키는 것이 급선무로 생각했다. 그래서 대일 평화조약의 체결식을 되도록 일찍 하겠다는 방침을 세워 놓았는데 1951년 7월 19일 한국에 의해 한국 영토 조항에 독도를 한국 영토로 명기해 달라는 요구가 들어왔다.

    미국은 독도의 역사에 대해 제대로 조사를 하지 않은 채 주미 한국 대사관의 실수를 이용하면서 한국에게 독도 영유권을 포기하도록 1951년 8월 10일자로 〈러스크 서한〉을 보냈다. 그리고 한국이 납득하지 못하면 후에 국제사법재판소에 제소할 수 있도록 대일 평화조약 제22조에 국제사법재판소에 의한 해결방안을 명기했다.

    그런데 당시 〈러스크 서한〉을 다른 연합국들에게 공개해서 동의를 얻으려다가 모처럼 초안에 합의한 연합국들이 미국의 일방적인 결정에 반발할 가능성이 충분히 있었다. 독도를 한국 영토로 생각하는 연합국들이 많았기 때문이다.

연합국들의 독도에 대한 토론은 1951년 6월 1일자로 끝났고 독도의 소속을 명기하지 않는 최종초안은 그 결과로 6월 14일에 작성되었다. 그러므로 한국의 수정요구가 들어온 7월 19일 이후에 독도 문제로 연합국들이 다시 모여서 토의한 적이 없는 것이다.

그래서 미국은 단독으로 8월 10일자로 한국 정부에만 비밀문서로 〈러스크 서한〉을 보냈다. 그러나 포츠담 선언은 제8조에서 '카이로 선언의 조항은 이행되어야 한다. 그리고 일본국의 주권은 혼슈, 홋카이도, 규슈 및 시코쿠 그리고 우리(연합국)가 결정할 작은 섬들로 한정되어야 한다.'라고 명기했다.

〈러스크 서한〉이 '포츠담 선언의 논리를 적용할 필요가 없다'는 이야기는 독도에 관한 이야기로 이어지고 있으므로 결국 〈러스크 서한〉은 '우리(연합국)가 결정할 작은 섬들로 한정되어야 한다'라는 논리를 적용할 필요가 없다 생각하여 연합국의 기본합의를 부인한 것으로 판단된다. 쉽게 말해 '우리'가 아니라 '미국'이 결정할 수 있다는 식의 미국의 정당화 논리가 전개되었다고 봐야 한다.

그런데 포츠담 선언 제8조에 명기된 일본의 작은 섬들은 '우리', 즉 '연합국'이 결정해야 한다고 되어 있는 점이 중요하다. 결국 미국 정부는 연합국의 합의 없이 〈러스크 서한〉을 한국에 송부하면서 동시에 '우리(연합국)가 결정할 작은 섬들'이라는 포츠담 선언의 전제를 적용하지 않고, 미국의 단독견해인 '독도는 일본 영토'라는 이야기를 정당화하려고 한 것이다.

  2012년 8월 일본의 노다 요시히코 총리는 〈러스크 서한〉으로 인해 독도는 일본 영토가 되었음에도 불구하고 말로 반박할 수 없는 한국은 이승만 평화선을 긋고 힘으로 독도를 불법 점거하기 시작해 현재에 이르렀다고 주장했다. 〈러스크 서한〉이 미국만의 견해이지 샌프란시스코 조약의 결론이 아니므로 이와 같은 일본의 독도 불법 점거론 자체가 성립되지 않는다. 연합국은 한국이 독도를 지배하기 시작했을 때 독도는 일본 영토라고 한국을 비판한 적이 없다. 결국 연합국은 독도에 대한 한국의 지배에 대해 기본적으로 묵인으로 승인한 것이다. 그러므로 독도는 역사적으로도 국제법상으로도 현재까지 논리적으로 한국의 영토인 것이다.

한국사 알리기
STORY

1. 〈뉴욕타임스〉에 실린 독도 광고
2. 시민들의 모금으로 〈워싱턴포스트〉에 실린 독도 광고

01 신문 매체에 실린 독도 광고, '독도는 우리 땅'

세계인들이 가장 많이 구독하고 신뢰한다는 〈뉴욕타임스〉, 〈워싱턴포스트〉, 〈월스트리트저널〉 등의 신문 매체에 독도 광고를 게재하여 세계적인 여론을 환기시키는 것이 우리 독도를 계속 지켜 나가는 가장 중요한 방법이라고 생각했다. 특히 역사적, 지리적, 국제법적으로 독도는 당연히 우리 영토이기에 '독도가 한국 땅'이라는 메시지를 주기보다는 문화, 관광 콘텐츠를 통해 자연스럽게 독도를 전 세계에 널리 알리는 것이 제일 중요했다. 그리하여 서경덕 교수는 지금까지 세계적인 유력 매체에 약 20여 차례 독도 광고 캠페인을 펼쳐 왔으며 특히 가수 김장훈 씨가 후원을 많이 했다. 그야말로 독도 광고는 전 세계적으로 큰 이슈가 되었고 일본 정부의 부당함을 세계인들에게 널리 알릴 수 있었던 기폭제가 되었다. 이런 여파로 인해 재외동포들이 자발적인 모금운동을 펼쳐 각 나라 주요 언론에 독도 광고를 게재하는가 하면 대한민국 대표 포털사이트 Daum에서 네티즌들의 성금으로 또 다른 독도 광고를 게재할 수 있었다. 이처럼 일본 정부의 독도 도발이 얼마나 잘못된 일인지를 세계적인 여론을 통해 계속 압박해 나가는 것이 독도를 지키는 또 하나의 중요한 방법임을 알 수 있다.

3. 뉴욕 타임스스퀘어에 독도 광고를 게재한 서경덕 교수와 광고비를 후원한 가수 김장훈 씨

 정치외교적 접근보다 문화관광을 통한 독도 홍보

서경덕 교수는 세계인들이 가장 많이 모이는 뉴욕 타임스스퀘어에 독도 관련 관광 광고를 2010년 3·1절에 올렸다. 'Visit Dokdo'라는 주제로 '한국의 아름다운 섬, 독도에 놀러오세요'라는 메시지를 관광 콘텐츠를 가지고 자연스럽게 세계인들에게 널리 알릴 수 있었던 계기가 되었다. 특히 개인이 뉴욕 타임스스퀘어에 국가 현안에 관련된 광고를 올린 것은 최초의 사건이라 다른 외신들을 통해서도 또 한 번 홍보가 되어 더 큰 화제가 되기도 했다.

또한 현재 CNN, BBC 등 세계인들이 가장 즐겨 본다는 뉴스 채널에 이 영상 광고를 TV 광고로 올리기 위해 노력 중이다. 특히 뉴욕 타임스스퀘어에는 지금까지 글로벌 기업 광고판이 즐비했는데 바로 이곳에 국가 단위로는 세계 최초로 대한민국 전용 광고판을 세울 예정이며 이 광고판을 통해 대한민국 문화와 역사를 전 세계인들에게 지속적으로 알려 나갈 계획이다.

한국사 알리기
STORY

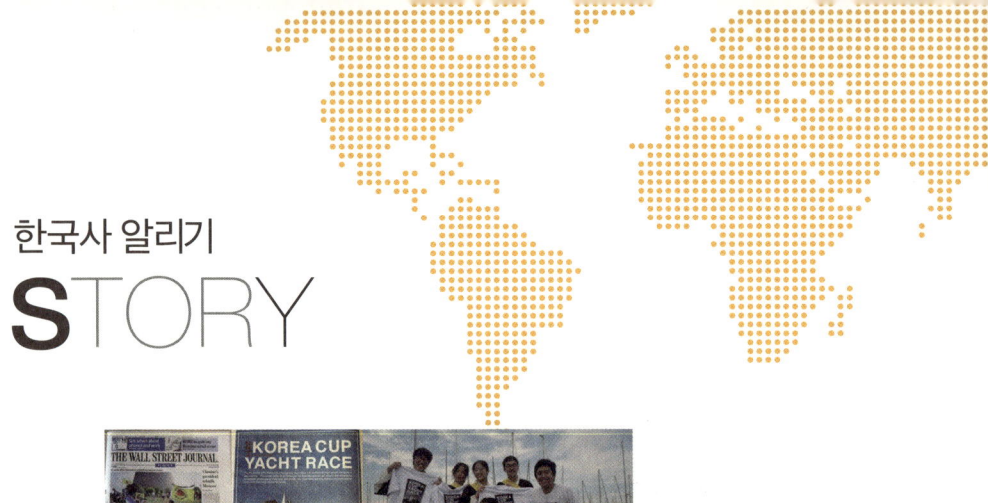

4. 〈월스트리트저널〉에 게재된 '코리아컵 국제 요트 대회'

03 스포츠를 통한 독도 세계 홍보 프로젝트

독도 문제를 문화, 관광, 스포츠 이벤트와 연결해 자연스럽게 세계인들에게 널리 알리는 것이 중요하다. 그리하여 서경덕 교수는 포항을 출발하여 울릉도와 독도를 돌아오는 '코리아컵 국제 요트 대회'를 〈월스트리트저널〉 미주판, 유럽판, 아시아판에 전면 광고를 게재하여 스포츠 행사를 통해 독도를 전 세계에 효과적으로 알릴 수 있었다.

또한 2012년 광복절을 맞아 '독도 수영 횡단 프로젝트'를 기획하여 가수 김장훈, 배우 송일국, 한국체대 수영부 40여 명과 함께 경북 울진 죽변항에서 독도까지 약 220km의 거리를 수영으로 횡단하는 대형 프로젝트를 실행하였다. 이 행사는 우리 영토이기에 우리만이 수영으로 갈 수 있는 곳이 바로 독도라는 사실을 전 세계인들에게 널리 알리고자 한 것이다.

이처럼 독도는 지리적, 역사적, 국제법적으로 당연히 우리나라 영토이기에 '독도는 한국 땅'이라고 외칠 것만이 아니라 대형 스포츠 이벤트를 통해 지속적으로 우리만이 할 수 있는 홍보전략을 펼쳐 나가는 것이 중요하다.

5. 독립기념관 독도학교에서의 독도 교육 현장

04 국내 최초로 만들어진 독도 교육 전문기관, '독도학교'

서경덕 교수는 국내 최초로 독도 교육 전문기관인 '독립기념관 독도학교'를 개교하고 초대교장으로 임명되었다. 이는 독도가 대한민국 영토임을 대한민국 사람이라면 다 아는 사실인데 왜 한국 땅인지를 잘 모르는 사람들이 많아 독도 교육을 체계적으로 하기 위해 설립했다. 올해는 초등학생을 위주로 교육을 하고 있으며 내년부터는 청소년, 향후 3년 안에는 대한민국 사람들이라면 누구나 다 교육 받을 수 있도록 확대해 나갈 예정이다.

또한 천안 독립기념관까지 찾아오기 힘든 전국의 오지 학교 학생들과 해외의 재외동포 및 재외국민 자녀가 다니는 한인학교를 직접 찾아다니며 독도 교육을 실시하는 '찾아가는 독도학교'를 진행하고 있다. 중국 상하이 한국학교에서 첫 개강을 하였고 국내에서는 마라도 마라분교, 부산 소년의 집 등에서 교육을 실시해 왔다. 특히 미국, 베트남, 네덜란드, 태국, 우즈베키스탄 등 10여 개 한인학교에서도 진행을 해 큰 화제가 되기도 했다.

이러한 독도 교육의 목표는 독도의 상징적인 의미 및 중요성을 알려 주고 독도가 대한민국 영토인 이유를 학생들 눈높이에 맞게 쉽고 재미있게 전달하는 것이며 일본 정부가 독도 도발을 멈추는 그날까지 독도학교를 지속적으로 유지, 운영할 계획이다.

한국사 알리기
STORY

6. 독도 선착장에서 열린 가수 김장훈 콘서트
7. 독도송을 함께 만든 가수 윤종신 씨와 서경덕 교수

·······05······· 음악이 주는 독도의 힘, 독도 페스티벌과 독도송

서경덕 교수는 독도 문제를 좀 더 문화적으로 접근하여 사람들의 관심을 이끌기 위해 가수 김장훈 씨와 함께 2011년 독도 선착장에서 최초로 콘서트를 진행하였다. 1부에서는 서 교수가 독도 관련 특강을 진행하고 2부에서는 김장훈의 미니 콘서트가 펼쳐졌다. 그 후 음악이 주는 큰 메시지의 힘을 알게 되어 독립기념관 독도학교 초대 홍보대사인 가수 윤종신 씨와 함께 대한민국을 대표하는 '독도송'을 제작하여 음원을 무료로 배포했다. 독도송은 밝고 경쾌한 대중가요로 남녀노소 누구나 쉽게 따라 부를 수 있도록 만들어졌으며 특히 아름다운 독도 경관을 영상에 담아 뮤직비디오까지 제작하게 됐다. 이 뮤직비디오는 영어버전으로도 각색하여 유튜브를 통해 전 세계인들에게 'K-pop'으로써 우리의 독도를 자연스럽게 널리 홍보할 수 있다. 이처럼 '음악'이라는 문화콘텐츠를 통해 국내외로 독도를 보다 자연스럽게 알리는 것이 매우 중요하다는 것을 알 수 있다.

8. 〈미안하다 독도야〉 영화 속 독도 장면
9. 영화 〈미안하다 독도야〉 포스터

영화 속 주인공, 독도

'독도가 우리 땅'이라고 막연히 외치는 것보다 영화라는 '문화의 힘'을 빌려 전 세계인들에게 독도를 보다 자연스럽게 홍보하기 위해 서경덕 교수는 다큐멘터리 영화를 제작하게 됐다. 특히 영화에 애국심이나 큰 감동을 선사하기 위함이 아닌 '독도를 위한 작은 실천의 이야기'를 담아 대한민국 국민들에게 독도에 대한 관심을 지속적으로 가지자는 메시지를 전달해 주고 있다. 또한 독도 위에 띄울 대형 태극기를 국민들의 손도장을 담아 제작하는 전 과정이 소개되어 당시 큰 화제를 모으기도 했다. 이처럼 '영화'라는 문화 콘텐츠를 통해 전 세계인들에게 독도 영화를 널리 알릴 수 있는 그날을 기대해 본다.

서울 종로구 일본 대사관 앞에 세워진 소녀상
뒤돌아 있는 소녀상의 모습이 마치 굳게 마음이 닫힌
일본군 '위안부' 피해자 할머니들의 모습 같다.

일본군 '위안부'

왜 수요일마다 일본 대사관 앞에서 집회가 열리는 걸까?

남은 시간이 없다
누가 내 인권과 명예를
회복시켜 주겠나
내가 죽어도 끝나서는 안 된다
언젠가는 해결해야 한다

일본군 '위안부' 피해자 이옥선 할머니의 말 중에서

왜 알아야 할까?

일본은 생존해 있는 일본군 '위안부' 피해자 할머니들의 증언에도 불구하고 지난 21년 동안 '위안부' 강제동원은 없었다고 주장하며 외면해 왔다. 하지만 오늘도 일본 대사관 앞의 수요집회 현장은 뜨겁다. 일본군 '위안부' 생활은 전쟁과 함께 끝났지만 일본군 '위안부' 문제는 현재도 계속되고 있는 것이다.

'위안부'는 계획적이고 조직적인 전쟁범죄였다

일본군 '위안부'는 일본이 일으킨 전쟁에 강제로 끌려가 성노예 생활을 강요당한 피해자들이다. 또한 일본 정부와 일본군, 그리고 일본 전범기업에 의해 전개된 계획적이고 조직적인 전쟁범죄로서 여성을 성노예화한 것을 말한다.

1910년 한일강제병합에 의해 조선은 주권을 박탈당하고, 일본의 식민지배로 인적, 물적수탈을 당했다. 1930년대 초부터 1945년 8월까지, 일본 제국주의는 침략전쟁을 중일전쟁과 태평양전쟁으로 확대해 갔으며, 침략지역에서 일본 군인들의 강간행위와 성병 감염을 방지하며 군사기밀의 누설을 막기 위해 일본, 조선, 대만

중국과 국경의 미얀마 지대에서 포로가 된 조선인 '위안부'들(출처 미국공립공문서관 NARA)

등 점령지역의 젊은 여성들을 동원하여 군대 주둔 지역과 최전방 전투지구에서 집단적으로 수용하여 군인들의 성적 노리개로 만들었다.

다른 한편으로는 사할린과 일본 큐슈 등의 전쟁 추진을 위한 건설공사, 군수품 공장 등에서 노동하는 조선과 중국 등에서 동원된 남성을 상대로 일본 정부와 기업이 결탁하여 기업 위안소를 경영하였다. 전쟁 당시 20만 명에 이르는 조선 여성들이 속임수와 폭력에 의해 연행되어 구만주, 중국, 미얀마, 말레이시아, 인도네시아, 파푸아 뉴기니아, 태평양에 있는 여러 섬들과 일본, 한국 등에 있는 점령지에서 성노예로 혹사당했다. 11살 어린 소녀로부터 30살이 넘는 성년에 이르기까지 다양한 연령의 여성들은 위안소에

위안소 앞에서 차례를 기다리는 일본 군인들
당시 위안소에서 일본 군인들이 사용했던 샷쿠(콘돔)

머물며 일본 군인들을 상대로 성적행위를 강요당했다. 한 사람이 하루에 적게는 7~8명, 많을 경우 40~50명까지 상대해야 했으며 거부할 경우 매를 맞거나 고문을 당하기도 했다. 이들의 인권은 완전히 박탈되어 사람이 아닌 군수품 혹은 소비품 취급을 받았다.

1945년 전쟁이 끝난 후 일본군 '위안부' 피해 여성들은 현지에서 사살되거나 자결을 강요당하거나 버려졌으며, 운 좋게 생존하여 고향으로 돌아온 피해자들은 사회적인 냉대와 소외, 수치심, 가난, 병약해진 몸으로 인해 평생을 신음하며 살아가야 했다.

일본군 '위안부'는 식민지지배 정책의 하나였다

일본군 '위안부'로 강제동원이 되었을 때 사회환경은 참담했다. '위안부' 피해자 문옥주 할머니 말에 의하면 일제의 강압에 맞서 아버지는 독립운동을 하였고, 그로 인해 집안이 가난했다고 한다.

> 내가 아주 어렸을 때 아버지는 집에 가끔씩 들르시곤 했었다. 그러다 내가 여덟 살 되던 해에 돌아와 시름시름 앓다가 돌아가셨다. 어머니 말로는 아버지가 상하이, 만주 등에서 독립운동을 하느라고 집에도 못 오고 고생하다가 병을 얻어 돌아가신 것이라고 한다. 하지만 나는 아버지가 학식이 있는 사람이었다는 것만 어렴풋이 생각날 뿐이다.
>
> — 일본군 '위안부' 피해자 문옥주 할머니

또한 일본에 의해 강제로 창씨 개명을 해야 했다.

> 경상북도 경주군 안강면 양월 창마을. 지금은 다르지만 예전에는 조선에서 여자들이 아무 데나 못 다녔어. 봉건사상 때문에. 여자가 벙어리처럼 말 한 마디도 못했어. 봉건사상이 그때는 대단했어. 그때는 일본이 관할했기 때문에 일본말을 배우지 않으면 안됐지. 조선말을 한 마디라도 하면 벌금 받고 맞아대고 그랬어.
>
> — 일본군 '위안부' 피해자 지돌이 할머니

김순덕 할머니의 작품, 〈끌려가는 날〉
(출처 나눔의 집 부설 일본군 '위안부' 역사관 소장)

어렸을 때 내 이름은 미요코美代子였다. 나는 학교를 다니지 못했다. 내가 아홉살 때 어머니가 아버지 몰래 쌀 한 말을 팔아 보통학교에 넣었다. 그러나 아버지는 "가시나는 공부하면 여우가 된다."고 입학한 지 5일 만에 학교를 찾아와 교실에서 나를 끌어내고 책을 모두 태워 버렸다. 그래서 학교를 그만두게 되었다. 그 일로 나는 아버지에게 맞기도 많이 맞았고 결국은 집에서 쫓겨나 큰집에 가 있었다. 다시는 공부를 안 하겠다고 약속하고 나서야 다시 집으로 돌아올 수 있었다. 나는 공부 못한 것이 한이 되어 '부모 안 보는 데서 공부해 똑똑한 사람이 되어 세상을 바로 살아 보아야겠다.'는 생각을 했다.

― 일본군 '위안부' 피해자 문필기 할머니

그 당시에 집집마다 돌아다니며 일본군들이 어린 여자와 처녀들을 잡으러 다닌다는 소문이 들리자 일찍 시집을 가려는 여자들이 많았다. 일본 사람들이 호적을 보고 시집만 갔다고 하면 잡아가지 않는다고 했기 때문이다.

그리고 당시는 일제가 3·1 운동 이후 유화 정책을 썼다고는 하지만 벽촌 시골은 1년 내내 지은 농사를 추수 때 곡물을 공출당하고 나면 생계를 위협받기는 마찬가지였다.

일본군 '위안부'의 생활은 비인간적이었다

일본군 '위안부'들은 강제로 연행되어 일본군들로부터 고문 및 구타, 총검을 이용한 폭력을 당했다.

> 어떤 군인이 너무 괴롭히기에 나도 화가 나서 발로 찼더니 그는 내 옷을 다 찢고 발가벗겨 때리고 칼을 들이댔다. 그리고 밖에 나가서 시뻘겋게 달구어진 인두 모양의 볼 쑤시개를 가지고 들어와 내 겨드랑이를 지졌다. 그 상처로 석 달 동안 고생했다.
> — 일본군 '위안부' 피해자 문필기 할머니

그 집에서는 한 명이 잘못하면 군대식으로 전부 맞았다. 무릎을 꿇어앉으라고 했고 주인과 우리를 관리하는 일본 여자가 허

벽지 위를 몽둥이로 때렸다. 손님한테 보이지 않도록 그 부위를 때린 것이다. 너무 아팠다. 까맣게 줄이 생겼다. 내가 잘못해서 맞는 게 아니라 여자들 중에서 한 명이라도 술을 많이 먹고 장사를 못하겠다고 하면 열이고 스물이고 모두 때렸다. 지금 귀가 멀게 된 것도 그때 맞은 것 때문이라고 생각한다.

— 일본군 '위안부' 피해자 박두리 할머니

    그 당시 일본군 '위안부'들은 하도 많은 남자들을 상대하다 보니 생식기 관련 질병으로 고생을 해야 했다. 하지만 그러한 질병과 관련된 치료를 받지도 못하고 또 일본 군인을 상대해야 했다. 특히 매독, 임질 등의 성병치료를 위해 606호 주사^{salvarsan}를 정기적으로 투여시켰는데 그 살바르산 주사의 후유증으로 고생을 해야 했다.
    또한 장교들은 콘돔을 사용하지 않았기 때문에 이 기간 동안 임신한 여자들이 많았다. 하지만 임신을 했다고 하면 병원에 데려가 의사가 자궁을 긁어 내게 하고 이 과정을 몇 번 겪다 보면 1년 만에 몸이 상하게 되었다.
    일본군 '위안부' 피해 여성들은 전쟁을 수행 중이던 일본군의 이동에 따라 강제이동했고, 많은 경우 전쟁터 인근에 위안소가 존재했기 때문에 전쟁 그 자체가 야기하는 각종 위협으로부터 자유로울 수 없었다.

일본군 '위안부' 생활이 끝나도 사회는 냉대했다

김순덕 할머니의 작품, 〈못다 핀 꽃〉
(출처 나눔의 집 부설 일본군 '위안부' 역사관 소장)

전쟁은 끝났지만 일본군 '위안부' 피해자들은 세상 속에 당당히 나오지 못하고 사회적 냉대와 차별을 겪어야 했다. 생사의 갈림길 전쟁터에서 목숨을 구제하고 귀국한 일본군 '위안부' 피해자들의 육체적, 정신적 피해 사실은 이루 말할 수 없음에도 불구하고, 성차별적 사회에서 순결을 지키지 못한 죄의식에 스스로 죄인의 삶을 살 수밖에 없었다. 그래서 대부분 결혼을 포기하고 혼자 살았으며 결혼을 했어도 가족과 이웃에게 사실을 숨기며 평생을 살아왔다. 결혼한 피해자 할머니들은 거의 정상인 결혼생활을 하지 못했다. 혼인신고를 하지 않은 상태에서 동거로 결혼생활을 유지하거나 연령차가 큰 남편과 살거나, 자식이 있는 남자와 결혼이나 동거, 결혼생활이 원만하지 못한 채 외롭고 가난한 생을 살아왔다.

또한 일본군 '위안부' 피해자 할머니들 대부분은 성적후유증으로 젊은 시절부터 각종 여성병을 앓게 되었고, 자궁을 들어 내거나 불임이 된 사례가 많다. 그리고 당시 피해 때문에 진통제를 계속 맞고, 평생 남들과 목욕을 하지 않았다. 일본군에 저항하거나, 도망가다가 칼에 맞은 자국을 몸에 지닌 채 평생을 살아왔다.

그리고 이산의 아픔을 겪은 해외거주 피해자들도 있다. 중국에 거주했던 일본군 '위안부' 피해자는 1992년 8월 24일 한중수교 후, 나눔의 집을 비롯한 민간단체의 중국 현지조사로 한국 출신 생존 일본군 '위안부' 피해자들을 발굴하여, 2000년부터 나눔의 집으로 초청하여 국적회복을 시작하였다. 사망신고가 된 피해자들은 재판을 통해 국적회복을 하였고, 북한 국적을 가진 김순옥 할머니는 '죽기 전에 한국에 나가 조선 땅을 한 번 밟아 보는 게 소원이다.'라는 염원을 가지고 정부의 초법적인 지원에 2005년 12월 5일 현지에서 국적회복을 하여 영구 귀국하였다.

일본군 '위안부' 문제, 세상에 알려지다

일본군 '위안부'로 동원된 여성들이 한국 사회에서 주목받기 시작한 것은 1990년대에 들어서부터였다. 그 전까지 꾸준히 활동해 온 사람들이 있었지만 사회 문제로 이슈화된 적은 별로 없었다.

그런데 1980년대 후반부터 한국 내에서뿐 아니라 아시아 각지를 돌며 일본군 '위안부' 피해자 여성 생존자들을 찾아다니며 조사해 온 윤정옥 교수(이화여대)가 있었다. 윤 교수의 조사결과는 1990

일본군 '위안부' 피해자로서 첫 번째 공개 증언을 한 故 김학순 할머니

년 1월부터 '정신대의 원혼 서린 취재기'라는 제목으로 〈한겨레신문〉에 연재되었으며, 이를 계기로 일본군 '위안부' 문제가 널리 알려지게 되었다.

1991년 8월 14일 한국 내에서 일본군 '위안부' 피해자로서는 처음으로 김학순 할머니(당시 67세)가 실명을 공개하고 기자회견을 열었다.

> 나도 일본에게 억울한 일이 많고 내 인생이 하도 원통해서 어디 이야기라도 하고 싶었던 참이라 내가 군위안부였다는 사실을 이야기했다.
>
> — 故 김학순 할머니의 말 중에서

그 후 피해자 신고와 더불어 많은 '위안부' 피해자들의 증언이 이어지면서 일본의 전쟁범죄와 인권유린을 고발했다.

이처럼 일본군 '위안부' 피해자 문제가 조금씩 사회에 알려지면서 1992년 2월에는 한국 정부에서 피해자신고센터를 설치하여 피해신고와 증언을 받기 시작했다. 이후 피해자 할머니들의 신고가 늘어나 2013년 9월 국내 신고자는 237명에 달하고, 이 중 현재 생존자는 56명이다.

'위안부'를 위한 인권회복운동이 시작되다

일본군 '위안부' 문제가 최초로 공식폭로된 1988년은 한국 사회의 민주화운동 역량이 급성장하여 공권력에 의한 폭력 문제가 사회화되던 시기였다. 특히 1986년 부천 경찰서 성고문 피해자 권인숙 씨가 공권력에 의한 성폭력의 실상을 고발하여 성폭력 문제가 심각하게 사회문제화되었다. 이는 국가기구의 인권침해가 피해자 여성에 의해 직접 고발되는 전례를 마련하여 일본군 '위안부' 문제가 폭발적인 반향을 얻을 수 있었던 사회 분위기를 형성했다.

1988년 올림픽을 앞두고 국제 관광객의 증가에 따른 성매매 문제를 우려한 한국교회여성연합회는 세계의 기독교 여성들과 함께 1988년 4월 제주도에서 '여성과 관광 문화'라는 주제로 국제 세미나를 개최하기로 했다. 바로 이 세미나에서 그동안 이 문제에 관심을 가지고 자료조사를 해오던 윤정옥 교수의 일본군 '위안부' 실상에 관한 첫 강연이 이루어졌다.

1990년 6월, 모토오카 쇼지本岡昭次 사회당 참의원이 일본 국회에서 '종군 위안부'의 명단도 한국에 넘길 것인가를 물었다. 이때 답변에 나선 노동성 직업안정국장은 일본군이 성노예 문제에 관여하지 않았다는 거짓말을 하였고, 이에 여성단체들이 분노와 실망을 금치 못하였다. 따라서 피해자 측의 지속적인 진상 규명이 문제해결의 열쇠임을 절감하여 비영리 민간단체인 한국정신대문제대책협의회를 발족시켜 운동을 시작했다.

'위안부' 피해자들의 인권회복을 위해 관련단체들도 생겨났다. 우선 대표적으로 한국정신대연구소가 있다. 한국정신대연구소는 일제강점 시기 일본군 '위안부' 문제의 올바른 해결을 위해 선행되어야 할 조사와 연구를 목적으로 발족하였다. 이 단체는 국내외 생존자들의 증언을 상세히 채록해 증언집을 출간하였다. 1994년부터는 해외실태 조사를 통해 해방 이후 고향으로 돌아오지 못하고 해외에 남아 있는 생존자들을 조사하여 생활지원 및 귀국을 추진하는 등의 활동을 해오고 있다.

또한 한국정신대문제대책협의회(이하 정대협)는 일본 정부가 조직적이고 체계적으로 저지른 범죄인 일본군 '위안부' 문제를 해결할 것을 주장하였고, 1993년부터 책임자를 처벌하라는 요구를 포함하여 현재까지 7가지 사항을 요구하고 있다. 1992년부터는 일본군 '위안부' 문제 아시아연대회의를 조직하여 같은 피해국 간의 네트워크를 형성했으며, 유엔인권위원회를 통한 문제해결, 국제노동기구를 통한 문제해결 등 국제연대 활동을 통해 일본 정부에게 압력활동을 해왔다. 특히 일본군 '위안부' 문제를 여성인권의 문제로 제기하면서 국제여성인권운동으로 자리잡게 되었다. 또한 일본 여성들과의 연대로 일본 국회에서 피해자들에게 공식사죄하고 법적 배상할 수 있는 특별법 제정을 위한 활동을 전개하였다. 정대협은 1992년 1월 8일부터 매주 수요일 일본 대사관 앞에서 일본군 '위안부' 피해자들의 명예와 인권회복을 요구하는 수요시위를 전개하고 있으며, 2012년 5월 5일부터 '전쟁과 여성인권 박물관'을

《월스트리트저널》에 실린 일본군 '위안부' 광고

운영하고 있다.

  마지막으로 '나눔의 집'이 대표적이다. 나눔의 집은 일본군 '위안부' 문제가 본격적으로 한국 사회에 제기되던 1990년부터 태평양전쟁 당시 일제에 의해 성적희생을 강요당했던 일본군 '위안부' 문제의 진상을 밝혀 왜곡된 역사를 바로잡고 할머니들의 명예를 되찾고자 하였다. 그래서 생존한 일본군 '위안부' 피해자 할머니들의 삶의 터전을 마련하자는 취지에서 불교계를 비롯한 사회각계의 모금을 통해 추진되었다. 시민들의 정성으로 전국 각지에 흩어져 홀로 살던 할머니들 7분을 모셔 1992년 10월 마포구 서교동에 조그만 전셋집을 얻어 나눔의 집을 개원하였다. 이처럼 나눔의 집은 일본군 '위안부' 피해자 할머니들이 처음으로 공동체 생활을 할 수 있는 공간을 마련하면서 비롯되었다.

그 뒤 할머니들은 서울의 명륜동과 혜화동의 전셋집 생활을 전전하였고, 이러한 어려운 사정을 전해들은 뜻있는 여성 독지가가 현재의 경기도 광주 퇴촌면에 소재한 땅 650여 평을 기증하여 할머니들 7분이 입주하였다. 1996년 11월에는 나눔의 집을 보다 안정적이고 체계 있게 운영하고 사회복지의 전문성을 기하기 위해 경기도로부터 사회복지법인 인가를 취득하였다. 아울러 1998년 12월에는 일본군 '위안부' 문제에 대한 진실을 밝혀 일본의 전쟁범죄를 고발하고 피해자 할머니들의 삶의 흔적을 남겨 역사 교육의 장으로 활용하고자 '일본군 위안부 역사관'을 건립하였다. 일본군 '위안부'를 포함한 전시 여성폭력에 관한 실태조사 및 연구와 역사관 전시 홍보, 교육, 여성의 인권향상 및 인간의 권익보호를 목적으로 2002년 12월 12일 경기도에 비영리 민간단체로 '국제평화인권센터'를 등록하여 활동하고 있다. 또한 '일본군 위안부 피해자 추모관'과 '일본군 위안부 피해자 인권센터'를 추진하고 있다.

'위안부' 피해자의 활동이 사회를 변화시킨다

일본군 '위안부' 피해자들의 인권회복운동이 점차 퍼져 나가면서 피해자들의 주체적인 운동도 적극적으로 전개되었다. 가장 대표적인 활동은 바로 수요집회다. 1992년 1월 8일부터 매주 수요일

일본 대사관 앞에서의 수요집회 현장

   정오, 서울 종로구 중학동 일본 대사관 앞에서는 수요집회가 열린다. 2013년 9월 25일 1093회를 맞이했다. 피해자들은 일본 측에게 7가지를 요구하고 있다. 일본군 '위안부' 범죄 인정, 진상 규명, 일본 의회 사죄 결의, 법적 배상, 역사 교과서 기록, 위령탑과 사료관 건립, 책임자 처벌이다.
   1992년에 시작된 '위안부' 피해자 할머니들의 일본 대사관 앞 수요집회는 1000회(2011년 12월 14일)를 맞아 '평화비'라는 청동 소녀상이 만들어졌다.
   하지만 소녀상의 메시지를 정확히 읽어야 할 일본 정부는 오히려 소녀상의 철거를 한국 정부에 요구한다. 소녀상 어디에도 일본 제국의 천인공노할 만행 어쩌고 하는 규탄의 말 한 마디가 없음에도 일본 사람들은 위안부들의 인간적 존엄성이 짓밟힌 사실보다

일본군 '위안부' : 당신이 알아야 할 한국사 10

미국 LA 글렌데이시에 세워진 소녀상(2013.7.30)

는 그들 대사관의 안전과 품위를 먼저 생각하는 것이다. 한국 정부가 소녀상이 거기 서 있다는 것 말고는 일본 대사관의 안전을 위협하지도, 그 품위를 떨어뜨리지도 않는 소녀상의 철거 요구를 거절한 것은 당연하다. 소녀상은 정부의 참여 없이 순수 시민모금으로 건립된 것이어서 정부가 철거를 요구할 수 없다는 게 한국 정부의 공식입장이다.

평화의 소녀상이 미국 캘리포니아 주 글렌데일 시립공원에도 2013년 7월 30일에 세워졌다. 해외에 평화의 소녀상이 세워지는 것은 이번이 처음이라 더 의미가 있다.

위에서 말했던 것처럼 일본군 '위안부' 피해 사실이 세상에 드러난 것은 1991년 8월 14일 故 김학순 할머니의 고백이 있었기 때문이다.

> 내가 오늘날 동회에서 주는 쌀 10kg, 돈 3만원에 매달려 한 달을 사는 불쌍한 늙은이가 된 것이 내가 정신대였기 때문입니다. 텔레비전이나 신문에서 일본이 정신대로 끌려간 사실이 없다고 하는 이야기를 들을 때면 억장이 무너집니다.
>
> — 故 김학순 할머니의 증언 중에서

김학순 할머니가 최초로 피해자임을 밝히기 시작했을 때 다른 피해자들은 얼굴을 드러내길 기피했지만 문제해결의 의미를 알게 되면서 차츰 세상에 피해 사실을 알리고 국제사회에서 이슈화하는 데 앞장섰다. 2007년 7월 30일 미국 하원에서 일본 정부의 사죄를 촉구하는 결의안(HR121)이 채택된 이후 우리나라는 물론 각국 의회와 일본 등 지방의회에서도 결의안 채택이 이어지고 있다. 2011년 8월 30일에는 2006년 할머니들이 '정부가 한·일 간 재산 및 청구권과 관련한 분쟁을 해결하려는 조치를 취하지 않아 기본권을 침해당했다'고 국가의 한·일 청구협정 대해 헌법소원청구를 했던 결과가 나왔다. 헌법재판소는 위헌 결정을 내렸고, 한국 정부는 위안부 문제를 해결하기 위해 나서게 될 수 있었다. 피해자들은 문제해결을 위해 미국, 일본, 독일, 프랑스, 호주, 캐나다 등 전 세계를 누비고 있다. 특히 2013년 7월부터 9월 말까지 일본군 '위안부' 피해자였던 이옥선 할머니는 아흔을 바라보는 나이에 한국에서 3개국 12개 도시를 오가는 강행군을 휠체어에 의지해 미·독·일 5만㎞ 대장정으로 증언 투어를 했다.

또한 2012년 12월 8일부터 10일까지 대만 타이페이에서 열린 제11차 일본군 '위안부' 문제해결을 위한 아시아연대회의에서는 김학순 할머니의 첫 증언이 있었던 8월 14일을 세계 일본군 '위안부' 생존자들을 기리는 날로 정했다. 이날에는 세계 각국에서 일본군 '위안부' 해결을 촉구하는 집회와 모임을 갖고 문화행사를 갖는다. 할머니들은 그동안 피해자 증언, 생존자 활동이 우리 사회를 변화시키는 계기가 된다는 것을 증명했다.

일본군 '위안부' 문제가 이미 해결됐다?

일본군 '위안부' 문제에 대한 한국과 일본, 국제사회의 입장은 각각 다르다. 한국 정부의 입장은 개인 청구권이 살아있다는 것이다. 피해자들의 지속적인 활동으로 〈1965년 한일청구권협정〉 문건을 공개하라는 판결이 2005년 8월에 이루어졌고, 그 문건에 따르면 일본군 '위안부' 피해자 문제는 청구권에 포함되지 않았다. 공개 후에도 한국 정부의 미온적인 태도에 피해자들은 2006년 7월 헌법재판소에 위헌 소송을 제기, 2011년 8월 30일 헌법재판소에서 '위안부' 문제에 대한 국가의 부작위 위헌 판결을 받았다. 정부는 일본에 문제해결을 위해, 양자협의를 제안하고 있으나 일본은 거부하고 있다. 우리 정부는 유엔에서 '위안부' 문제는 전쟁범죄임을 설명한 것을 비롯해, 국제적으로 공론화해 나갈 방침이다. 나눔의 집을 비롯한 민간단체는 지속적인 국제연대를 통해 일본을 계속 압박하고 있다.

하지만 '위안부' 문제를 해결하자는 한국 정부의 요구를 일본은 공식거부하고 있다. 박정희 정권 당시 1965년 한일청구권협정으로 이미 다 끝난 얘기라는 입장만 되풀이하고 있다. 1965년 한일국교정상화 때 지불한 배상금으로 식민지배에 대한 포괄적인 배상이 끝났기 때문에 다시 논의할 필요가 없다는 설명이다. 하지만 이에 일본 시민단체들이 반발하고 있다. 1965년 당시엔 위안부의 실상이 정확히 알려지지도 않았던 상황인데 드러나지도 않은 문제가 어떻게 해결될 수 있었겠느냐는 반응이다. 또한 미국 내 설치된 기림비 철거를 주장하여, 많은 미국인들에게 공분을 사고 있다.

일본 참의원 회관에서 증언하는
박옥선, 이옥선, 강일출 할머니 (2013.9.24)

2007년 7월 30일 미국 하원에서 일본군 '위안부' 피해자 문제해결을 위한 결의안(HR121)이 투표 없이 만장일치로 통과되었다. 이후 캐나다, 네덜란드, EU를 비롯한 9개국에서 결의안이 발의되고 통과되었다. 결의안을 발의했던 의원들은 '위안부' 문제는 한·일 양국 간의 문제가 아닌 궁극적인 인권 문제임을 강조하고 있다. 또한 피해자 용어에 대해 힐러리 클린턴 미국 국무장관이 최근 미국의 모든 문서와 성명에 일본어 '위안부 comfort women'를 그대로 번역한 말을 쓰지 말라고 지시했다. 또한 클린턴 장관은 최근 국무부 고위관리로부터 보고를 받을 때 '일본군 위안부' 대신에 '강제적인 성노예 enforced sex slaves'라는 표현을 써야 한다고 지시했다. 일본군 '위안부' 피해자 할머니의 말처럼 '위안부' 문제는 일본군 '위안부' 피해자 할머니들이 죽는다고 해결되는 것이 아니라, 일본 측의 정확한 진상 규명과 사과 배상이 필요한 것이다.

한국사 알리기
STORY

1. 유튜브에 올린 '한국인이 알아야 할 역사 이야기' 시리즈 영상 일본군 '위안부'편

01 올바른 역사 교육을 위해 만든 영상, '한국인이 알아야 할 역사 이야기' 시리즈

서경덕 교수는 세계적으로 큰 화제가 된 역사 문제들에 대해 정확한 역사적 사실을 알리기 위한 영상을 제작하였다. 전 국민을 대상으로 하되, 특히 역사 문제에 대한 관심이 낮은 청소년들을 위해 스마트폰을 통해 쉽게 볼 수 있는 영상을 만든 것이다. 그리하여 '한국인이 알아야 할 역사 이야기'에 관한 10가지 주제를 선정하여 그 첫 번째로 일본군 '위안부'에 관련한 동영상을 제작, 배포하게 됐다. 이후 전 세계에 일본군 '위안부' 문제를 알리고자 지하철 안내방송의 주인공인 제니퍼 클라이드의 목소리 재능기부로 영문 버전을 다시 제작해 유튜브 및 공식 홈페이지를 통해 전 세계에 지속적으로 홍보하고 있는 중이다.

2. 뉴욕 타임스스퀘어에 걸린 일본군 '위안부' 광고

02. Do YOU REMEMBER? 일본군 '위안부'

세계인들이 가장 많이 모인다는 뉴욕 타임스스퀘어에 일본군 '위안부' 문제에 관한 일본의 사죄를 촉구하는 광고가 걸렸다. '기억하시나요?' (DO YOU REMEMBER?)라는 제목의 이 광고는 빌리 브란트 전 독일 총리의 사진을 배경으로 사용해 '1971년, 브란트 총리가 폴란드에서 사죄함으로써 유럽 평화에 큰 기여를 했다. 2012년, 한국의 일본군 '위안부' 피해자 할머니들은 여전히 일본의 진심어린 사죄를 기다리고 있다.'라는 메시지를 전 세계인들에게 널리 알린 것이다. 빌리 브란트 총리 사진을 사용한 것은 세계인들이 아직까지 기억하는 큰 사건을 다시 상기시켜 독일의 용기 있는 행동을 일본이 배워야 한다는 것을 강조하기 위해서다.

한국사 알리기
STORY

3. 미국 휴스턴 다운타운 고속도로에 위치한 일본군 '위안부' 광고

03 미국 고속도로에서 자동차 경적을 울리는 일본군 '위안부' 광고

뉴욕 타임스스퀘어, 런던 피카딜리 서커스 등 세계적인 대표 관광지에 지속적인 한국의 문화와 역사를 알리는 광고 캠페인을 펼친 사례를 보고 많은 재외동포들이 각각의 나라와 도시에서 광고 캠페인을 펼치는 사례가 많아졌다. 특히 휴스턴 교민들이 직접 모금운동을 통해 휴스턴 다운타운 고속도로에 위치한 빌보드 광고판에 일본군 '위안부' 광고를 진행하게 되었고, 이 광고판을 지날 때 마다 자동차 경적을 울리는 캠페인을 펼쳐 휴스턴 시민들에게 일본 정부의 잘못된 역사인식을 알리게 되었다. 특히 뉴욕에서도 일본군 '위안부' 문제가 이슈로 떠올라 한인들의 자발적인 힘으로 위안부 기림비가 세워지고 휴스턴에서도 빌보드 광고가 만들어지는 것처럼 재미동포들의 이런 작은 힘들이 모여 역사 왜곡 문제를 알리는 것이 중요하다.

4. 뉴욕 다운타운에 부착된 포스터

04 전 세계에 일본군 '위안부' 포스터를 부착하다

미래를 바꾸기 위해서는 세계 젊은이들에게 올바른 세계사를 알려 주고 정확한 국제여론을 형성하는 것이 매우 중요하기 때문에 전 세계 젊은층이 많이 모이는 지역에 일본군 '위안부' 포스터를 부착하고 전단지를 배포하였다. 뉴욕 다운타운을 중심으로 전단지를 유학생들과 함께 배포하고 소호, 차이나타운 등지에 포스터를 부착했다. 일본에서는 도쿄대, 교토대 등 40개 대학 내 게시판과 주변 거리에 1만 장을 부착했고, 상하이, 파리, 이스탄불, 시드니 등 18개국 30여 개 도시에는 각각 100장씩의 포스터를 부착하여 일본 정부의 부당함을 전 세계에 널리 알렸다.

동북공정

우리나라는 왜
중국의 동북공정을 반대할까?

중국 요녕성 환인시 소재 오녀산성의 원경
주몽이 건국한 고구려의 첫 번째 도성인 비류곡홀
본서성산으로 비정되고 있다.

3

**역사는
집단기억이다
기억**하지
않으면 사라진다

왜 알아야 할까?

중국의 중화주의적 역사관은 우리나라의 고대사를 왜곡하는 동북공정으로 이어졌다. 하지만 이러한 동북공정식 역사인식이 국내외에 확산되면 한국사를 시간적·공간적으로 축소시킴으로써 역사 정체성의 혼란을 초래할 수 있다. 그렇게 되면 우리 민족이 어떤 존재이며, 앞으로 어떤 방향으로 나아가야 할지 방향 설정이 어렵게 된다. 따라서 동북공정의 내용이 무엇이며, 그것을 극복하기 위한 우리나라의 역사적 근거가 무엇인지에 대해 관심을 가질 필요가 있다.

동북공정은 중국을 연구하는 국가사업이다

동북공정은 중국사회과학원中國社會科學院에 소속된 중국변강사지연구중심中國邊疆史地研究中心의 주도 아래 랴오닝성遼寧省, 지린성吉林省, 헤이룽장성黑龍江省 등 동북3성의 사회과학원이 참여하여, 2002년 2월부터 2007년 1월 말까지 5년간 실시한 연구사업이다. 원래 명칭은 '동북변강역사여현상계열연구공정東北邊疆歷史與現狀系列研究工程'으로, 중국 동북3성 지역

북경에서 열린 동북공정 전문가위원회 회의
이 회의를 통해 동북공정이 정식으로 시작되었다. 정면에 동북공정의 고문인 전 중국사회과학원 원장 리티에잉(李鐵映)과 중국 재정부 부장인 씨앙화이청(項懷誠), 오른쪽 중간에 전문가위원회 주임인 마다쩡(馬大正)이 있다. (출처 www.chinaborderland.com)

의 역사, 지리, 민족 등에 관한 문제들을 집중적으로 연구하는 국가적 중점 사업이다.

동북공정의 연구기간은 이미 만료된지 오래다. 그러나 그 이후 중국이 한국사를 왜곡하는 문제가 발생하는 경우, 우리나라 언론이나 방송계, 그리고 사회에서는 이를 모두 '동북공정'이라고 통칭하여 부르고 있다. 하지만 엄밀한 의미에서 '동북공정'은 2007년에 종료되었으므로, 이후 나오는 중국의 자국 중심주의적 역사관에 의한 한국사 왜곡 문제는 '동북공정식 인식', 혹은 '한중 역사 갈등 문제'라고 지칭하는 것이 옳다.

중국은 자국의 국민과 영토를 지키기 위해 동북공정을 시작했다

동북공정에서의 역사 연구는 기본적으로 '현재 중국의 영토에서 생활하고 있는 민족과 역사상 현재 영토 내에서 살다가 이제는 이미 사라진 민족 모두가 중화민족을 구성하는 일부분이며, 그들이 역사상 활동하였던 지역과 그들이 세운 정권의 강역은 모두 중국의 역사 강역을 구성하는 부분'이라고 보는 통일적 다민족국가론 統一的多民族國家論에 입각하여 이루어진다. 이는 현재 상황에 의거하여 과거의 역사를 해석하는 현재 영토중심 사관이다.

이 이론에 의하면 동북3성 지역을 무대로 했던 고조선, 고구려,

부여, 발해의 역사가 중국사에 속하고, 한국사는 통일신라 이후부터 시작된다는 결론에 이르게 된다. 이는 한국 고대사의 근간을 흔드는 중대한 문제이고 역사의 실상과도 배치되는 것이다.

동북공정의 추진배경과 목적에 대한 중국과 한국의 견해는 다르다. 중국변강사지연구중심 측에서 밝히고 있는 동북공정 추진 동기는 다음과 같다. 먼저 개혁, 개방 이래 중국이 직면하고 있는 국제적 환경에 커다란 변화가 발생하였음을 거론했다. 남북한·몽골·일본·미국 등의 국가들이 중국과 갖고 있던 양자 또는 다자 관계에 큰 변화가 발생하였고 여전히 변화하고 있는 중이기 때문에 그에 대처할 필요가 있다는 것이다. 특히 최근 동북아의 정치경제적 지위가 나날이 높아지면서 동북아는 세계가 주목하는 쟁점지역이 되었는데, 중국 동북변강 지역은 동북아의 중심에 위치하고 있고 아주 중요한 전략적 지위를 갖게 되었다는 점을 동북공정 추진동기의 하나로 지적했다.

다른 하나로는 근래에 남북한의 소수 연구기구와 학자들이 중국과 남북한 관계사 연구에서 사실을 왜곡하고 혼란을 조장하고, 소수의 정객들이 정치적 목적에서 공개적으로 잘못된 논의들을 선전하여 이미 중국에 일종의 도전을 하고 있는 현상을 들었다. 여기서 중국이 지적하는 남북한 학자들의 잘못된 논의로는 첫째, 고구려, 발해 등 고대 중국 동북 지방의 속국정권을 고대 한민족의 독립국가라고 논증하고 오늘날 중국의 동북변강을 역사적으로 고대 한국의 영토라고 주장하고 있다는 것, 둘째, 역사상의 민족 분포와 천도 문제에서 사실을 왜곡하고 혼란을 조장하여 청동 단검이 출토된 지역은 모두 고대 조선의 영역이라고 주장하고 있다는 것, 심지어 부여 등 고대 중국 동북변강의 원주민족이 고조선으로부터 갈라져 나온 후국侯國이고 고조선의 일부분이라고 논증하면서 그것을 근거로 중국 동북을 고조선의 범위로 편입시키기까지 하고 있다는 것, 셋째, 길림과 연변 지역의 근대 조선 이민 문제를 국경 문제로 제기하고 그것을 근거로 영토를 요구하고 있다는 것 등을 지적했다. 즉 중국에서는 개혁, 개방 이래 동북3성 지역을 둘러싼 국제환경이 변화되었고, 남북한과 러시아가 중국과의 관계사를 왜곡하고 있어, 자국의 역사와 영토를 지키기 위해 방어적인 차원에서 동북공정을 추진하게 되었다는 것이다.

동북공정은 중국이 유리하게 역사적 사실을 재구성하려는 프로젝트다

이와 달리 한국 측에서는 동북3성 지역을 둘러싼 한중, 한러 관계사를 중국 나름대로 재정립하여 현재의 중화인민공화국 국가체제의 안정을 기하려는데 있다고 보는 견해, 소련 붕괴 이후 중국 소수민족의 분리독립 가능성과 한중수교 이후 조선족 사회의 불안 및 북한 정세 변화에 대처하기 위한 국가 안보적 차원의 정치전략이자 민족 정책이라고 보는 견해, 한반도의 정세 변화가 중국 동북 지구 사회 안정에 미칠 영향과 충격을 예측하고, 조선족의 동태 파악과 정체성 확립을 위한 각종 예방책을 수립하는 동시에, 한반도 정세 변화에 따라 수반될 동북아 국제정세의 변화를 예측하고 그 정세를 중국 쪽에 유리한 방향으로 이끌 수 있는 방안들을 마련하기 위한 것으로서, 중국의 애국주의 전통을 드높이고 중국의 통일과 안전, 영토주권의 완결, 소수민족 지구의 안정 그리고 민족단결을 유지하기 위해 추진되고 있는 '정치 문제'이자 '전략 문제'라고 보는 견해, 한반도의 정세 변화시 북한 지역에 대한 역사적 연고권을 주장하기 위한 전략적 포석이라고 보는 견해 등이 제시되었다.

동북공정은 정치적 목적의 학술사업이다

동북공정의 배경을 알기 위해서는 동북공정 실시 이전의 정황을 살펴보아야 한다. 1980년대 이후 중국은 개혁, 개방 정책을 추진하면서 소위 '통일적 다민족국가론'을 내세워 소수민족 정책에 관심을 가져, 분리·독립을 주장해 온 신강 위구르 자치주, 티벳, 운남성 등 서남 변경 지역의 소수민족들을 회유, 탄압하여 소위 중화민족 대가정을 이루려 했다. 그리고 이와 관련하여 1983년에 중국공산당 중점 연구기관인 중국사회과학원 산하에 '중국변강사지연구중심'을 설립했다. 이후 1989년 동구권의 변화, 1991년 소련 붕괴 등으로 인해 중국 중앙정부에서는 소수민족의 안정에 더욱 관심을 갖게 되었다.

그 뒤 1992년에 한중수교를 계기로 조선족이 흩어져 사는 동북 지역에 관심을 갖게 되었다. 특히 이 지역을 많이 찾는 한국인들의 동태에 주목하게 되었다. 중국 중앙정부에서는 한중 간 교역 증가 및 조선족들의 코리안 드림, 그로 인해 급증하는 한국행 등을 보면서 조선족들의 정체성 인식에 대해 극도의 불안감을 드러내게 되었다. 그런 가운데 1990년대 중반 이후부터 탈북자들이 대거 중국으로 들어오게 되고 남한 중심으로 한반도 정세가 급박하게 돌아가게 되자, 중국 정부는 이 문제가 동북 지방과 조선족 사회의 안정에 심각한 영향을 줄 수 있다고 느끼게 되었다.

이에 중국 정부는 변강사지연구중심에서 진행하던 '당대 중국 변강에 대한 일련의 조사연구當代中國邊疆系列調査研究' 사업에 '한반도 정세 변화와 연변 지역의 안정에 대한 연구朝鮮半島形勢發展與延邊地區穩定硏究'라는 항목을 추가로 설정했다. 그리고 중국변강사지연구중심의 주요 인물들로 연구팀을 구성하여, 중국 공안부 변방국과 동북 지역 관련 기관들의 적극적인 협조하에 1997년 7월 중순부터 하순까지 중국과 북한의 접경지역을 고찰하고 관련자료를 수집했다. 이때 관계자들이 조사를 마치고 보고서를 작성하던 중 돌연 북한 당국에서 1998년 3월 12일 전국에 전시동원령을 선포함으로써 전 세계를 긴장시키는 사건이 발생했다. 그러자 변강사지연구중심의 연구팀은 곧 그 내용을 중심으로 〈한반도의 정세 변화가 동북 지역의 안정에 미칠 충격〉 보고서를 완성했다. 그리고 서북 변경 정책의 경험을 살려 1999년에 '중국 변강 지역의 역사와 사회 연구를 위한 동북 연구거점中國邊疆地區歷史與社會研究東北工作站'을 설치했다.

그런 가운데 한반도에서는 새로운 양상이 전개되었다. 2000년에 남한의 김대중 대통령이 북한을 방문했고, 2001년에는 국회에서 '재중동포의 법적 지위에 대한 특별법'이 상정되었다. 그리고 2001년에는 북한이 고구려 고분군을 유네스코에 세계문화유산으로 등록 신청을 했다. 이처럼 한반도의 상황이 급박하게 전개되자 중국 당국은 조선족 문제를 비롯, 한반도의 통일과 관련된 문제들에 대해 국가적 차원에서의 대책을 세우게 되었다.

중국 요녕성 환인시의 기념품 상점에서 판매했던 고구려 유적 세계유산 등록 기념패
'중국 고대 북방 소수민족 고구려'라고 새겨 넣고 오녀산성과 주몽의 얼굴을 새긴 후 '주몽'이란 이름을 한자와 한글로 써놓았다.

요컨대 동북공정은 다민족 국가인 중국이 직면하고 있는 소수민족 문제의 돌출과 확대를 차단함으로써 중국의 국가적 안정을 꾀하려는 거시적인 정책의 틀과도 직결되어 있다. 즉 동북공정은 중국이 현재 당면한 여러 가지 문제점들을 극복하기 위한 정치적 목적의 학술사업인 것이다. 동북공정을 대부분 '중국의 고구려사 왜곡' 혹은 '중국의 고구려사 침탈'을 위한 사업으로 인식하고 있다. 하지만 동북공정의 연구범위는 고구려사에 한정된 것이 아니라 동북3성 지역의 과거와 현재, 미래사에 관한 전반적인 것이었기 때문에, 한국사에 비추어 볼 때 고조선사, 부여사, 고구려사, 발해사가 모두 대상이 되었다.

고조선은 중국사다?

중국학자 중 일부는 주^周 초에 상나라의 왕족인 기자^{箕子}가 고진국 ^{古辰國}으로 이주해 조선을 세웠고, 뒤에 주나라로 가서 신하의 예를 표했으므로 조선은 주나라의 제후국이었다고 주장한다. 기자조선 이 위만조선으로 교체되었고, 한이 위만조선을 멸하고 4군^郡을 설 치했으므로 고조선사는 중국사라는 것이다. 중국학자들은 『상서 대전』에 상이 망한 후 기자가 조선으로 갔고, 무왕 13년에 조선이 주에 사신을 보내 왔다는 기록이 나오는 것을 근거로 들면서 이런 주장을 하고 있다. 즉 '중국인의 선조인 기자가 조선으로 갔고, 조 선이 주나라에 사신을 보내 왔으므로 신하임을 스스로 인정한 것 이다. 그러니 기자조선은 주 왕실의 지방정권이었다.'고 하는 것 이다. 그러면서 더 나아가 하^夏나라 때부터 조선반도를 개발했다 고까지 하고 있다. 이렇게 주장하는 사람들은 우리 민족의 시조인 단군에 대해서는 인정하지 않고 있다. 기자조선-위만조선-한사군 으로 이어지는 것이 고조선사이고, 그 고조선은 중국사라고 하는 것이다.

『사기』 색은편에는 기자^{箕子}의 묘^廟가 중국 하남성^{河南省} 몽현^{蒙縣}에 있다고 나온다. 조선으로 간 사람의 묘가 거기 있다는 것은 생각 을 해볼 문제다. 그리고 조선이라는 명칭은 『관자』와 『산해경』에 처음으로 나오는데, 이 책들에서는 기자와 조선을 별개로 서술하 고 있다. 둘 사이에는 아무런 연관관계가 없는 것으로 되어 있다.

중국 측 주장의 근거는 한나라 초기에 나온 『상서대전』과 『사기』의 〈송미자세가〉에 기자가 조선으로 갔다는 것과 주가 조선을 봉국封國했다는 기사가 나온다는 것이다. 하지만 『사기』의 〈조선전〉에는 기자에 대한 내용이 전혀 나오지 않는다. 즉 한 이전에 만들어졌던 책에는 전혀 없던 내용이 한나라대에 와서 갑자기 나오고 있는데, 이것은 시대적 필요성 때문에 한나라 초기에 만들어졌다는 것을 보여 준다. 그렇기 때문에 『사기』를 지은 역사가인 사마천은 이런 설이 있다는 것을 〈송미자세가〉에 소개하기는 했지만, 정작 조선의 역사를 적은 부분인 〈조선전〉에는 이런 내용을 적지 않았던 것이다. 즉 사마천 자신이 기자조선설을 역사적 사실로 받아들이지 않았다는 것을 알 수 있다.

만약 사람들이 집단적으로 이주해 와 나라를 세웠다면 물질적인 흔적을 남길 수밖에 없다. 기자조선설이 사실이 아니라는 것은 고고학적인 면에서 보다 분명하게 입증된다. 만약 상나라 사람인 기자가 동쪽으로 와서 조선을 세웠고, 그 조선이 주나라의 지방정권이 되었다면 상·주 사람들이 사용했던 청동 유물들이 고조선 중심지에서도 많이 발견되어야 한다. 하지만 요동과 한반도 지역의 청동기 문화는 중국과 다른 고유한 성격을 띠고 있다. 성격상으로도 계속 이어지며 단절되지 않았다.

하지만 고조선이 있던 만주와 한반도 서북부 지역에는 중국의 청동 유물과 모양이나 성격이 전혀 다른 비파형 동검이나, 미송리식 토기, 고인돌 같은 독자적인 유물·유적들이 분포되어 있다. 이러한 독자적인 문화를 이룩한 것은 우리 역사서에 나오는 단군조선이다. 이후에 연에서 온 위만이 정권을 탈취했는데 그것이 위만조선이다. 그런데 이 경우, 고조선의 일부 지배층만 교체되었을 뿐 국가의 정체성에는 변화가 없었다. 조선이라는 국호를 그대로 사용했다는 것과, 우거왕右渠王 때 조선상朝鮮相 노인路人, 역계경歷谿卿, 니계상尼谿相 참參 등과 같이 조선인으로 보이는 인물들이 고위직에 상당수 포진하고 있었던 것에서 그것을 확인할 수 있다. 즉 위만조선도 고조선에 포함되는 것이다. 일연이『삼국유사』에서 신조선인 위만조선에 상대되는 개념으로 단군왕검의 조선을 고조선이라 칭했던 것도 이 때문이다. 훗날 이성계가 세운 나라가 조선인 것도 우리가 고조선을 계승했다는 의미임은 두말할 필요도 없다.

진시황제의 만리장성이 대동강까지 이르렀다?

중국에서는 전국시대 연나라와 그 뒤를 이은 진나라의 장성이 청천강, 더 나아가 대동강 하구에까지 이르렀다고 주장한다. 이를 바탕으로 중국의 역사 교과서나 지도집에는 대동강까지 장성이 그려져 있다. 이것은 고조선사를 중국사라고 하는 주장과 관련이 될 뿐 아니라, 고조선의 영역범위를 대단히 축소시키는 것이기 때문에 매우 심각한 역사 왜곡이라 할 수 있다.

    진나라 장성에 관한 가장 신뢰할만한 문헌기록인『사기』에는 진

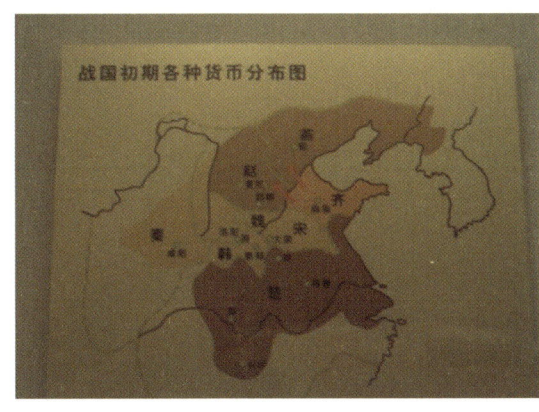

**요녕성 박물관의
전국 초기 화폐 분포도**
한반도 서북 지역까지 연의 영토로 표시했다.

나라 장성의 동쪽 끝이 요동까지 이르렀다고만 되어 있다. 이에 대해 장수절張守節은 『사기정의史記正義』에서 '요동군은 요하의 동쪽에 있는데, 진시황이 장성을 쌓아 동쪽으로 요하에까지 이르렀다.'라고 하여 진나라 장성이 사실상 요하를 넘지 못하였다고 못 박고 있다. 이와 관련하여 주목해야 할 것은 연나라와 진나라 장성 유적이 요하 서쪽의 부신阜新까지만 명확하고 요하 동쪽에서는 발견되지 않았다는 점이다. 게다가 중국에서 연나라와 진나라 장성 유적이라고 주장하는 대령강 일대의 장성은 최근의 조사 결과 고려 때의 것으로 밝혀졌다. 따라서 한반도 서북부 지역까지 장성을 표시한 중국 교과서의 지도는 수정되어야 한다.

부여의 예맥족이 중국 소수민족이었다?

중국학계의 일부 학자들은 부여의 주민인 예맥족이 중국 소수민족 중의 하나였으며 부여 문화 일부는 선비족이 만들어낸 문화라고 강조하고 있다. 이에 따라 2006년 6월부터 전시한 심양 요녕성 박물관의 '요하 문명전遼河文明展'에서 안내문에 부여를 선비 문화라고 밝혀 놓았다.

1980년대까지 중국학계에서는 부여가 예족濊族, 고구려는 맥족貊族으로 구성되었는데, 이는 예맥족으로 통칭할 수 있다고 했다. 부여와 고구려가 종족적으로 같은 계통에 속하고 역사에서도 관련이 많다는 것을 인정한 것인데, 이런 입장은 1990년대까지도 이어졌다. 그러나 1990년대에 들어와서는 예맥족으로 이루어진 부여족은 중국의 소수민족이고, 부여는 중국 동북 지방의 소수민족 정권이라고 강조하기 시작했다. 그러다가 2000년 이후부터는 부여와 고구려는 같은 동이족으로서 계통이 같지만, 부여국과 고구려국이 성립된 이후에는 달라졌다고 함으로써 두 나라의 연관관계를 떼어서 보고 있다. 여족과 번족番族이 합해서 부여정권을 수립했고, 고이高夷와 래이萊夷가 연합해서 고구려를 건국했으며, 주몽을 비롯한 왕실 일부만 부여족이라고 하는 것이다. 여기서 주의할 것은 여족余族과 고이高夷가 산동에 있다가 동북으로 이주했다고 강조한다는 점이다. 이는 곧 부여나 고구려 모두 중원 땅에서 건너간 중국민족이라고 보는 것이다.

중국에서는 또 나라를 세울 당시에는 부여와 고구려 모두 동이족에 속해서 서로 관계가 있었지만, 건국 이후에는 다른 길을 갔다고 주장하고 있다. 즉 부여는 뒤에 선비족이 많이 섞여 들어갔으므로 부여 문화 자체가 선비 문화였다는 것이다. 최근 이 학설을 그대로 받아들여서, 요녕 박물관의 전시 안내문에도 이렇게 써놓은 것이다. 부여의 문화가 예맥족의 문화라고 하는 것과 선비족의 문화라고 하는 것은 많은 차이가 있다. 예맥족도 중국의 소수민족이라 하고 있지만 그래도 아직은 중국인들 자신도 예맥족이라 하면 한국인들과 관련이 깊다고 생각하는데, 선비족은 어디까지나 중국인이라고 생각하기 때문이다. 이 학설에 따라 박물관의 안내문을 써놓았다는 것은 일반 국민들에게 이 설을 그대로 주입시키는 것이나 마찬가지다.

중국학계에서 종족적으로나 문화적으로 부여와 고구려를 떼어 놓으려고 하는 것은 고구려사는 중국사라는 주장을 아무리 해도 잘 안될 경우 부여사만이라도 중국사로 묶어 두기 위해서일지도 모른다. 그러나 부여사도 분명히 한국사다. 고구려의 건국신화뿐 아니라 백제의 건국신화에서도 자신들이 부여로부터 유래되었다고 하기 때문이다. 백제는 부여를 계승했다는 것을 강조하기 위해 국호를 남부여로 고치고 왕의 성을 부여씨, 여씨라고 했다. 만약 부여사가 한국사가 아닌 중국사라면 고구려사뿐 아니라 백제사까지도 문제가 된다. 중국의 옛 역사책에서는 부여사도 역시 중국 내부의 일을 적은 본기가 아닌, 외국 열전에 적었다. 고구려, 백제 모두 마찬가지였다. 즉 중국인들은 과거 선조들이 자기 역사가 아니라고 분명히 해둔 것을 지금 와서 자기 역사라고 주장하면서 자신들의 정사에 서술해 놓은 역사적 내용들을 오류라고 부정하고 있는 것이다.

중국의 분열을 막기 위해 고구려사를 왜곡하다

1980년 이전까지만 해도 중국학계에서는 고구려 역사에 별로 관심을 가지지 않았다. 당시까지는 고구려에 대해, 중국의 동북 지역에 존재했던 고대국가의 하나였고 백제, 신라와 더불어 삼국을 이룬 나라로서 한국사에 속한다고 보았다. 그런데 중국은 1949년에 정부를 수립하면서 변경 지역의 소수민족에 대한 통합 정책을 적극적으로 추진하기 위해 '통일적 다민족국가론'이라는 영토 중심주의적 역사관을 확립했다. 이것이 본격적으로 영향을 떨치게 된 것은 1980년대 중반 이후부터였다.

1980년대 후반에 중국은 개혁과 개방을 하게 되었다. 중국은 한족과 55개 소수민족이 결합하여 만들어진 나라다. 이들 56개의 민족은 1949년 이후 모두 같은 중국 사람이 되었지만, 그 이전에는 서로 다른 나라, 다른 민족으로 살았던 사람들도 많았다. 이런 나라가 개혁·개방을 하게 되면 외부에서 들어오는 사람들과 문화로 인해 자칫 분열되기가 쉽다. 따라서 중국 정부에서는 그런 위험을 막기 위해 중국 국민들에게 역사의식과 국가관을 강하게 심어 주려고 노력했다. 자칫 일어날지도 모를 동요와 분열을 방지하기 위해서였다.

중국에서는 문호를 개방하면서 남한 사람들이 동북3성 지역에 많이 들어오게 되면, 한국 사람들과 말도 같고 풍습도 같고, 같은 민족이라는 생각도 가지고 있는 조선족들이 흔들리게 될까봐 걱정을 많이 했다. 그래서 개혁·개방을 앞두고 조선족들에게 그들이 한국인이 아닌 중국인이라는 것을 잊지 않게 하기 위해 교육을 많이 했다. 고구려사가 한국사와 중국사 가운데 어디에 속하는가 하는 점에 관심을 기울이게 된 것도 이때부터였다. 이 시기 중국 학계의 고구려사에 대한 기본적인 입장은 크게 세 가지로 구분할 수 있다. 첫째는 고구려사를 중국 북방의 소수민족 역사라고 보는 것이다. 둘째는 현재 중국 영토에 속하는 평양 천도(427년) 이전의 고구려사는 중국사이고, 천도 이후는 한국사에 속한다고 이해하는 것이다. 이는 하나의 역사를 양쪽에서 사용할 수 있다는 것이므로 '일사양용설—史兩用說'이라고도 한다. 셋째는 고구려사를 고대 한국사로 이해하는 입장이다. 이 시기까지만 해도 두 번째 시각으로 보는 연구자가 많았다.

그러나 중국의 동북 지역과 한반도의 정세가 변화된 1990년대 중반 이후부터는 고구려사를 중국사로 보는 입장이 더 우세하게 되었다. 이 시기에 들어와서는 고구려사를 한국사로 보는 견해는 물론 일사양용설까지 비판하면서 고구려사 전체를 중국사로 귀속시키는 논리가 힘을 떨치게 되었다. 이 시기부터 늘어나기 시작한 고구려사 연구는 2002년 동북공정이 시작되면서 폭발적으로 증가했다. 이때 나온 책이나 논문들은 거의 대부분 고구려는 중국사라고 주장했다.

고구려는 중국에서 온 사람들이 세운 나라였다?

1990년대 전반까지만 해도 중국학계에서는 고구려를 건국한 종족이 맥족貊族, 예맥족濊貊族, 또는 부여족扶餘族이라고 보았다. 물론 이렇게 볼 때에도 이들이 중국 동북 지방의 소수민족이라는 말은 늘 빼놓지 않고 붙였다. 그런데 최근에는 고구려사를 한국사와 완전히 단절시키기 위해 고구려를 구성한 종족 자체가 원래부터 한국인과 전혀 관계없는 중국계라고 주장하고 있다. 중국에서 건너온 사람들이 고구려를 세웠으므로 고구려는 중국사라는 것이다.

그 가운데 하나가 고구려 선조가 중국 고대의 상商나라 사람이라고 하는 설이다. 이 설을 주장하는 사람들은 요서 지역을 중심으로 한 홍산 문화紅山文化를 상의 선대 문화로 보고, 이 지역에 있는 큰 돌무지 무덤에서 고구려를 대표하는 돌무지 무덤이 나왔다고 주장했다. 그러면서 중국의 상나라가 건국될 즈음이나, 아니면 상나라 사람들이 중원으로 이주할 무렵에 그들 가운데 한 무리가 동북방 지역으로 옮겨 갔는데, 그들이 바로 고구려를 세웠다고 보았

중국 길림시 소재 고구려 산성인 용담산성에 세워졌던 표지판
'고구려인은 조선인이 아니다'라는 제목 아래 고구려는 중국의 은상족과 염제족이 세웠다는 내용을 적어 놓았다. 이에 대해 우리나라에서 공식적으로 항의를 제기함으로써 이 표지판은 철거되었다.

다. 그리고 『일주서逸周書』라는 책의 〈왕회해편王會解篇〉에 나오는 '고이高夷'를 고구려의 선조라고 지적했다. 이 설은 최근 중국의 전설상의 인물인 전욱顓頊 고양씨高陽氏의 후예가 바로 고이高夷라고 하며, 고구려 왕실이 스스로 고양씨의 후예임을 자처하여 국호를 '고구려'라고 하고, 고를 성씨로 삼았다는 주장으로까지 발전했다.

이들이 근거로 내세우고 있는 『일주서』라는 책은 편찬자와 편찬 연대를 정확히 알 수 없고, 역사적 사실을 올바로 전하지 않는 책이라고 지적을 많이 받아 왔던 책이다. 따라서 이 책을 근거로 고이가 고구려의 선조라고 하는 것은 많은 문제가 있다고 학자들은 비판하고 있다. 고이의 후손이기 때문에 고구려라고 했다는 것 자체가 학문적으로 전혀 성립이 되지 않는다. 고구려는 처음에 '구려'라고 불렸다. '구려'는 원래 '성城'을 가리키는 '구루溝漊', 국가를 의미하는 '구룬' 등에서 나온 말이다. 성城을 중심으로 사람들이 모여 살면서 나라를 세웠기 때문에 성이라는 말 자체가 국호가 된 것이다. 뒤에 나라가 더 커지고 힘이 세지면서 큰 성, 큰 나라라는 의미에서 '크다', '높다'는 뜻을 가진 '고高'자를 붙여 고구려라고 부르게 되었다. 이것은 전한前漢을 무너뜨리고 신新이라는 나라를 세웠던 중국인 왕망王莽이 고구려를 깎아 내려서 '하구려下句麗'라 불렀다는 것을 통해서도 확인할 수 있는 사실이다. '고'라는 글자가 같다고 해서 고구려를 '고이'와 연결시키는 것은 잘못된 주장이라는 것을 알 수 있다.

뿐만 아니라 전욱 고양씨는 중국인들 자신도 그 실존 여부를 의심하고 있는 전설상의 존재다. 만약 전욱 고양씨를 실존 인물로 본다 하더라도 이를 『일주서』의 〈왕회해편〉에 나오는 고이와 직접 연관시킬 만한 근거는 없다. 전욱 고양씨는 기원전 2500년경의 인물이고, 고이는 기원전 1000년경에 활동했던 종족이다. 둘 사이에는 무려 1500여 년이라는 시간차가 있다. 중국학자들은 고구려의 돌무지 무덤이 홍산 문화에서 유래되었다고 보지만, 둘 사이에는 무려 3000년에 가까운 시간차가 난다. 이렇게 거리와 시간, 모든 면에서 차이가 나는 사람들을 글자 하나, 무덤의 특징 하나가 같다고 해서 바로 선조와 후손으로 연결 짓는 것은 문제가 있다.

한편 이와 달리 중국의 산동 지역에 거주하던 염제족炎帝族의 일부가 압록강 중류 지역으로 이주하여 나라를 세웠는데, 그것이 고구려라고 주장하는 사람도 있다. 산동 지역은 우리나라에서 가장 가까운 곳으로 옛날부터 왕래가 잦았던 곳이다. 뒤에 고구려가 망한 뒤 그 유민인 이정기가 크게 세력을 떨친 지역이기도 하고, 신라인 장보고가 활동하던 지역이기도 하다. 하지만 염제족도 역시 전설상의 존재로서 고구려를 세운 사람들과는 거리가 멀다. 따라서 중국 측의 이러한 설은 근거가 빈약한 가설이라 할 수 있다.

우리나라 학자들이 이러한 점들을 근거로 들면서 고이족설과 염제족설을 비판하자, 중국학계에서도 자기들의 주장이 근거가 부족하다는 것을 알고 요즘은 말을 조금 바꾸었다. 즉 고구려는 예맥족, 한족, 염제족, 고이족, 옥저족, 동예족 등이 모두 합쳐 만든 나라라고 하는 것이다. 그러면서 이 가운데 가장 많은 수를 차지하고 중심이 된 것은 한족이었다고 하고 있다. 그리고 예맥족을 비롯한 고이족, 염제족 등은 모두 고대 중국의 소수민족이었으므로 그들이 세운 나라는 모두 중국사라고 주장하고 있다.

그러면 고구려를 세운 사람들에 대해 우리나라 학자들은 어떻게 이야기하고 있을까? 우리 학자들은 예濊·맥貊·예맥濊貊이 고구려를 건국한 세력이라고 보고 있다. 사실은 중국인들이 옛날에 만든 역사책에도 고구려는 예, 맥, 예맥이 세운 나라라고 적혀 있다. 이들은 중국의 한족이나 북방의 유목민들과 다른 종족으로서 만주와 한반도 일대에서 농경생활을 하던 사람들이다. 예·맥·예맥족은 고조선, 부여, 고구려, 옥저, 동예를 세운 사람들이다. 이들은 중국과 종족도 달랐고, 그들과 성격이 다른 자신들만의 고유한 문화를 가지고 있었다. 이들은 한반도 중남부 지역에 거주하는 한족韓族과 함께 같은 동이족에 속했고, 고조선 멸망 후 각지에서 흩어져 살다가 부여와 고구려 같은 독립적인 나라를 세웠다. 고구려는 나라를 세우려고 할 때부터 줄곧 고조선을 멸망시키고 설치한 중국의 군현을 쫓아 내기 위해 전쟁을 했다. 그래서 현도군을 먼저 쫓아 냈고 뒤에는 평양에 있던 낙랑군도 몰아 냈다. 고구려족이 한족이었다면 그럴 필요가 없었을 것이다.

고구려가 중국의 지방정권이었다?

중국학계에서는 고구려가 중국에 대해 조공을 바치고 책봉을 받았으므로 독립국가가 아닌 중국의 지방정권이었다고 주장하고 있다. 그들은 당시의 실제 상황을 고려하지 않고 『삼국지三國志』, 『후한서後漢書』를 비롯한 중국사서, 즉 그들의 일방적인 시각에 따라 서술된 사료를 그대로 이해하여 이와 같은 주장을 하고 있다. 중국의 역사책은 자신들이 세상의 중심이라고 하는 중화의식을 가지고 서술되었다. 역사책에 주변 국가들과의 관계를 적을 때에도 마찬가지였다. 따라서 실제 상황과 달리 주변 나라와의 관계에 대해 적을 때에는 자기들 중심으로 서술했다.

당시 중국 사람들은 자기들과 외교관계를 맺거나 무역을 하려면 무조건 중국에 조공하고 책봉을 받으라고 했다. 중국과 관계를 맺으면 선진기술도 받아들일 수 있고 여러 가지 이점이 있었기 때문에 주변 국가들은 중국의 요구를 받아들여서 조공·책봉 관계를 맺었다. 이들은 독립국으로서 중국과 교류하기 위해 형식상, 명분상으로만 조공·책봉 관계를 맺었다. 그렇기 때문에 조공·책봉 관계를 맺었다고 해서 글자 그대로 독립국이 아닌 중국의 지방정권으로서 조공을 하고 황제로부터 책봉을 받았던 것이 아니라는 것을 중국인들도 잘 알고 있다. 그래서 그들도 다른 나라와의 관계를 볼 때에는 명분상 자구상의 조공·책봉이라는 관계와 실질적인 상황을 구분해서 파악하고 있다. 그런데 유독 고구려와의 관계에 대해서만은 다른 태도를 보이고 있는 것이다.

책봉과 조공은 본래 중국 내부에서 중앙의 황제와 지방 사이에 맺어지는 정치질서였지만, 점차 확대되어 국가 간의 외교형식으로 발전하게 되었다. 그리고 이는 전근대 시기에 중국과 주변 국가들 간에 이루어졌던 국제무역의 한 변형된 형태이기도 했다. 따라서 실제 중국과 동아시아 각국 간에 맺어졌던 조공·책봉 관계는 중국 측이 주장하는 바와 달리 명분과 실제적인 상황이 별개로 진행되었다. 예컨대 후한대 고구려와 현도군의 관계를 보면, 중국 학계의 주장처럼 고구려가 현도군에 소속된 제후국이었던 것이 아니라, 현도군과의 대결 과정에서 예맥족이 결집하여 국가를 세우고 그 과정에서 더욱 발전해 가는 식이었다. 즉 고구려와 중국 군현의 관계는 중국학계의 주장처럼 평화로운 관계가 아니라, 충돌이 계속되는 적대적인 관계였다. 고구려는 중국 군현 안에서 출발해 황제에게 조공하고 책봉을 받으며 존재했던 지방정권이 아니라 오히려 중국과의 투쟁을 통해 국가의 성립과 발전을 이룩한 나라였던 것이다.

더욱이 조공·책봉제가 강화된 시기였다고 하는 남북조 시기에는 오히려 독자적인 상태에서 남송과 북위의 두 왕조와 대등한 관계를 유지했다. 고구려는 두 왕조와 모두 조공·책봉 관계를 맺고, 자국의 이해관계에 따라 둘과의 관계를 자율적으로 조정하기도 했다. 그러나 어느 왕조도 고구려에 대해 정치적 간섭을 할 수 없었다. 그리고 자기나라와 적대적인 왕조에 조공하고 책봉을 받아도 아무런 제재를 가하지 못했다. 장수왕대에 이루어졌던 이런 외교관계를 흔히 '등거리 외교'라고 부르고 있다. 즉 조공·책봉제는 전근대 시기에 동아시아 전체에 걸쳐서 적용된 외교형식이자 무역방식이었다. 이런 점을 고려하지 않고 조공·책봉 관계를 맺었다는 것만 가지고 지방정권이었다고 한다면, 신라, 백제, 왜, 안남 등 중국과 조공·책봉 관계를 맺었던 모든 나라들을 다 중국의 지방정권이었다고 해야 한다.

보다 유념해야 할 것은 고구려가 당시 동북아시아 일대에서 자국 중심의 독자적인 천하를 구축하고 있었다는 사실이다. 잘 알려져 있듯이 고구려는 6.39m나 되는 거대한 광개토왕비에 자신들이 천손족 天孫族이었음을 당당하게 새겨 넣었다. 그리고 자기 나라 왕을 성태왕聖太王, 태왕太王 등으로 높여 불렀다. 또한 중국과 다른 독

세계문화유산 등재 이후 방탄유리에 갇히게 된 광개토왕비
이 비석에는 고구려인들이 하늘의 자손이라고 새겨져 있으며, 중국과 다른 독자적인 천하를 구축하고 있었음을
표방하는 내용이 담겨 있다.

동북공정 : 당신이 알아야 할 한국사 10

자적인 연호를 사용했고, 하늘에 제사를 지냈다. 이런 일은 중국 황제의 신하라면 할 수 없는 일이었다.

고구려는 건국부터 멸망까지 중국 땅에 속해 있었다?

중국학계에서는 '현재의 중국 땅 안에 속하는 지역의 과거사는 모두 중국사'라는 '통일적 다민족국가론'에 입각해 역사를 서술하고 있다. 그런데 이렇게 되자 지금 북한 땅인 평양으로 수도를 옮긴 이후의 고구려사는 어떻게 해야 할 지 고민하게 되었다. 고구려의 시조왕인 주몽은 기원전 37년에 졸본의 흘승골성(지금 중국 랴오닝성 환련시)에서 나라를 세웠다. 그 뒤 아들인 유리왕이 기원 3년에 국내위나암성(지금 중국 지린성 지안시)으로 수도를 옮겼다. 그리고 427년에 장수왕이 다시 평양성(지금 북한의 수도)으로 천도했다. 중국의 역사 이론에 따르면 고구려사는 지금의 중국 땅에 수도를 두고 있던 427년 이전에는 중국사에, 그 이후에는 한국사에 속하게 된다.

이런 점에서 중국 학자들 가운데 일부는 평양 천도 이전의 고구려사는 중국사, 이후의 고구려사는 한국사라고 보는 일사양용설이 나온 것이다. 한 왕조의 역사를 수도의 이전에 따라 다른 나라 역사에 속하는 것으로 나눈다는 것은 중국학계에서도 모순이 있다고 생각했을 것이다.

그래서 동북공정이 본격적으로 실시된 이후에는 설을 바꾸었다. '역사가 어디에 속하는가 하는 문제는 모든 역사를 전반적으로 검토해서 그것이 주로 어디에 속했나 하는 것을 기준으로 삼아야 한다.'고 주장하게 되었다. 고구려 땅이 지금 어느 나라에 더 많이 속해 있는가 하는 것과, 어느 지역에서 더 오래 있었는가 하는 점을 따져야 한다는 것이다. 고구려가 한반도 안에 수도를 두고 있던 기간은 427년부터 668년까지 241년간인데, 중국 땅 안에 있었던 것은 기원전 37년부터 기원후 427년까지 464년간이나 된다. 약 두 배 가량 현재의 중국 땅에 있었던 시간이 더 긴 것이다. 뿐만 아니라 땅도 약 2/3가량이 현재의 중국 영토에 속해 있기 때문에 당연히 그 역사는 중국사에 속한다는 것이다.

그러면서 이것을 더 뒷받침하기 위해 평양은 현재 북한 땅에 속하지만, 옛날에는 한사군이 설치되어 있던 중국 땅이었으므로, 평양으로 천도한 이후의 역사도 중국사라고 하는 설을 내놓았다.

> 고구려가 나라를 세운 곳은 현도군이 있던 곳이고, 장수왕이 수도를 옮긴 평양은 낙랑군이 있던 곳이므로 처음부터 끝까지 중국 땅 안에 있었다. 그러니 고구려사는 중국사다.

최근에는 여기에서 한발 더 나아가 한사군이 한강 유역까지 지배했으므로 옛날에는 한강 유역까지 모두 중국 땅이었다고 하는 터무니없는 주장도 하고 있다.

고구려는 현도군 세력과 싸워 그들을 물리치고 그 자리에 나라를 세웠다. 그리고 나라를 키워가면서 계속 한군현 세력과 싸웠고, 마침내 그들을 완전히 몰아 냈다. 한군현漢郡縣이란 한나라가 고조선을 멸망시킨 후 그 땅에 설치한 낙랑군, 진번군, 임둔군, 현도군의 네 개의 군을 말한다. 그러므로 한사군의 옛 땅에서 건국하고 멸망했기 때문에 고구려가 중국사가 된다는 것은 말이 되지 않는다. 고구려는 고조선을 멸망시킨 한군현을 물리치고 나라를 세웠다. 그러므로 고구려는 침략자를 물리치고 고조선의 옛 땅을 되찾은 계승국가인 것이다.

또 한군현은 설치된 후 고조선 유민들의 저항이 심해서 이 중 진번군과 임둔군은 설치된 지 얼마 지나지 않아 바로 폐지되었다. 현도군도 고구려인들에 의해 일찌감치 요동 지역으로 쫓겨 났다. 평양에 설치된 낙랑군만 비교적 오래 남아 있었다. 낙랑군은 313년에 고구려의 미천왕이 쫓아 냈는데, 그 이전에도 주변 세력을 정치적으로나 군사적으로 통치하지는 못했다. 주로 교역을 통해 영향력을 행사하는 정도였다. 따라서 낙랑군이 한강 유역까지 지배했다는 것은 역사적 사실과 완전히 다른 이야기다.

고구려와 수, 당과의 전쟁은
중국 내부의 통일전쟁이었다?

고구려가 중국의 지방정권이었고, 고구려왕은 황제의 신하였다고 보는 입장에 서면 다른 일도 모두 그에 따라 자기 방식으로 해석할 수밖에 없게 된다. 중국학계에서는 고구려가 수隋와 당唐의 신하이면서 중국의 말을 잘 안 들었기 때문에 그 잘못을 응징하기 위해 고구려를 쳤다고 주장하고 있다. 그 근거로는 『수서隋書』와 『당서唐書』에 나오는 수 문제의 조서, 수 양제의 조서, 당 태종의 조서를 들고 있다. 이 책들은 모두 자신들이 세상의 중심이라고 생각하는 중화주의에 근거해서 서술된 것이다. 그리고 이 조서들은 전쟁을 일으키는 나라에서 침략을 정당화하기 위해 갖가지 명분을 내세운 글에 지나지 않는다. 그런데 중국학자들은 이 글을 근거로 내세우며 고구려에 대한 수·당의 침략은 국가 사이의 전쟁이 아니라 내전이라고 주장하고 있다. 중원 통일정권이 지방정권의 이탈을 막고 본래의 영역을 확보하기 위해 벌인 민족 내부의 통일전쟁이었다고 하는 것이다.

그러나 당시의 상황을 적은 중국 사료에서도 그것이 사실이 아님을 확인할 수 있다. 수, 당과의 전쟁과정에서 발생한 포로를 상호교환하자고 당나라에서 제의한 적이 있는데, 그때 당에서는 고구려와 당의 포로를 '두 나라의 포로'라고 했다. 하지만 중국학계에서는 이런 사료들은 제쳐두고 오로지 자신들의 주장에 맞는 사료만 골라 역사를 서술하고 있다. 이런 것은 반역사적인 서술태도라고 할 수 있다.

고구려와 수, 당의 전쟁은 두 세력권이 충돌과 갈등을 겪은 끝에 일어난 것이다. 수·당은 국내의 통일을 이룩한 다음, 국제사회에서도 자기나라 중심의 질서를 세우려고 했다. 동아시아 전체를 자기들 중심으로 이끌고 가려고 한 것이다. 그래서 그동안 대등한 관계를 맺어 왔던 고구려에게 굽힐 것을 요구했다. 그러나 그동안 만주와 한반도 일대에 중국과 다른, 자기나라 중심의 질서를 구축하고 있던 고구려는 그렇게 하려고 하지 않았다. 결국 자기 말에 따를 것을 요구하는 중국과 그렇게 하지 않으려고 하는 고구려 사이에는 전쟁이 일어날 수밖에 없었다. 두 개의 천하, 두 개의 세력권 사이에 타협이 이루어질 여지가 없었던 것이다. 따라서 고구려와 수, 당과의 전쟁은 고구려가 수와 당의 침략군을 맞아 나라를 지키기 위해 싸운 대외항쟁이자, 국가 간의 전쟁이었다. 이 전쟁에는 수나 당, 고구려뿐 아니라 신라와 왜까지 가담했다. 동아시아 사회를 뒤흔든 대대적인 국제전쟁이었던 것이다.

고구려 멸망 후 유민들이 중국으로 흡수되었다?

중국학자들 중에는 고구려 멸망 후에 그 주민의 상당수가 중국으로 들어가 한족에 흡수되었기 때문에 고구려사는 중국사에 속한다고 하는 사람들이 있다.

　고구려 멸망 후 상당수의 사람들은 중국 땅으로 바로 들어갔고, 일부는 요동에 남아 있다가 발해 건국에 참여했고, 일부는 돌궐로 들어갔다. 그러나 발해로 간 사람들이나 돌궐로 간 사람들도 발해와 돌궐의 멸망 이후 모두 중국으로 들어가게 되었다. 따라서 신라나 일본으로 건너간 일부 사람들을 제외하고는 모두 중국인으로 되었다. 이처럼 고구려 유민의 절대 다수가 중국인으로 되었으므로 고구려사는 중국사에 속한다.

　이 문제는 어떻게 생각해야 할까? 고구려 멸망 이후 상당수의 고구려인들이 당으로 들어간 것은 사실이다. 하지만 이들은 자기 스스로 원해서 당으로 간 것이 아니었다. 전쟁에 져서 나라가 망해버렸기 때문에 당나라 군대가 이들을 끌고 가도 어쩔 수가 없었다. 당에서는 군사적인 능력이 뛰어나고 당에 대한 저항의식이 강한 고구려 사람들이므로 이들을 그대로 두었다가는 다시 힘을 모아 당에 대항할 것이라 생각했다. 고구려 사람들은 정신력이 강하고 전투능력이 탁월했기 때문에 당으로서는 그들이 다시 일어나게 될까봐 두려워했던 것이다. 그래서 그것을 막기 위해 고구려 사람들을 중국으로 강제로 끌고 갔다. 이 사람들은 고향에서 수천 리 떨어진 곳까지 끌려갔고, 사막에 가까운 황무지로 옮겨졌기 때문에 살아남는 것마저도 기적인 상태였다. 중국학자들 말처럼 돌궐로 가거나 요동에 남아 있다가 발해가 세워진 후 그 국민이 된 사람들도 많았다. 그러나 발해가 거란에 멸망하고, 돌궐이 당의 지배하에 들어가게 됨에 따라 어쩔 수 없이 그 나라 사람들이 되었다.

한편 신라로 내려 온 사람들은 이들과 다른 길을 걸었다. 이들은 스스로 신라를 선택해서 내려 왔다. 이들이 당과 힘을 합쳐 고구려를 멸망시킨 신라로 가게 된 것은 고구려, 백제, 신라 사람들이 이전부터 서로 교류를 하면서 서로에 대해 동류의식을 가지고 있었기 때문이다. 고구려 유민들은 신라의 힘을 빌려 당과 싸워 나라를 되찾겠다는 의지를 가지고 내려 왔다. 이들은 고구려를 다시 일으키고 계승하겠다는 생각을 가지고 있었다.

고구려 유민들이 어디로 갔나 하는 문제를 생각할 때 반드시 염두에 두어야 할 것은 당시는 평화롭고 안정된 때가 아니었고, 전쟁에 져서 멸망한 상태였다는 것이다. 따라서 유민들이 어디로 갔는가 하는 점은 숫자로 따져서는 안 된다. 여러 곳으로 흩어져 간 사람들 가운데 우리가 제일 눈여겨 보아야할 사람들은 신라로 간 사람들이다. 신라에서는 이들을 받아들인 후 보덕국이란 나라를 세우게 해주었다. 보덕국은 금마저(지금의 전북 익산)에 세운 고구려의 부흥국이었다. 당나라에서는 늘 자기들에게 패배하여 멸망한 적국민이란 생각을 가지고 있었지만, 신라에서는 '일통삼한一統三韓'이라 하여 고구려, 백제, 신라가 하나로 통일되었음을 강조했다. 당나라가 고구려와 백제를 멸망시킨 후 신라까지 삼키려고 하자 두 나라 유민들과 힘을 합쳐 당나라와 전쟁을 벌여 당을 몰아 내기도 했다. 신라로 간 고구려 유민들은 자신들이 고구려 유민이란 자의식을 계속 가지고 살았다. 그래서 통일신라가 분열될 때 고구려 계승국인 태봉, 즉 후고구려를 세우게 되었던 것이다.

고구려사가 어디에 속하는가, 누가 고구려를 계승한 후손인가 하는 문제를 따질 때에는 계승의식을 가지고 있었는가 하는 점과 그런 생각에 따라 역사상에서 실제로 후계국을 세웠는가 하는 점을 살펴봐야 한다. 그렇게 본다면 고구려 유민을 받아들여 '일통삼한'을 이룩했음을 강조한 통일신라, 고구려를 계승한 나라임을 국초부터 강조했던 발해와 태조 왕건이 세운 고려가 고구려의 계승국인 것이다. 이 왕조들은 모두 한국사에 속하니까 고구려사도 두말할 필요없이 한국사인 것이다. 중국으로 간 고구려 사람들은 시간이 흐른 뒤 자신들이 누구인지를 잊어버렸고, 따라서 역사를 계승하지도, 나라를 부흥시키지도 못했다. 자신이 누구의 후손인지 모르는 사람들은 역사를 계승할 수가 없는 것이다.

고려는 고구려를 계승한 나라가 아니다?

중국에서는 고구려사가 한국사가 아니라고 하기 위해 고주몽이 세운 고구려와 왕건이 세운 고려는 이름만 비슷할 뿐 서로 계승관계가 없는 별개의 나라라고 주장하고 있다. 고구려는 중국 역사상의 국가로 오늘날 중국인의 선조가 세운 나라였으나, 고려는 오늘날 한국인의 선조인 신라인이 세운 나라였다는 것이다. 두 개의 나라가 각기 '고려'라는 국호를 사용했기 때문에 두 나라가 마치 무슨 관계가 있는 것 같지만, 실제로는 전혀 관계가 없다는 것이다. 고려가 고구려를 계승한 나라였다는 것은 중국 정사인『송사宋史』라는 책에도 나오고 있다. 그런데 오늘날의 중국 역사학자들은 선조가 쓴 역사책이 잘못되었다고 한다.

태조 왕건이 나라 이름을 '고려'라고 한 것은 고구려를 계승했다는 것을 밝히기 위해서였다. 고구려는 원래 '구려'라는 이름을 쓰다가 뒤에 '고구려'라고 했고, 5세기 이후에는 '고려'라고 했다. 고려가 고구려를 계승하지 않았다면 나라 이름을 그대로 사용하지 않았을 것이다. 왕건은 고구려 계승국을 세운 뒤 고구려의 수도였던 서경(지금의 평양)을 중시했고, 선조의 옛 땅을 되찾기 위해 북진정책, 영토회복 정책을 실시했다. 왕건의 선조인 호경虎景은 고구려의 옛 땅인 백두산 일대에 살다가 황해도 지역으로 내려온 사람이었다. 왕건의 신하 가운데에는 고구려 땅인 평안도 출신 인물들이 많았다.

고려 사람들은 자신들이 고구려의 후예라고 자부했다. 서희 장군이 거란의 소손녕을 만나 담판을 지은 이야기에서도 그 사실을 알 수 있다. 거란이 쳐들어오자 서희 장군이 당당하게 나서서 거란은 고려의 선조인 고구려 땅을 차지하고 있다며 조목조목 비판하니, 거란족이 하는 수없이 물러갔다는 것이다. 전쟁이 아닌 외교를 통해 거란족의 침입을 물리친 이 일은 대단히 유명하다. 이것은 당시 고려 사람들이 고구려의 후손임을 거란에서도 인정했다는 것을 보여 주는 좋은 예다.

고려가 고구려를 계승했다는 가장 분명한 증거는 바로 자신의 선조인 고구려 역사를 서술했다는 것이다. 고려 사람들은 고구려, 백제, 신라가 모두 자기들의 선조라고 인정하고 『삼국사기』와 『삼국유사』를 편찬했다. 고구려가 자기들 선조의 역사라고 보는 인식은 고려 사람들에게는 말할 필요가 없는 기본상식이었던 것이다. 당시에는 중국인들도 고려가 고구려를 계승했다는 것을 인정했다. 그에 따라 『송사』라는 역사책부터 이후 줄곧 고구려-고려로 계보가 이어지는 것으로 적었던 것이다.

발해의 왜곡 문제는 고구려의 왜곡보다 더 심각하다

통일신라가 발전의 길로 들어섰을 즈음 고구려 옛터에서는 발해라는 고구려 계승국이 건국되었다. 발해가 차지하고 있던 지역은 현재의 중국 동북 지방과 러시아 연해주 지역, 그리고 우리나라 북부 지방에 이르는 광대한 지역이었다. 그러나 현재 발해의 옛 영토는 거의 대부분 중국과 러시아의 땅이 되어 버려, 직접 그 지역을 살펴보는 일도 쉽지 않은 상황이다. 게다가 중국은 발해가 당나라의 지방정권이었다며 발해사도 한국사가 아닌 중국사에 속한다고 주장하고 있다. 사실 발해사에 대해서는 중국에서 이미 1970년대 말부터 중국사의 일부라고 주장하며 관련연구를 진행해 왔고, 현재 중국 역사 교과서에도 발해사를 중국 역사로 다루고 있다. 따라서 발해사 문제는 고구려사 문제보다 훨씬 심각하다고 할 수 있다.

발해의 국호가 말갈국이다?

옛 고구려의 장수였던 대조영은 당의 지배에서 벗어나 698년 동모산(중국 길림성 돈화시)에서 진국왕振國王으로 등극했다. 8세기 초에 접어들면서 발해는 국가발전을 위해 당과 우호관계를 유지하고자 했고, 당도 정책을 바꾸어 발해를 인정하고 교섭을 하려 했다. 이에 당 중종대에 처음 발해에 사신을 보냈지만, 본격적인 교섭은 713년에 가서야 이루어졌다. 중국 입장에서 기록한 『신당서』와 『구당서』에는 예종 2년(713)에 최흔崔訢을 보내 대조영을 좌효위원외대장군 발해군왕 홀한주도독으로 삼았는데, 이때부터 말갈이라는 호칭을 버리고 발해라고만 했다는 내용이 나온다. 중국에서는 이를 바탕으로 발해의 국호가 원래 말갈이었다고 주장한다. 최흔이 말갈사靺鞨使라는 직함을 가지고 갔다고 나오는 홍려정비도 근거로 들고 있다.

그러나 말갈사라고 한 것은 최흔이 방문한 발해의 수도가 말갈족이 많이 거주하던 지역이라는 의미일 뿐 발해의 국호였던 것은 아니다. 사실 '말갈'이나 '발해'는 당나라 사람들이 불렀던 호칭이다. 발해 사람들은 자기들 나라를 처음에는 진국振國, 8세기 중반경에는 고려 혹은 고려국이라고 불렀다. 발해는 727년 일본에 보낸 국서에 '고려의 옛 땅을 회복하고 부여의 유속을 가졌다.'고 하여 고구려와 부여를 계승한 나라라는 것을 밝혔다. 그리고 758년 일본에 간 발해사신은 당시 왕인 문왕을 '고려국왕'이라고 했다. 이듬해 일본 조정이 문왕에게 보낸 국서에서도 문왕을 '고려국왕'이라 호칭했다.

　이런 사료들이 있음에도 불구하고 중국학계에서 지금까지 줄곧 발해의 국호가 원래 '말갈'이었다가 '발해'로 개칭했다고 강조하는 데에는 고구려와의 계승관계를 끊으려고 하는 데 목적이 있다. 그런데 고구려사도 중국사라고 하기 시작한 이후부터는 고구려와 발해의 계승관계도 슬며시 인정하는 분위기를 보이고 있다. 필요에 따라 논리를 바꾸고, 자기들 주장을 뒷받침해 주는 사료만 선택하는 비역사적인 태도를 취하고 있는 것이다.

발해가 중국의 지방정권이다?

중국학계에서는 발해왕이 발해군왕으로 책봉받고, 홀한주도독이 된 것은 발해가 당의 지방정권이었다는 것을 의미한다고 주장한다. 그러나 조공·책봉은 명분과 달리 실제로는 전근대 시기 동아시아 국가들이 중국왕조와 맺었던 외교관계의 한 형식이자 국제

무역의 변형된 형태에 지나지 않았다.

    그러나 발해가 당의 속국이나 지방정권이 아닌 자주독립국가였다는 것은 독자적인 연호와 시호를 사용했던 것, 하늘의 자손이라 칭한 것, 황제라고 자처했던 것만 보아도 알 수 있다. 또한 당에서도 당연히 발해인을 외국인으로 취급했다. 그래서 발해 사람들은 신라인들과 마찬가지로 당에 가서 외국인을 상대로 보는 과거시험인 빈공과賓貢科에 응시했다.

발해사는 한국사가 아니다?

중국학계는 발해를 고구려를 계승한 자주국이라 보지 않고 당나라 지방정권이었던 말갈국으로 보고, 발해사를 중국사에 속한다고 주장하고 있다. 그러나 발해는 스스로 고구려 계승국이라 자처했고, 고구려국왕이라 했다. 발해는 고구려 유민, 즉 고구려의 인적자원을 계승했고, 고구려의 영토 위에 건국했다. 지금까지의 발굴성과를 통해 보면, 성곽의 축조술, 온돌 등의 주거시설, 석축묘 등의 묘제, 사찰, 탑, 궁전 등의 건축, 토기, 철제 무기류와 생활용구 등 전반적인 면에서 발해가 고구려의 문화를 계승했다는 것을 알 수 있다.

    발해 역사는 한국사에서 계승되고 있다. 중국의 역대사서에서는 발해사도 고구려사와 마찬가지로 외국 열전에 수록하고 있다. 이에 반해 신라에서는 발해를 북국이라 불렀다. 한국사에서는 신라와 발해가 병립했던 시기를 남북국시대라고 부르고 있다. 거란의 침략을 받아 멸망에 이르렀을 때 그 유민 일부는 거란의 지배를 거부하고 고려왕조로 들어왔다. 고려 역시 발해와 마찬가지로 고구려를 계승한 나라였기 때문이다. 이들 발해유민들과 함께 발해의 역사도 한국사에 계승되고 있는 것이다.

동북공정 문제는 아직도 현재 진행형이다

동북공정으로 인한 갈등이 고조되자 2004년 8월 한국과 중국의 외교부 대표가 만나, 이 문제를 학문적인 차원에 한정하고 더 이상 확산시키지 않는다는 약속을 포함한 구두양해 각서를 주고받았다. 이로 인해 동북공정은 최초의 계획대로 순조롭게 진행되지 못하였고, 결과물 출판도 원활하게 이루어지지 않았다. 그러나 그런 가운데에도 동북공정 인식을 담은 연구물들은 계속 생산되었다.

　이에 2006년 9월 10일 핀란드 헬싱키에서 열린 아시아유럽정상회의ASEM에 참석한 한국의 노무현 대통령이 중국의 원자바오溫家寶 총리와 가진 회담 석상에서 동북공정 문제가 양국 관계에 부정적 영향을 미칠 수 있으니 필요한 조치를 조속히 취해달라고 촉구했다. 2006년 10월 13일 한중 정상회담에서도 노무현 대통령이 후진타오 중국 국가주석과의 정상회담에서 동북공정 문제가 한중 관계에 부정적 영향을 주지 않도록 조처를 취해 달라고 요구했다.

이에 대해 중국의 원자바오 총리와 후진타오 주석도 2004년 8월의 구두양해 사항이 반드시 이행되도록 하겠다고 화답했다.

그러나 2007년 1월 말로 동북공정 기간이 종료되기까지, 그리고 그 이후에도 동북공정으로 인한 문제는 해결되지 않았다. 동북공정 결과물들이 출간되었고, 동북공정식 역사인식을 담은 연구성과들도 나왔다. 이 책들은 중국 국내외에 유포되었다. 2007년 이후 중국변강사지연구중심에서는 이 사업을 하지 않지만, 동북3성 지역의 사회과학원과 대학의 연구소에서 한국 고대의 역사와 문화에 대한 연구를 진행하고 있다. 2011년 12월 14일 길림성사회과학원, 중국사회과학원, 중국변강사지연구센터의 전문가들이 공동으로 참가한 '동북변강 역사와 문화' 좌담회가 길림성사회과학원에서 개최되기도 했다.

한편, 고구려나 발해 유적지의 표지판이나 박물관의 패널, 일부 대학 교재 등에 동북공정식 내용이 반영됨으로써 학계의 범위를 넘어 일반 중국인들의 역사인식에도 영향을 미치게 되었다. 요즘은 동북공정 실시 초기처럼 직접적으로 고구려는 중국의 지방정권이라는 식의 서술은 하지 않고 있지만, 중국식 유물을 중심에 두고 전시를 하거나 연표 작성이나 전시실 명칭을 정할 때 중국왕조를 기준으로 삼는 식으로 하여 중국인들이 박물관을 관람하면 자연스럽게 고구려사를 중국사로 이해하게 되는 방식을 취하고 있다. 즉 이제는 동북공정식 역사인식이 역사학자들 사이의 논의 대상이 아니라 중국의 일반인들에게 상식화되는 단계에 이르렀다고 할 수 있다. 따라서 동북공정으로 인한 문제는 현재진행형이고 향후에도 이를 둘러싼 한중 간의 역사 갈등이 발생할 가능성이 높으므로 이에 적극적으로 대처하여야 한다.

학문으로 시작된 동북공정은 대응도 학문이 우선이다

동북공정 문제에 대처하기 위해서는 중국학계의 한국사 연구물의 내용 분석 및 대응논리 개발을 지속하고, 남북한 공동 학술회의 및 남북한 소재 고구려·발해 유적의 공동 발굴조사를 통해, 중국 소재 고구려·발해 유물·유적에 대한 자의적인 해석을 방지해야 한다. 이와 함께 중국 소재 고구려·발해·고조선 유적과 박물관, 언론, 정부기관 홈페이지, 학계에서의 한국 고대사 왜곡 실태를 주기적, 체계적으로 파악하여 시정을 요청하는 작업도 진행해 나가야 한다.

다시 말해 동북공정과 관련하여 이미 출간되었거나 앞으로 출간될 많은 연구결과물을 지속적으로 점검하고 수정하는 작업을 진행해야 한다. 이면의 목적이야 다른 데 있다고 하더라도 일단 동북공정은 학문적인 차원에서 전개되었다. 따라서 학문적인 면에서의 대응이 가장 우선적이고, 기본적으로 되어야 한다. 중국 측의 자의적인 역사 해석에 대해 과학적이고 학문적인 차원에서 오류를 시정하는 작업을 지속해야한다.

하지만 이보다 더 중요한 것은 고구려사나 고조선사를 비롯한 관련 연구들을 우리 학계가 선도적으로 연구를 이끌어 나가야 한다는 점이다. 중국 측 연구에 대한 대응연구 차원이 아니라 자의적인 해석이 불가능하도록 학문적인 차원에서 선진성을 보여야 한다. 그러기 위해서는 기초자료 확보와 선행연구에 대한 완벽한 파악이 이루어져야 하고, 새로운 분석틀과 이론을 정립하고 연구를 심화시켜야 한다.

동북공정 이후 우리 학계에서도 많은 연구성과가 쏟아져 나왔지만 즉각적인 대응논리 개발에 치중하느라 전체적인 고구려사 연구 수준은 1990년대 수준보다 더 낮아졌다는 지적도 나오고 있는 실정이다. 보기에는 즉각적인 대응논리 제시가 동북공정을 무산시키는 길인 것 같지만, 고구려사 자체에 대한 과학적이고 객관적인 연구를 차분히 진행하는 것이 궁극적으로 역사 왜곡을 막을 수 있다.

또한 고구려사나 고조선사, 발해사 등의 연구자를 더 양성할 필요가 있다. 표면적으로 보면 동북공정 이후 이 분야 연구자가 늘어난 것 같지만 의외로 신진연구자의 수는 그리 늘지 않았다. 중국에서도 연구자 숫자가 급속하게 늘고 있는 만큼 우리도 신진연구자 양성에 힘을 쏟아야 한다.

또한 중국의 자의적인 역사 해석을 담은 서적들이 제3국으로 유포되어 외국인들의 동아시아 역사관을 왜곡시킬 것에 대비하여 우리의 연구성과를 국제사회에 널리 알릴 필요가 있다. 우리들만 알고 있는 진실은 자칫 다른 나라 사람들로부터는 진실로 인정받지 못하게 될 수도 있다.

한국고대사학회 주관으로 열린 '중국의 고구려사 왜곡 대책' 학술발표회(2003.12)
이날 학술발표회에 앞서 한국 역사 관련 17개 학회가 공동명의로 중국의 고구려사 왜곡을 규탄하는 성명을 발표하고, 그 대책을 모색하기로 결의했다.

　이와 함께 새로운 세대들이 성장하여 세계인들과 교류하게 될 때, 우리의 역사를 확실히 지킬 수 있도록 역사 교육을 강화하고, 노력을 아끼지 않아야한다. 역사 분쟁은 어차피 장기전이 될 수밖에 없다. 긴 호흡을 가지고 소신 있게 역사 교육을 강화해 나가야 한다. 정체성 상실은 상당히 빠른 시간 안에 진행되지만 재정립은 엄청난 시간과 노력이 들게 된다.

　이 외에도 정부 차원에서의 노력이 더해져야 한다. 동북공정 자체가 학문에 국한된 사업이 아닌 만큼 우리도 정부 차원에서 지속적으로, 체계적으로 대응하겠다는 자세를 견지해야 한다. 그와 함께 동아시아의 화해와 협력, 평화적 공존을 위해 역사 분쟁을 해소할 방법을 모색하는 노력을 아끼지 말아야 한다.

한국사 알리기
STORY

1. 〈뉴욕타임스〉에 게재된 고구려 광고

01 중국의 동북공정에 대항하여 〈뉴욕타임스〉에 실린 광고, 고구려(GOGURYEO)

서경덕 교수는 일본 정부의 독도 도발만큼이나 중국 정부의 동북공정 문제도 심각하다는 것을 전 세계인들에게 알리고자 〈뉴욕타임스〉에 고구려 광고를 제작하여 게재했다. 이 광고에는 서기 412년 당시 고구려가 만주를 차지하고 있는 한반도 주변 지도와 함께 '고구려는 의심의 여지가 없는 한국 역사의 일부분이다. 중국 정부는 이 사실을 인정해야 한다.'는 내용을 영문으로 실었다. 특히 고구려 역사를 중국의 역사로 편입하고자 하는 중국 정부의 잘못을 지적하고 고구려를 전 세계에 알리고자 만든 것이다. 더 나아가 이 광고를 통해 21세기 동북아시아의 번영과 평화를 위해 한국, 중국, 일본이 앞으로 함께 힘을 더 모아야만 한다는 의견을 제시해 더 큰 화제가 되었다.

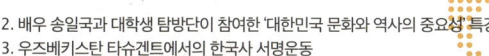
2. 배우 송일국과 대학생 탐방단이 참여한 '대한민국 문화와 역사의 중요성' 특강
3. 우즈베키스탄 타슈겐트에서의 한국사 서명운동

02 중국에서 대한민국 역사의 중요성을 알리다

서경덕 교수는 매년 중국에서 청산리 역사 대장정을 펼치고 있는 배우 송일국 및 대학생 탐방단을 방문하여 '대한민국 문화와 역사의 중요성'에 대한 특강을 진행한 후 한국사 수능 필수과목 선정을 위한 100만 서명운동을 조선족 및 탐방단을 대상으로 전개했다. 그 후 일본의 교토 및 우토로 마을, 태국 방콕의 6·25 참전용사 마을, 우즈베키스탄 타슈겐트의 고려인 마을 등을 방문하여 대한민국 사람들뿐만 아니라 다른 타국가의 한민족들에게도 서명을 받아 대한민국의 중요성을 강조했다.

야스쿠니 신사 靖國神社

우리나라는 왜 일본의
야스쿠니 신사 참배를 반대할까?

야스쿠니 신사 문제를 알면
국가로서 일본이 지니는
원천적 한계와
동아시아 근현대사를
꿰뚫어 볼 수 있다

왜 알아야 할까?

우리는 매스컴을 통해 일본의 유력 정치가들이 야스쿠니 신사를 참배할 때마다 한국과 중국에서 크게 반발해 외교 문제로 비화하곤 하는 것을 늘 보아 왔다. 만일 우리가 아무런 문제제기를 하지 않고 그냥 내버려 둔다면, 일본이 자행했던 한국에 대한 식민통치라든가 아시아에 대한 침략전쟁을 정당화하고 미화하는 것에 동조하는 꼴이 된다. 따라서 야스쿠니 신사의 실체를 정확히 파악하고 올바르게 대처함으로써 일본으로 하여금 과거사에 대한 진정한 반성은 물론 그에 대한 문제를 해결하도록 해야 한다.

야스쿠니 신사는 일본 천황 중심에서 비롯되었다

야스쿠니 신사를 알기 위해서는 우선 신사가 무엇인지부터 알아야 한다. 한자말인 신사는 '神社'로 쓰며 일본어로는 '진쟈'로 발음한다. 글자 뜻대로 신을 모셔 놓고 제사를 지내는 곳인데, 일본 종교의 하나인 신토神道의 제사시설을 중심으로 하는 제사라든가 각종 의식행위를 행하는 장소, 그리고 조직을 일컫는다. 야스쿠니는 한자로 '靖國'이라고 쓰는데, 『춘추좌씨전春秋左氏傳』(권6 희공僖公)의 '吾以靖國也'에서 따왔다. '靖'은 '安'과 같은 의미로, 나라에 공을 세운 사람은 그에 맞는 상을 줘 나라를 평안케 해야 한다는 문맥으로 쓰였다고 한다.

1868년 천황을 등에 업은 '왕정복고 쿠데타'로 메이지明治유신의 새로운 정부가 탄생하게 되었는데, 도쿠가와德川 바쿠후幕府의 군대를 무너뜨리고 새로운 정부를 세우는 과정에서 신구 양측의 군사적 충돌이 약 1년 4개월 동안 지속되었다. 이 전쟁 중에 천황 측 전몰자의 '영혼을 위로하기 위한 신사'招魂社가 일본 전국 각지에 세워졌다. 1869년 교토京都에서 도쿄東京로 수도가 이전되자, 도쿄에도 전몰자의 영혼을 위무하기 위한 장소가 필요하다는 요구에 부응해 일본 육군의 창시자인 오오무라 마스지로(大村益次郎, 1824~1869)의 지휘 아래 그해 6월에 도쿄쇼콘샤(東京招魂社[동경초혼사])가 건립되었다. 이 도쿄쇼콘샤가 10년 후인 1879년 야스쿠니 신사로 개명되어 오늘날에 이르고 있다.

1874년 메이지천황이 도쿄쇼콘샤로 가서 직접 참배를 했는데, 천황이 직접 일반 국민을 신으로 모시고 있는 신사를 찾은 것은 당시 일본 국민에게 상당한 충격이었다고 한다. 1893년에는 신사 창건에 공이 컸던 오오무라의 동상이 설치되었는데, 일본인 중 현창을 위해 동상이 만들어진 최초의 것이다. 청일전쟁(1894~1895)과 러일전쟁(1904~1905) 십년간의 전쟁으로 야스쿠니 신사에 모시게 된 전몰병사의 수가 급증하게 되자, 임시로 지내야 하는 제사가 빈번해져 천황이 직접 참배하는 횟수도 늘었다. 그러면서 천황의 나라 일본을 위해 싸우다 죽은 사람은 야스쿠니 신사의 신이 된다는 개념이 점차 자리를 잡게 되었다. 아울러 이곳에 모셔진 전몰자의 영靈도 영령英靈이라 부르게 되었다.

1937년 중일전쟁이 시작되어 전쟁이 격화되자, 전의를 고양시키기 위해 신문·잡지에는 야스쿠니의 신이 된 전사자들을 칭찬하는 기사들로 넘쳐났다. 태평양전쟁 발발 이후에는 '야스쿠니에서 만나자'라는 말이 유행어가 될 정도로 전사자 수가 급격히 늘어나 야스쿠니 신사 역시 전사자의 영령을 모시기에 바빠져만 갔다.

2013년 현재 야스쿠니 신사에 모셔진 '신'의 숫자는 약 246만 6천여 주(柱=신의 숫자를 나타내는 단위)라고 한다. 일본 전국에 약 8만 개 정도의 신사에서 모시고 있는 신은 단수인 경우가 대부분이고 어쩌다가 복수의 신을 모시고 있는 경우도 있다고 하지만, 야스쿠니 신사처럼 많은 수의 신을 두고 있는 곳은 없다.

1945년 8월 15일 패전 후 일본은 GHQ(연합국 최고사령관 총사령부)의 통치를 받지 않으면 안되게 되었는데, 그해 11월 임시로 열린 초혼제는 국가가 야스쿠니 신사에서 행하는 마지막 행사가 되었다. GHQ는 일본의 정신적 무장해제를 통한 민주화를 위해 이른바 '국가 신토神道'는 반드시 없애야 한다고 믿었으며, 특히 야스쿠니 신사를 가장 적대시하였다. 여기서 '국가 신토神道'란 '왕정복고 쿠데타'의 메이지明治유신을 일으켜 1868년 새로운 정부를 세운 일본이 제2차 세계대전에서 패망한 때인 1945년까지 천황제에 입각한 국책에 의해 장려했었던 국가 종교를 말한다. 그 당시 GHQ 최고사령관이었던 더글러스 맥아더(Douglas MacArthur)는 야스쿠니 신사를 불태워 없애 버린 후 그곳에 '경견(競犬, Dog Race)장'을 설치하려고까지 마음을 먹었지만, 주일 로마교황청 대표신부의 반대 의견도 있

정기 제사를 알리는 게시판

빗 속 제사 행렬

게시판에 보이는 '勅裁如件(칙재여건)'이라는 것은 '天子에 의한 재결(裁決) 칙단(勅斷)'을 의미하는 것으로 천황이 그리 결정하였다는 것이다. 이 사실만으로도 야스쿠니 신사가 일본 패전 후 종교 법인이 되었음에도 불구하고, 그러니까 관영(官營) 시설이 아님에도 불구하고 그 신사가 아직도 천황의 것임을 말해주는 증좌다.

어서 실행에 옮기지는 않았다. 신사 측도 신사와 문화시설을 겸하는 개혁안을 제출해 철거 위기를 넘기려 했었으며, 결국 정교분리의 원칙하에 하나의 종교 법인시설로 남게 되었다.

야스쿠니 신사에서 지내는 제사는 예대제例大祭라 하여 봄(4월 22일)·가을(10월 18일)에 두 차례 치르며, 그 밖에 월별로 수시로 치르기도 한다. 정례적으로 치르는 제사 때에는 천황의 직접 참배를 뜻하는 '행행行幸'을 하기도 하였으나, 1975년을 끝으로 현재는 행해지지 않고 있다. 그러나 이 예대제 때에는 천황이 칙사勅使를 보내어 '타마구시(玉串[옥꽂])' 등의 '소나에모노(祭物[제물])'를 바치는 것으로 참배를 대신하고 있다.

야스쿠니 신사를 한 마디로 말한다면, 일본군 최고통수권자인 천황을 위해 싸우다 죽은 이들의 영령을 모아 놓은 곳이라고 할 수 있다. 메이지유신을 성공으로 이끌어 '유신의 3걸傑'로 불렸지만 결국 뜻이 맞지 않아 만년에 정부군 즉 천황의 군대와 전쟁을 벌이다 자결하고 말았던 일본인들이 그토록 추앙하는 사이고 다카모리(西鄕隆盛, 1828~1877)가 야스쿠니 신사에 합사되지 못한 것은 바로 그 때문이다. 야스쿠니 신사 홈페이지 첫 화면에는 메이지천황이 1874년에 지었다고 하는 시 구절이 있는데 그 구절을 보면 야스쿠니 신사의 의미를 더 잘 알 수 있다.

> 我国の為をつくせる人々の名もむさし野にとむる玉かき。
> I assure those of you who fought and died for your country that your names will live forever at this shrine in Musashino.
>
> 우리나라를 위해 싸우다 죽은 너희들의 이름이 이곳 신사에서 영원하리라.
>
> — 메이지천황이 지은 시(1874)

특히 신사는 천황이 살고 있는 거처인 '황거皇居'의 북측 지척에 자리 잡고 있어, 위치상으로도 영락없이 '기꺼이 목숨을 바쳐 천황을 영구히 수호하고 있는 신사'라는 이미지를 풍기고 있다. 한편 신사 바로 옆을 동서로 길게 관통해 도쿄를 남북으로 갈라놓는 큰

야스쿠니 신사와 야스쿠니 도오리를 알리는 쿠단시타[九段下] 역 앞 표지판

길이 있는데, 바로 이 길 이름이 '야스쿠니 도오리靖国通り'다. 그러니까 우리식으로 말하면, '야스쿠니로路' 쯤이 되겠는데 도로 이름조차 그렇게 명명해 놓아 야스쿠니는 매일 많은 사람들에 의해 되뇌어지고 있다.

야스쿠니 신사에는 전사자의 유골이 있다?

우리나라 사람들이나 또는 중국인들 심지어는 미국이나 유럽인들 중 의외로 많은 이들은 '이곳에 모셔져 있는 전사자들의 그 어떤 무엇이 이곳 어딘가에 묻혀 있을 것'으로 여기고 있다. 예컨대 전사자 각 개인의 유골이라든가 의류나 소지품 등의 유품이 있을 것으로 상정하고 있다는 것이다. 그러나 야스쿠니 신사는 전몰자 개개인의 유골 혹은 유품을 보관하고 있지는 않으며, 다만 영령英靈이라 일컬어지는 전사자들의 이름이 적힌 명부를 보유하고 있을 뿐이다.

야스쿠니 신사 경내에는 여타의 신사보다 훨씬 많은 시설물들이 있다. 본전과 그 바로 뒤에 있는 영새부봉안전靈璽簿奉安展, 앞쪽의 배전拜展을 비롯한 각종 집무실과 기념동상, 군관계자를 기리는 현창비顯彰碑·충혼비 및 각종 기념탑과 기념비, 일본의 모든 신사에

(위) **야스쿠니 신사 경내의 배전**
(아래) **야스쿠니 신사에 서 있는 토리이**(높이 25m)

(왼쪽) 유슈칸 본관 (오른쪽) 유슈칸 전시실

서 볼 수 있는 토리이鳥居 등이 있다.

  본전은 이른바 신령이 잠들어 있는 곳이며, 영새부봉안전은 신령의 이름이 적힌 명부인 영새부가 보관되어 있는 곳이다. 배전은 우리가 사진이나 텔레비전 화면 등에서 흔히 보는 곳으로 대개 보통의 일본인들은 이곳에서 참배를 한다. 야스쿠니 신사의 가장 큰 특징 중 하나는 바로 유슈칸遊就館이라고 하는 시설물을 경내에 두고 있다는 점일 것이다. 유슈칸에 대해 일본인들은 어떻게 생각할지 모르겠으나 외국인의 눈에는 일종의 대규모 '군사 박물관'으로 비쳐진다. 건물 내부에는 개항 이후 일본이 행했던 각종 전쟁과 관련된 자료들로 가득하다. 유슈칸은 1882년에 처음 세워졌는데, 1923년 9월 1일에 있었던 관동대지진으로 거의 파괴되어 이후 몇 차례의 보수와 개축을 거쳐 오늘날의 것은 2002년에 최종 개수改修

된 것이다. 유슈[遊就(유취)]라는 말은 『순자荀子』 권학勸學편에 나오는 '君子居必擇鄕遊必就士(군자거필택향유필취사)' 즉 '군자는 반드시 환경이 훌륭한 곳을 택하여, (심성과 학식이 뛰어난) 고귀한 인물과 접해 배운다'에서 유래하였으며 나라를 위해 귀한 목숨을 바친 영령의 유덕遺德을 널리 알려 배우고자 하는 염원에서 명명했다고 한다.

관내에는 야스쿠니 신사에 잠들어 있는 영령의 유서라든가 유품이나 그들의 업적을 기리는 각종 자료가 전시되어 있다. 이 유슈칸을 한 마디로 표현한다면 '전쟁 및 군사 박물관'이라 할 수 있을 정도로 일본이 패전하기 전에 사용하던 전투기, 기관차, 대포 등의 총포류와 전쟁 관련 물품 그리고 그 설명자료 등이 전시되어 있다. 전투기 등 몇 점의 전시물과 매점, 식당 등이 있는 1층은 일부 개방되어 있으나, 1층의 개방되지 않은 부분과 2층은 유료로 전쟁영화를 상영하는 영화관 2개를 비롯해 20개의 전시실이 있다. 제1전시실~제15전시실은 일본의 '무武' 즉 전쟁 관련 자료로 가득 차 있다. 제16~제19전시실에는 '야스쿠니 신들'의 유영(사진)이나 유품 등이 전시되어 있다.

유슈칸을 마주 보고 바로 왼쪽에는 특이하게도 일본인이 아닌 외국인의 현창顯彰비가 하나 세워져 있다. 인도 출신의 법학자 라다비놋 펄(Radhabinod Pal, 1886~1967)의 것이다.

이 현창비는 흔히 도쿄재판으로 불리는 극동국제군사재판에서 인도 대표 판사역을 맡아, 재판관 중 유일하게 피고인 전원이 무죄라고 하는 의견서를 제출한 그의 공적을 기리기 위해 세워졌다고 한다. 야스쿠니 신사 바로 옆에 인도 대사관이 있는 것도 이 펄 판사와 결코 무관하지 않다고 생각된다.

또한 경내에는 화재나 재앙을 물리친다고 알려져 있는 사자 모양을 한 '전설의 동물'神獸상像인 코마이누[狛犬(박견) = 해태]가 있는데, 그중 가장 오래된 2기基는 원래 한국의 '삼각사三覺寺'라는 절에 있던 것을 '일본군의 아버지'라 일컬어지는 야마가타 아리토모(山縣有朋, 1838~1922)가 메이지 천황에 바친 것이라고 한다.

2005년에 건립된 인도 법학자 펄의 현창비

신사는 천황의 것?

앞에 나왔던 야스쿠니 신사의 정기 봄·가을 제사를 알리는 게시판 사진을 다시 한 번 살펴보자. 제일 왼쪽에 적혀 있는 '勅裁如件(칙재여건)'이라는 글은 '天子에 의한 재결裁決칙단勅斷'을 의미하는 것으로 천황이 그리 결정하였다는 뜻이다. 즉 야스쿠니 신사는 아직도 천황의 뜻대로 제사를 지내고 있다는 말이다.

'평화헌법'이라 알려지고 있는 현재의 일본 헌법 제1장 〈천황〉

의 제1조는 다음과 같이 천명하고 있다.

> 천황은 일본국의 상징이며 일본 국민 통합의 상징으로,
> 이 지위는 주권이 존(存)하는 일본 국민의 총의에 의거한다.
> ― 일본 헌법 제1장 〈천황〉 1조

그러니까 일개 종교 법인시설에 불과한 야스쿠니 신사에서 '일본 국민 통합'을 상징하는 천황이 '국민의 총의에 의거'해 대다수의 일본 국민의 의사와는 다를 수도 있는 날을 제삿날로 정해 놓고 그날에 맞추어 제사를 지내는 것은 헌법에 위배되는 일이 아닐까? 일본의 정식 대표로 당연히 공인公人인 수상이 이 신사에 참배하거나 또는 공물을 바치는 행위 역시 '정교분리의 원칙'을 위반하는 헌법 위반행위에 해당되므로 엄격히 금지되어야 하는 것이다.

'정교분리의 원칙' 조항

제20조 신교信敎의 자유는 몇 사람에 대해서도 그것을 보장한다. 어떠한 종교단체도 나라에서 특권을 받거나 또는 정치상의 권력을 행사해서는 안 된다.

제89조 공금 기타의 공적 재산은 종교상의 조직 혹은 단체의 사용, 편익 혹은 유지를 위해 또는 공적 지배에 속하지 않는 자선慈善, 교육 또는 박애의 사업에 대해 그를 지출하거나 그 이용에 제공해서는 안 된다.

야스쿠니는 엿장수 마음?

신분이라든가 공훈, 남녀의 구별 없이 모두 조국에 목숨을 바친 소중한 신령(야스쿠니의 대신(大神))으로 같이 모시고 있다.

— 야스쿠니 신사에서 제작한 팸플릿 〈靖國神社 参拝のしおり〉 중에서

신토^{神道}에 입각한 시설인 야스쿠니 신사의 영령 중에는 타이완 출신도 있고 조선 출신도 있다. 이들 사자^{死者}의 영혼은 영원히 '일본인'이라는 말인가? 일본의 식민지였던 조선인의 국적은 일본인이었기에, 징병과 징용으로 끌려가 전장의 이슬로 사라진 이들의 혼령을 강제로 야스쿠니에 강제로 잡아 놓고 있어도 된다는 것인가?

패전 전까지 '아라비토가미'[現人神(현인신)] 즉 '살아 있는 신'이었던 천황도 패전 후에는 '인간선언'을 하지 않았던가! 신에서 인간도 되는 판국에 국적회복은 왜 안된다는 걸까? 야스쿠니는 진정 타인과 그 영혼에 대해 마음대로 해도 되는 것인지 묻지 않을 수 없다. 적국에 끌려가 그 우두머리를 위해 싸우다 죽은 것이 천추의 한이거늘, 그 우두머리의 신사는 그들 혼령을 다시 잡아 가두어 놓고 제멋대로의 종교의식을 치르고 있는 것이다. 사자의 인격을 두 번 세 번 아니 헤아릴 수도 없이 모독하고 유린하고 있음에 다름없다.

또한 합사되어 있는 조선인이나 대만인뿐만 아니라, 일본인 합사자들 중에도 많은 수의 불교인도 있을 것이고 또 기독교인도 있

을 것이다. 그렇기 때문에 강제로 특정 종교인 신토^{神道}식의 참배를 그들 영령에 하는 것은 그들에게는 가혹한 형이상학적 형벌이다. 현재 한국인 합사자는 약 2만 천여 명으로 알려져 있으며, 일본 정부는 그들의 유족에게 사망 통지도 하지 않은 상태에서 신사 측에 이들 희생자의 자료를 제공하는 범죄를 저질렀다.

전사자에게만 일본의 전쟁 책임을 물어야 하는 것인가?

야스쿠니 신사에 합사되어 있는 A급 전범을 두고 문제점을 지적하는 이들이 많으나, 가장 큰 문제는 그 전범들과 식민지 출신 피해자의 희생을 구분하지 않은 채 합사한 것이다.

'일본의 전쟁 책임'을 논하는 경우, 전쟁이 어떤 전쟁을 말하는가에 따라 일본이 마땅히 지어야 할 책임의 범위가 달라진다. 미국 및 연합국과 벌인 태평양전쟁에서 패한 책임을 의미하는 것이라는 이들도 있고, 일본의 만주침략 전쟁인 1931년 만주사변 이후의 전쟁 책임을 뜻한다고 하는 이들도 있다. 그러나 어느 경우이든, A급 전범은 만주사변 및 그 이후의 중국침략 그리고 태평양전쟁의 주요한 전쟁 책임자를 지칭한다.

이때 우리가 간과해서는 안 될 중요한 사실이 있다. 그것은 바로 야스쿠니 문제를 전쟁 책임론에 의해서만 바라보는 경우, 만주사변 이전에 일본이 일으켰던 여러 전쟁과 전투, 폭압과 폭력으로 자행했던 외국인에 대한 각종 살인·살상행위에 대한 책임이 불문에 붙여질 수도 있다는 점이다. 예컨대, 1875년의 '강화도 사건(일명 운요[雲揚]호 사건)'이나 1882년의 임오군란, 그리고 1895년 10월 일본군과 '대륙낭인'에 의한 '명성황후 시해사건' 등에서 사망한 일본인들에 대한 책임은 그냥 묻혀 버릴 수도 있다는 말이다. 현재와 미래의 일본인들이 이곳에 합사되어 있는 이들에게 전쟁 책임을 모두 전가해 버림으로써 전쟁 책임으로부터 자유로워지려는 검은 의도 또한 숨어 있음을 간과해서는 안 된다.

앞에서 인도 출신 펄 판사에 관한 언급이 있었는데, 일본의 침략전쟁을 긍정하는 '야스쿠니'파 등은 펄 판사의 입장을 일본이 전쟁 책임이 없다는 것을 국제적으로 증명하는 것이라고 이용한다. 그러나 중요한 것은 그가 일본의 도의적 책임까지 부정한 것은 아니라는 사실이다. 그는 장장 300여 쪽에 달하는 방대한 판결서에서 일본이 침략전쟁의 길을 걷게 된 것을 비판하는 동시에 일본군이 저지른 수많은 잔학행위(남경학살 등)가 사실이었다는 것 또한 인정했으며, 전쟁에서 일본의 행동을 정당화한 것이 아니라 재판의 법적 진행을 문제 삼았던 것뿐이다.

야스쿠니 신사는 전쟁을 정당화시키고 있다

팸플릿〈靖國神社 参拝のしおり〉에는 신사 창건의 이념에 대해 앞서 소개한 메이지천황의 시 구절을 예로 들면서 다음과 같이 말하고 있다.

> 세상의 평안을 원하는 국가를 위해 한 목숨을 바친 사람들의 영靈을 위로하고 그 공을 후세에 전하는 것이다.
> ― 야스쿠니 신사 팸플릿〈靖國神社 参拝のしおり〉

1945년 8월 패전으로 무조건 항복을 한 일본은 1946년 극동국제군사재판 즉 도쿄재판에서 전쟁범죄를 인정하고, 또 1952년에는 전쟁상태를 종결시키기 위한 평화조약인 '샌프란시스코 조약'을 체결했다. 또 1947년부터 시행된 '평화헌법'에는 전쟁포기 조항이 들어 있다. 그러니까 일련의 이러한 재판과 조약 그리고 헌법 등을 통해 일본은 전범국가로서의 탈을 벗고 평화를 지향해야 하는 국제사회로부터의 일종의 의무를 져야만 하는 것이다.

정황이 이러하거늘, 야스쿠니 신사의 창건 이념은 일본이 세상의 평안을 위해 전쟁을 했으며 그에 목숨 바쳐 수행한 것이 공이라는 것이다. 이 야스쿠니 신사의 이념은 오늘날 일본이 이행해야 할 국제적 의무와 거리가 너무도 멀다. 굳이 유슈칸을 논하지 않더라도 군국주의의 표상인 야스쿠니 신사는 평화의 시설이 결코 될 수 없다. 아니 그곳에 합사된 모든 영령들을 '성전聖戰'을 수행한 '신' 즉 '전쟁 영웅'으로 칭송함으로써 오히려 전쟁을 합리화하고 미화하고 있는 전쟁 조장 시설물인 것이다. 결국 야스쿠니 신사는 일본 군국주의 망령의 화신이며 총본산이라고 할 수밖에 없다.

야스쿠니 신사에 위안소 민간업자가 합사되어 있다?

야스쿠니 신사에는 위안소를 경영했던 남성 민간인 전범을 합사하고 있다. 일본 국회도서관 자료에 의하면, '법무사망자(일반 일본인)'로 '사쿠라 클럽 경영자(소인(訴因), 부녀자 강제매음형 10년 수감 중 병사, り崎ろ233xx호)를 야스쿠니 신사에 합사한다.'고 되어 있다. 일본 점령하의 인도네시아에서 위안소를 경영했던 이 남성은 BC급 전범으로 유죄판결을 받고 복역 중 옥사했는데, 당시의 후생성厚生省과 야스쿠니 신사가 1967년에 이 남성의 합사를 결정했다는 것이다.

    야스쿠니 신사에 따르자면 합사된 영령들은 모두가 다 성전을 수행한 신인데, 어떻게 위안소를 경영해 일본군 '위안부'에게 능욕을 안겨 전범이 되었던 사람을 합사시켜 놓고 영웅으로 받든다는 것인가? 이뿐만이 아니다. 이곳의 무수한 영령들이 조선 출신을 포함한 수많은 일본군 '위안부'들을 유린했을 것이다.

야스쿠니라는 글자 본연의 뜻을 회복해야 한다

2013년 현재, 야스쿠니 신사의 봄 제사와 광복절인 8월 15일 종전 기념일에 신사를 직·간접적으로 참배한 일본 국회의원 총수는 306명(전체 722명)으로 42%에 달했다. 야스쿠니靖國의 어의는 나라를 평안, 즉 큰 탈 없이 무사히 안정되게 한다는 뜻인데, 실상은 전혀 그렇지 못하다.

유슈칸의 '유슈遊就'의 뜻 또한 '遊必就士' 즉, '(심성과 학식이 뛰어난) 고귀한 인물과 접해 배운다'인데 아무래도 일본은 '士'를 붓과 펜을 사용하는 지식인이 아닌 총칼을 쓰는 무사로 오역하고 있는 듯하다.

그래서 우리는 다음과 같이 주장한다. 첫째, 합사되어 있는 조선인 등 외국의 영령들을 즉각 분사시킬 것, 둘째, 정치가의 참배는 헌법에 위배되는 행위로 엄격히 금지할 것, 셋째, 조국을 위해 목숨을 바친 이들을 위한 추도시설로 야스쿠니 신사 바로 옆에 있는 '치도리가후치 전몰자묘원[千鳥ヶ淵戦没者墓苑]'을 이용하던가 아니면 새로운 추도시설을 만들 것을 바란다.

2013년 여름, 아베 수상은 미국의 '알링턴 국립묘지Arlington National Cemetery'에 상당하는 것이 일본의 야스쿠니 신사라고 공언한 바 있다. 한편 같은 해 10월, 군사적 상호원조를 강화하기 위해 미국의 존 케리John Kerry 국무장관과 척 헤이글Chuck Hagel 국방장관은 야스쿠니 신사가 아닌 '치도리가후치 전몰자묘원'을 찾아가 헌화했다. 이에 대해 아베 수상과 '과거 회귀적' 정치가들은 그 깊은 의미를 잘 헤아려야 할 것이다.

  일본은 우리의 요구를 겸허히 받아들이고, 야스쿠니 신사 참배 문제를 올바르게 해결해야 할 것이다. 그렇게 하는 것이야말로 야스쿠니 신사에 합사되어 있는 영령들을 더 이상 욕되게 하지 않는 길이며, 과거사에 대한 반성과 사죄를 진정으로 표명하는 길이다.

한국사 알리기
STORY

〈월스트리트저널〉 웹사이트에 실린 독일과 일본 비교의 광고

01 독일과 일본을 비교한 광고가 주는 메시지, 역사인식의 차이

서경덕 교수는 일본의 역사 왜곡 문제를 전 세계인들에게 보다 쉽게 전달하고자 독일의 올바른 예를 들며 일본과의 비교 광고를 〈월스트리트저널〉 웹사이트 페이지에 광고를 게재했다. 이 광고에는 독일의 빌리 브란트 총리와 메르켈 총리의 사죄하는 사진과 일본의 장갑차 위에서 군복을 입고 있는 아베 총리, 위안부 막말 발언을 한 하시모토 시장, 나치 발언을 한 아소 다로 부총리의 사진과 내용이 나온다. 이는 독일의 빌리 브란트 총리부터 현재의 앙겔라 메르켈 총리까지 제2차 세계대전에 대한 진심어린 사과와 보상이 피해자들에게 잘 이루어진 반면에 일본의 아베 총리, 아소 부총리, 하시모토 오사카 시장 등은 반성은 커녕 역사 왜곡에 대한 망언을 일삼고 야스쿠니 신사 참배를 하는 등 동북아의 역사를 파괴하고 있다는 점을 전 세계인들에게 널리 알리고자 제작한 광고다. 이를 통해 일본이 과거의 침략사를 인정하고 진심어린 사과와 보상을 하기를 바라고 있다. 그래서 독일처럼 일본도 세계평화에 기여하길 바라는 바다.

약탈 문화재 반환

왜 우리 문화재가 외국에 있는 것일까?

문화재 환수는
문화의 다양성에 대한
존중이며
문화민주주의를
실현하는 것이다

왜 알아야 할까?

최근 우리나라와 해외 각국은 제국주의 시절 약탈당했던 자국의 문화재를 찾기 위해 다각적으로 활동하고 있다. 진정한 문화재 환수 운동은 문화유산이 무엇인지, 또 그것이 어떤 의미를 지닌 것인지 알고 사랑하는 마음이 절실히 우러나올 때 가능하다. 또한 문화재 환수 운동의 당위성은 문화민족주의가 아니다. 문화재 환수 운동을 민족주의나 국가주의 개념으로 접근한다면 과거 제국주의 시절처럼 감정과 분쟁이 조장될 수 있다. 따라서 문화재 환수 운동은 문화민주주의가 토대가 되어야 한다. 즉, 문화재는 원산지에서 보호되고 활용되어야 하며 약자와 소수자 문화가 존중된 상태에서 문화보편성과 인류공동의 유산 개념이 강조되는 문화민주주의가 토대로 이루어져야 한다.

문화재인가, 문화유산인가?

우리가 흔히 말하는 문화재에 대해 유네스코는 '문화유산 cultural heritages', 우리나라는 '문화재 cultural properties'라는 용어를 주로 쓰고 있다. 사전적 의미로 'property'는 재산, 소유물, 성질, 특성으로 정의되어 있다. 반면 'heritage'는 상속재산, 물려받은 것, 유산, 전통, 천성으로 확연하게 구분된다. 정신적·공동체적 유산을 포함하는 'heritage'에 비교해 볼 때, 'property'는 사적 소유물이란 의미가 강하다.

유네스코나 ICOMOS(국제기념물유적협회) 등과 유럽은 'heritage'라고 쓰고 있으며, 우리와 매우 긴밀하게 비교평가되고 있는 동북아 삼국(한국, 중국, 일본)을 비교해 보면 먼저 중국은 정신적 유산의 의

미와 재화의 의미가 합성된 '문물文物'이라고 표기하며 국가기관도 '문화유산부'다. 반면 일본의 문화재보호법을 근간으로 하여 사용하고 있는 우리나라와 일본만 '문화재cultural properties'라는 용어를 사용하고 있다.

그렇다면 우리가 사용하고 있는 '문화재'라는 용어는 단순히 재산가치가 있는 재물을 말하는 편협한 용어에 불과하다는 사실을 알 수 있다.

문화재의 약탈과 합법적 유출은 구분되어야 한다

문화재의 약탈은 재산적(골동품) 가치인 부를 일방적으로 가져가는 것이며, 원산국의 국가적 자존심과 문화적 가치를 짓밟는 결과를 초래했다. 문화재의 불법 거래 방지와 약탈 문화재 반환에 관한 국제전문기구인 유네스코에서 정의한 문화재 약탈의 의미는 무력분쟁, 점령, 식민지배의 결과로 반출된 문화재를 말하며 또한 불법적으로 혹은 형사상 범죄 성립요건에 해당하는 문화재의 불법 거래도 주요한 쟁점으로 거론되고 있다.

문화재 약탈의 역사는 이미 로마시대부터 있어 왔으며, 그 사례는 역사적으로 매우 다양한 양태로 나타난다. 그중 대표적인 사례로 네덜란드의 인도네시아 문화재 약탈, 러시아의 강압에 의한 몽고 정부의 문화재 선물, 이집트 문화재에 대한 영국, 프랑스, 독일,

네덜란드 등의 약탈, 그린란드의 19세기 수채화 모음집과 고고학, 민속학적 유물 수만 점의 덴마크로의 약탈, 제2차 세계대전 중 점령군인 미국의 독일소재 문화재 약탈, 프랑스의 나이지리아 노크(NOK) 문명 유물의 불법 매입, 프랑스 함대의 무력침탈에 의한 조선의 외규장각 장서 강탈, 일본의 무력침탈에 의한 한국과 중국을 포함한 동아시아 문화재 약탈과 비정상적으로 반출시킨 각종 문화재, 최근 분리된 코소보와 유고가 통일국가로 존재했을 때 코소보 유물이 유고 베오그라드로 대량 이동한 사례 등이 있다. 하지만 실제로 약탈된 문화재의 사례는 이보다 훨씬 많다. 그리고 문화재의 불법 거래에 관한 정의는 도굴이나 도난당한 문화재의 원산지 확인 없이 구입하는 행위와 식민지배시대에 합법을 가장한 매집·반출 행위까지 포함해야 한다는 입장이 점점 설득력을 더해 가고 있다.

그러나 약탈과 합법적 유출은 엄격히 구분되어야 한다. 일반적으로 외국에 있는 한국 문화재들은 모두 반환해야 하고 약탈된 것으로 오해하고 있다. 하지만 외국에 있는 한국 문화재들은 불법 매집, 도굴과 같은 불법행위뿐만 아니라 구입, 선물 등 다양한 경로로 반출되었다. 정상적·합법적으로 반출된 문화재는 해당국에서 전시 및 연구가 잘 이루어지도록 협력하는 한편, 약탈 및 불법 반출에 대해선 적극적인 환수 노력을 계속해야 할 것이다.

문화재의 반환은
한 국가의 주체성에 의미를 부여한다

문화재 반환을 위한 법적, 윤리적 근거로는 첫째, 모든 국가는 그들의 문화유산을 적절히 대표하는 소장품들을 소유할 권리를 가진다는 것이다. 이것은 인류가 그들의 기원과 문화를 파악할 때 문화재가 필수적인 역할을 하기 때문이다. 둘째, 문화재 각각의 우수한 가치를 존중해야 한다. 셋째, 반환은 물리적 주체의 전달을 의미하며 관련 문화재에 대한 소유권의 전달을 뜻하는 것은 아니다. 넷째, 문화재 반환 및 소유권 문제는 어떤 국가도 문화재에 관련하여 시간적 제한을 실행할 권한을 지니지 않는다. 다섯째, 식민지배를 통한 문화재 반출 및 징벌적 약탈 등과 같은 특별한 상황 하에서 자행된 약탈 문화재에 관한 해결이 어렵게 진행되고 있다. 여섯째, 특별한 국가적 의미를 지니는 고문서, 고도서 특히 학자들에 의해 행해진 귀중한 수집품들은 산발적으로 존재해서는 안 된다. 문화재 반환은 원산국에 있어서 한 국가의 주체성과 관련된 특별한 의미를 지닌다는 원칙 아래 유네스코는 1970년 〈문화재의 불법 반출입 및 소유권 양도의 금지와 예방수단에 관한 유네스코 협약〉 및 1995년 〈도난 또는 불법적으로 반출된 문화재 반환에 관한 UNIDROIT 협약〉을 제정했다.

또한 인류학적, 박물관학적 관점으로 볼 때 문화재 원산국 본래의 문화뿐만 아니라 국제적 공동체로서의 문화재의 역할에 대한 역사, 철학, 정치적 이해가 필요하다. 국제박물관협의회(ICOM) 윤리강령은 모든 문화재를 합법적, 도덕적, 윤리적으로 소장하고 수집하고 구입해야 하며, 그 외 불법적 다른 방법으로는 문화재를 보유하지 못하도록 하고 있다. 즉 문화재를 소유한 국가나 기관은 국제박물관협의회(ICOM) 규정에 따라 문화재를 소장했는지 밝혀야 한다.

또 ICPRCP(약탈 문화재 환수를 위한 정부간위원회)는 문화재가 분쟁물이 되었을 때 분쟁 당사국은 문화재가 합법적, 도덕적, 윤리적으로 보유함을 증명해야 한다고 되어있다. 예컨대, 과거 양국이 번갈아 점유한 바 있는 영토인 대마도에서 도난된 불상에 대해서 한일 양국은 각자의 주장을 국제사회로부터 검증받아야 하는 것이다.

문화재 반환은 다양한 방식으로 이루어지고 있다

1979년 덴마크로부터 자치권을 획득한 그린란드는 1984년부터 2001년까지 덴마크로부터 35,000점의 문화재를 반환받았다. 양국 박물관의 유기적인 협조와, 양측이 함께 구성된 위원회가 반환 사업을 주도했다. 그린란드는 자국의 정체성을 나타내는 유물을 되찾았고, 덴마크가 그린란드의 우수한 문화재를 반드시 소장하고 싶은 것에 대해서는 덴마크의 입장을 존중했다.

제2차 세계대전 당시 독일은 점령한 국가로부터 많은 문화재를 약탈하였다. 전쟁이 종료된 후 1943년 런던 선언문의 규정에 따라 독일은 강제로 약탈된 문화재와 원산국의 수출법에 위반되는 방식으로 유출된 문화재까지 폭넓게 반환 문화재에 포함시키고 있다.

러시아는 점령국이었던 독일의 문화재를 약탈했다. 독일이 유럽으로부터 약탈한 문화재도 포함되어 있으며 이 중 극히 일부의 문화재가 1950년대 동독으로 반환되었다. 현재도 반환을 위한 꾸준한 노력이 진행 중에 있다.

1997~2000년 유럽에서는 제2차 세계대전 중에 약탈된 유태인 문화재에 관한 문제가 제기되었고 유럽의회 총회에서는 약탈된 유태인 문화재 반환에 필요한 정치적, 법적 토대를 마련하였다. 특히 프랑스, 네덜란드, 영국이 주도적으로 유태인을 도왔다. 그러나 아직도 반환이 완료되기에는 많은 어려운 점이 해결되어야 하는 숙제가 남아 있다.

서양에서 동양으로의 반환 사례는 상당수 외교적 방법으로 진행되었다. 대표적으로 네덜란드에서 인도네시아로, 미국에서 태국으로, 미국에서 인도로, 영국에서 인도로, 영국에서 중국으로, 스위스와 프랑스에서 캄보디아로, 미국에서 중국으로의 문화재 반환 사례가 있다.

프랑스와 나이지리아의 노크(NOK) 문명 조각품 반환 협상의 사례는 문화재 약탈에 대한 무제한적 허용을 선언하는 것이며, 문화재 밀매꾼들을 위한 권리헌장과 같다는 차원에서 외규장각 장서의 등가교환 방식이라는 문제에 봉착한 우리나라는 주목해 볼 필요가 있다. 프랑스는 불법으로 구입한 나이지리아의 노크(NOK) 문명 유물과 소코토 지역 유물을 전시하기 위해 나이지리아 정부에게 승인을 요구하였지만 나이지리아의 박물관·유적위원회는 불법 유출된 작품이기 때문에 나이지리아의 소유권을 주장하며 양국 사이에 긴장이 조성되었다. 결국 양국은 이들 작품의 소유권을 나이지리아로 인정하지만 프랑스는 25년간 소장 전시할 수 있고 앞으로 얼마든지 갱신도 가능하다는 협약을 맺었다.

문화재의 수난은 외세의 침략과 맞물려 있다

우리나라는 일본, 미국, 프랑스, 러시아 등 20여 개국에 약 15만 점의 약탈 및 유출된 문화재가 있는 것으로 확인되었다. 2002년 국가예산이 배정된 후 회화, 조각, 공예 등의 해외 반출 문화재 현황조사가 국립문화재연구소에서 진행되었으며 프랑스 파리 국립도서관에 소장 중인 외규장각外奎章閣의 장서 조사연구는 서울대학교 규장각에서 담당했었다. 현재는 국외소재문화재단이 설립되어 활동하고 있다.

우리나라의 역사는 수많은 외세의 침략과 약탈을 경험한 관계로 문화재의 수난의 역사도 같은 맥락을 유지한다고 볼 수 있다.

일본 도쿄 박물관에 전시된 청동 견장

조부근의 『잃어버린 우리 문화재를 찾아』를 통해 해외소재 한국 문화재의 시대적 구분을 해볼 수 있을 것이다.

우선 우리나라 문화재의 유출 사례로는 고려시대 왜구침략 때 약탈된 서산 부석사 불상과 조선시대 임진왜란(1592~1598)과 정유재란 때 일본군이 약탈해 간 안견의 〈몽유도원도〉, 가토加藤에 의해 방화, 파괴 및 약탈된 불국사의 불상과 일본에 전래되고 있는 신전본神田本, 덕천본德川本 등을 들 수 있다.

우리나라 문화재의 약탈과 유출은 조선 말기까지 계속되었으며 대량으로 유출되기 시작한 시기는 1876년 일본과 강화도 조약을 체결하고 서구 열강의 요구에 의해 문호를 개방하게 된 이후라고 볼 수 있다. 이때 우리나라는 외국인에 의해 송두리째 유린당하게 되었고 이 와중에 많은 문화재가 외국인들의 손에 들어가게 되었다. 조선 말과 대한제국 시절 이 땅에 와 있던 서구의 외교관, 선교사, 기술자 등은 막대한 양의 문화재를 의도적으로 수집하였다. 일부는 한국인들에게 헐값에 산 것이며, 서양식 의술치료를 받은 조선인이 생명의 은인에게 가보를 바친 경우도 허다했다. 일부는 한국 정부의 고위관계자들로부터 하사받은 선물도 있고 '호리'라고 불리는 도굴꾼들로부터 매입한 것도 있다. 이러한 방법으로 수집된 문화재는 소장자가 본국으로 돌아갈 때 함께 이 땅을 떠나는 운명이 되어 버렸다.

일제강점기의 문화재 약탈은 일본의 한반도 무력지배의 정당성 확립과 영속화를 목적으로, 조선의 역사와 문화를 말살하고 민족의 사고와 정신을 공동화하기 위한 방편이었다. 따라서 이 당시의 문화재 약탈은 현재까지 파악된 것만 보더라도 개별적이고 임시적인 수집이 아니라 체계적이고, 계획적이며 지속적으로 이루어진 일본의 국가적 약탈행위임이 분명하다.

일제강점기에 도굴되어 유출된 문화재도 있다

또한 대한제국 말기 일본의 지배 시기(한일병합 전후)에 도굴되어 유출된 문화재들이 있다. 일본은 고적조사라는 명분으로 도굴한 출토품 중 1909년 10월 제2차 고적조사[세키노 關野, 다니 谷井, 구리야마栗山] 때 대동강 남단 고분 2기를 발굴하여 일본으로 반출했다. 1911년 10월 제3차 고적조사 때에는 사리원 인근 대방태수 장무이張撫夷 무덤과 토성, 1913년 9월 제4차 고적조사 때 진남포 부근, 봉산리 유적 고분에는 한漢대의 와당, 복식, 동기 등이 발굴되었고, 1916년 10월 세키노官野 발굴팀은 다시 대동강 남쪽 낙랑고분 10기를 발굴했는데 제9호 고분에서 국보 제89호 금제교구(金製鉸具, 국립중앙박물관 소장)가 출토되었다.

1911년 3월 세키노官野 발굴팀이 가야시대 유적을 발굴했는데 그것은 현재의 진주 옥봉이다. 이때 출토유물은 도쿄제대 공대에 기증했다. 1915년 총독부의 위촉으로 신라고분을 조사발굴했는데 경주 황남리 고분에서 칠검, 철장, 토기가 출토되었고, 같은 해 보문리 부부총에서는 순금, 팔찌, 귀고리, 반지가 출토되어 모두 일본으로 반출되었다.

1918년에는 경주 명활산 고분을 발굴했는데 순금, 귀고리, 금은 팔찌, 반지, 기타 옥류의 장신구가 출토되었고, 1925년 도쿄제대가 낙랑고분을 발굴한 후 나온 출토품과 1921년 경주남문 밖 고분 발굴 문화재, 1924년 금령총 발굴 문화재, 이밖에 조선고적연구회의 발굴 문화재 등이 일제에 의한 학술목적 반출 문화재에 해당된다.

일본인에 의한 대규모 도굴품으로는 초대총감 이토 히로부미伊藤博文의 수집품(고려자기류 수천 점)과 오쿠라小倉 컬렉션, 가루베輕部慈恩 컬렉션(백제유적), 1910년 선산 지역 중심 낙동강 유적 도굴품, 이치다 컬렉션, 야마요시山古盛末 도자기 컬렉션 수백 점이 있다.

'모로가 히데오'라는 희대의 도굴꾼이 있다. 모로가는 일제강점기 조선총독부 박물관 경주분관(지금의 국립경주박물관) 초대주임을 지냈고 금관총 발굴에 관여했다는 정도만 전해졌다. 모로가는 서자로 태어나 1908년 조선으로 와서 무역업, 대서업에 종사했다. 뛰어난 사교성으로 정관계 인사들과 사귀어, 1910년대 경주로 와서 고고학 전문가인양 행세하기 시작했다. 이때 경주의 조선인 유지들을 회유해 만든 것이 '경주고적보존회'였다. 보존회란 그럴듯한 이름을 달았지만, 실상 모로가의 막후 조종 아래 도굴과 문화재 강탈을 자행했다. 사천왕사지, 석기 토기 금속제 등을 가리지 않고 착복했다. 금관총 출토품도 모로가의 보존회에서 관리할 때 사라졌다. 매장 유물을 차지할 욕심에 첨성대를 해체 보수하자고 억지를 펴기도 했다. 일본도 보다 못해 1933년 대구로 검찰을 파견해 모로가를 체포했다.

서지류로 대표적인 문화재는 『조선왕실의궤』가 있다. 『조선왕실의궤』는 왕실의 주요의식과 행사의 준비과정 등을 상세하게 적고 그림으로 만든 문서다. 이는 왕실의례의 본보기를 만들고 후대에 전하고자 도감에서 직접 체계적으로 정리한 기록문서로서 조선시대 왕실에서 거행된 여러 가지 의례의 전모를 소상하게 기록한 서책이다. 실록 등에도 의례의 기록은 남아 있지만 내용이 방대하고 소상하며 행차 모습 등 그림으로 표현되어야 하는 부분이 많아 별도로 의궤로 제작하였다.

조선이 건국된 초기부터 여러 권의 의궤가 제작되었으나 임진왜란으로 모두 소실되었다. 현재 전하는 의궤는 1601년(선조 34)에 만들어진 의인왕후懿仁王后의 장례에 대한 것이 가장 오래된 것이며, 주로 19세기에 제작된 의궤가 많다. 의궤는 주로 왕실의 주요행사 때 작성된다. 조선시대 의궤는 대체로 5~8부 정도가 제작되었는데, 임금의 열람을 위하여 고급재료로 화려하게 만드는 어람용御覽用과 관련 관서 및 지방사고에 나누어 보관하는 용도의 분상용分上用으로 나뉜다. 조선왕조는 의궤를 편찬한 뒤, 규장각 및 경외사고京外史庫에 분산 보관해 왔다. 이 의궤는 20세기 초까지 규장각, 지방사고史庫 등에 보관되었으나, 일본의 조선점령 이후인 1922년 조선총독부에 의해 81종 167책이 일본 궁내청宮內廳으로 반출되어 오늘에 이르고 있다.

오대산 사고본 서책 150점은 도쿄대 부설 도서관으로 반출되어 1923년 관동대지진 때 소실되었다. 당시 교수들이 대출해 간 20책은 2006년 국내에 환수되었다. 헤이하라幣原壇 수집품, 구한국 학부學部고문 등이 있다.

합법적으로 문화재를 취득하거나 구입하기도 했다

1945년 일본의 패전 이전까지 일본은 일부 문화재를 합법적 매집, 매입으로 취득·반출했다. 일본의 패전과 더불어 그때까지 한국에 체류하던 일본인들은 그들이 소장하고 있던 우리 문화재를 대량으로 유출했다. 일부 일본인들은 평소 친했던 한국인 친구에게 뒷날 적당한 시기까지 물건을 맡아 보관해 달라고 은밀히 교섭하거나 싼 값에라도 모두 처분하려고 하였다. 그러나 많은 일본인들이 일본으로 돌아가면서 그들의 짐 속에 어느 정도의 문화재를 가지고 갈 수 있었고, 그 안에는 국보급의 문화재도 포함되었다.

그리고 해방 후 한국에서 일본 국내로 유입, 구입된 것도 있다. 광복 초기 국내에서 상당한 문화재가 일본으로 유출되었을 것으로 알려지고 있다.

미국의 경우 일본의 패망과 아울러 일본이 강탈한 서지류와 문화재를 전리품으로 다시 불법으로 가져가서 미국 유수대학에 보관 중이며, 6·25 전쟁 중 미군 병사에 의해 약탈된 문정왕후 어보가 대표적이다. 또 핸드슨 컬렉션처럼 미군정 시절 뇌물로 문화재를 받아 반출 허가 없이 외교행랑으로 내보낸 사례도 있다.

프랑스의 초대영사 콜랑드 블랑쉬와 유럽의 선교사들은 조선에서 많은 문화재를 구입 또는 수집하여 본국으로 가져갔다.

조선왕실 생활사의 보고, 『조선왕실의궤』

대표적인 약탈 문화재, 외규장각 도서와 『조선왕실의궤』

규장각 장서가 중요한 이유는 특히 의궤儀軌의 경우 근세를 통칭해서 600여 년 동안 꾸준히 기록된 것으로는 전세계적으로 오직 조선왕조뿐이기 때문이다. 이 의궤는 의례의 과정이 천연색 그림으로 제작되었고 관청 간의 업무상황을 연구할 수 있으며 물자와 인건비까지 소상히 기록되어 생활사를 연구할 수 있는 소중한 자료다. 또한 그 외규장각에 있는 의궤는 1900년대 초기까지 제작되어 근대사를 연구하는 데도 매우 유익한 자료다.

그리고 소장되어 있는 역학서譯學書의 경우 600년 조선왕조를 지탱하게 한 외교력의 주역인 외교관(역관) 양성을 위한 입문서로서 국어사와 언어의 역사적, 학술적 가치가 높은 자료다. 그리고 소장되어 있는 자료 중 무엇보다 귀중한 것은 조선시대에 중국으로부터 구입해 온 중국본이 6만여 책이나 된다는 점이다. 중국에 소장된 희귀본들이 규장각에도 소장되어 있다는 사실을 아는 학자들도 많지 않을 것이다.

하지만 1866년 병인양요 당시 프랑스 극동함대 사령관인 로즈 제독이 강화도를 일시 점령하고 외규장각을 불태워 5,000여 권 이상의 책이 소실되었고, 의궤를 비롯한 340여 권의 책과 국가문서를 약탈하는 불법을 자행했다. 후에 프랑스는 조선의 문서와 책들을 국가재산으로 편입해 버리는 2차 불법을 자행했다. 또한 프랑스는 원산국 학자들의 학술적 연구목적의 접근까지 막아 버렸다. 프랑스의 소장본은 174종 297건으로 이 중 31종은 우리나라에도 없는 유일본으로 파악되고 있다.

일본 궁내청에 있는 오대산 사고 소장본의 경우는 주권이 없었던 일제강점기에 총독부가 합법기증 형식을 빌어 1922년에 반출한 것으로 71종의 의궤가 조사되었고 유일본은 3종이나 존재한다. 철종 이전에 만들어진 90여 종의 의궤는 완전히 사라진 것으로 추정되고 있으나 일본의 경우 조선에서 약탈해 간 문화재들이 궁내청에 등록된 것 이외에도 다수 있을 수 있다. 일본에서 보유하고 있는 약탈 및 불법 반출 문화재의 전면적인 연구조사가 이루어져야 하는 이유도 바로 이 때문이다.

우리나라 문화재의 반환 사례

우리나라 문화재의 반환 사례로는 대표적으로 '북관대첩비'의 반환이 있다. 북관대첩비는 임진왜란 당시 함경북도 길주 지역에 조선의병이 일본군에 거둔 승전을 기념하기 위해서 100여 년이 지난 숙종 때 세운 승전비로 당시의 전황 등을 담고 있어 임진왜란 연구의 중요자료로 평가되었다. 하지만 일본군의 치욕스러운 패전 기록을 본 일본군 제2예비사단의 이케다 쇼우스케 여단장이 1905년 일본으로 강탈해 갔다.

북관대첩비 반환이 가능했던 것은 시민단체의 지속적인 노력이 있었기 때문이었다. 북관대첩비 반환추진위원회는 1997년 이후 꾸준한 노력을 통해 일본 황실로부터 반환 동의를 얻어 약 100년 만에 북관대첩비를 귀환시키는 쾌거를 이루어 냈다. 북관대첩비는 2006년 3월 원래 있던 지역인 북측으로 돌아갔다.

약 100년 만에 일본에서 북측으로 돌아온 북관대첩비

국외소재문화재재단이 최근 조사한 자료에 따르면 환수 문화재 131건 가운데 영친왕 유물처럼 지정문화재가 된 경우는 모두 28건에 이른다고 한다. 국보로 지정된 유물은 4건으로 모두 일본에서 환수됐다. 1965년 한일협정이 맺어진 이듬해 들어온 국보 제124호 '강릉 한송사지 석조보살좌상'과 제125호 '녹유골호', 1971년 환수된 제185호 '상지은니묘법연화경', 2006년 큰 관심을 모았던 『조선왕조실록』 오대산 사고본(제151-3호)이 이에 해당된다.

1912년 일본으로 갔다 돌아온 한송사지 석조보살좌상은 고려 초인 10세기경에 제작됐다. 한국의 석불상은 재료가 대부분 화강암인데 이 불상은 흰 대리석으로 만든 점이 특이하다. 몸체와 뚜껑에 녹색유약을 입혀 통일신라시대 때 제작된 녹유골호는 현재 전해지는 골호(骨壺, 불교에서 시신을 화장한 뒤 유골을 매장하는 데 사용하는 뼈 항아리) 가운데 가장 빼어나다고 평가받는다. 상지은니묘법연화경은 고려 공민왕 22년(1373년)에 제작된 법화경으로 상지(橡紙, 상수리 열매로 물들인 종이)에 은니(銀泥, 은가루)로 옮겨 쓴 불경으로 보존상태가 양호해서 매우 가치가 크다.

보물은 모두 18점으로서 이 중 시기적으로 가장 오래된 문화재는 기원전 6세기에 만들어진 고대 그리스 청동 투구다. 외국 유물이 보물로 지정된 유일한 경우이기도 하다. 한국 스포츠의 영웅 손기정(1912~2002)이 1936년 독일 베를린 올림픽 마라톤 우승 기념으로 받았으나 전달되지 못하다가 1986년에야 한국 땅을 밟았다. 이는 고대 그리스 코린트에서 제작된 것으로 1875년에 발굴됐다.

안중근 유묵(遺墨, 생전에 남긴 글씨나 그림)은 2점이 포함됐다. 〈일일부독서 구중생형극(一日不讀書 口中生荊棘, 하루라도 책을 읽지 않으면 입안에 가시가 돋친다)〉과 〈용공난용 연포기재(庸工難用 連抱奇材, 서투른 솜씨는 쓰기 어려우나 아름되는 나무는 뛰어난 재목이다)〉는 지금도 그 뜻이 회자되는 서예 작품이다.

등록문화재 제383호로 지정된 '미국 해병대원 버스비어 기증 태극기'는 6·25 전쟁 참전용사인 A.W. 버스비어가 2005년 한국에 기증한 문화재다. 버스비어는 서울 수복 당시 한 시민이 건네준 것을 전쟁 기간 내내 군용트럭에 꽂고 다니다 미국에 가져갔다.

최소한 보물급은 되지만 임대·대여 방식으로 환수된 탓에 지정문화재에 오르지 못한 문화재도 여럿 있다. 2011년 프랑스에서 돌아온 외규장각 의궤는 당시 145년 만의 귀환으로 국민적 환대를 받았으나 5년마다 갱신되는 대여 방식으로 돌아왔다.

또한 2005년 독일에서 환수한 '겸재 정선 화첩'은 영구 임대, 2007년 미국에서 온 '어재연 장군 수帥자기'도 10년 임대 조건이다.

임진왜란 때 진주대첩을 승리로 이끈 김시민(1544~1592) 장군의 공신교서(왕이 신하에게 공신 칭호와 상을 내린 기록서)도 시민단체인 문화연대와 방송사MBC의 공동전략으로 시민들의 모금운동을 통해 일본으로부터 돌려받았다. 이 교서는 현재 보물로 지정되어 국립진주박물관에 기증되어 있다. 시민 모금을 통해 문화재를 돌려받은 사례는 이번이 국제적으로 처음이다.

(위) 프랑스에서 반환된 외규장각 의궤
(아래) 시민들의 모금으로 일본에서 돌려받은 김시민 장군의 공신교서

문화재의 반환은 정치적 목적으로 이용돼서는 안 된다

문화재 반환의 문제점으로는 연구·조사에 대한 예산 부족과 연구 인력의 부족을 들 수 있다. 그나마 관련부처인 문화재청과 국립중앙박물관의 담당부서가 여러 곳으로 나뉘어져 있고 외교통상부를 포함한 정부 부처 상호간의 정보공유도 원활하지 못하다. 협상 때도 문화재에 전문성이 없는 정치인들이 정략적 목적으로 안일하게 국제협상을 진행하여 오히려 부작용만 낳았다. 1965년 한일협상 때 한일 양국은 1400여 점의 약탈 문화재의 반환에 합의했지만 경제지원의 대가로 서둘러 협상을 마무리해 버렸고 추가로 확인되는 약탈 문화재에 대해서도 일본 국민 즉 민간인이 소유한 약탈 문화재는 일본 정부가 기증을 권고할 수 있다는 합의의사록만 별도로 작성했다.

또한 김영삼 정부 당시 프랑스와의 외규장각 장서 반환 협상도 정치적 목적으로 이루어졌다. 임기 중 공약사업의 성과욕에 급급한 나머지 등가교환 방식으로 외규장각 장서의 가치에 상응하는 한국의 문화재를 프랑스에 남기고 외규장각 장서를 반환하는 것으로 협상하고 국민적 비난이 두려워 모든 문제를 전문학자에게 떠넘겼다.

이러한 과정을 통해서 우리나라는 대외협상 전문가가 부족하며, 국제적 교류에 미온적으로 대처해 왔고, 국제협약 가입에도 능동적이지 못했다는 것을 알 수 있다. 전문가인 학자들도 자기 목소리 내기만 급급했고 협상을 유리하게 전개하기 위한 유기적이고 조직적인 정책 개발에 안이하게 대처한 부분에 대한 반성이 있어야 한다. 그리고 국제회의 및 포럼에 한국의 상황을 알리는 홍보 전략의 부재도 주요한 문제점으로 부각되어야 할 것이다. 프랑스와 영국 등은 문화재를 보편주의적 관점에서 많은 사람이 볼 수 있어야 한다며 제국주의 시절에 약소국에서 약탈해 간 문화재를 자국에 두어야 한다고 억지를 부리고 있다. 또한 문화재 귀화주의를 주장하며 이미 몇십 년이 지났기 때문에 '귀화문화재'로 봐야 한다고 궤변을 늘어놓고 있다.

그러나 문화보편주의는 문화민주주의와 문화다양성을 기본적으로 이해하고 반영해야 한다. 문화민주주의를 인정하지 않고서는 보편주의를 말할 자격이 없으며, 강제로 약탈한 것은 귀화될 수 없다.

문화재 환수는 전문가들이 주축이 되어야 한다

문화재 반환을 완수하기 위해서는 국제법, 문화재관계법에 전문성을 가진 학자들과 외교관, NGO들의 유기적인 조직이나 협의체 UNIT를 구성해서 정책 공유의 틀을 다져야 할 필요가 있다. 프랑스의 경우 한국 측의 여러 협상 경로를 이미 불신하고 있다. 그리고 조선왕조 때도 국가에서 적극적으로 양성한 역관(외교관)이 존재했다는 사실을 간과해서는 곤란하다. 역관제도를 통해 다져진 외교력으로 600년 조선왕조를 튼튼히 유지했던 것처럼 오늘날도 과거 조선역사와 같은 계획적이고 체계적인 문화재 반환 전문가의 양성이 절실히 요구된다.

또한 국수적, 민족적 에고이즘에 기초한 감정적 대응보다는 문화재를 여러 측면에서 활용하는 것을 염두에 둔, 발상의 다양성에 관한 논의의 진행이 필요하다. 이를 위해 정부기관 및 정부지원 단체는 민간 차원의 연구조사 활동에 협력을 강화하고 연구성과를 공유해 나가야 할 것이다.

다행히 2002년 10월 초에 4일간의 일정으로 유네스코 한국위원회 주관으로 서울에서 개최된 '문화재 반환 촉진 및 불법 거래 방지'에 관한 국제전문가 회의에서는 국제적으로 객관성과 권위를 가진 전문가들을 유네스코 본부와 공동인선 방식을 통해 선발했으며, 그때 발표된 권고안의 내용을 살펴보면 '문화재 소유권을 명확히 하고 반환을 위한 기소 노력에 지원한다.' '약탈, 불법 거래 문화재의 반환은 기존 국제협약인 원산국으로의 반환 결정 원칙을 따른다.' '약탈 문화재의 소유국은 원산국의 민간인과 학자의 접근을 허용해야 한다.' 등이 제시되어 있다. 우리의 관심사인 외규장각 도서 반환 문제에 대해서는 원산국으로 반환되어야 한다고 국제박물관협회(ICOM) 전문가 회의(1978, 세네갈 다카)에서 채택된 원칙을 강조하는 권고안을 발표했다. 이번에 발표된 유네스코의 권고안은 법적 효력이 있는 것은 아니지만 국제적 관례상 강력한 효력을 발휘한다. 우리는 이러한 유네스코의 권고안을 토대로 프랑스가 약탈한 문화재와 1965년 이후 이어진 일본과의 협정에서 누락된 약탈 문화재 반환을 위한 문화적, 도덕적 차원에서의 꾸준한 외교적 노력을 기울여야 할 것이다.

또한 약탈당한 문화재가 많은 국가(이집트, 인도, 중국, 베트남, 멕시코, 에티오피아)들과 연대해 국제적 반환 요구를 하는 기구를 만들어 유네스코나 ICOMOS(국제기념물유적협회), ICOM(국제박물관협회) 등을 통해 국제적 관심을 불러일으키는 노력도 해야 한다. 반환 요구 실무진도 외교부가 아니라 문화재청이나 관련 전문가들이 주축이 되고 외교부는 지원하는 형태로 변환해야 한다.

문화재 환수 운동은 시민문화운동이기도 하다

국가적 차원의 외교 노력 못지않게 중요한 것이 바로 시민의 노력이다. 2009년 12월, 프랑스 법원은 한국의 문화연대가 제기한 외규장각 도서 및 약탈 문화재 반환 소송에 대해 기각 결정을 내렸다. 그런데 판결문의 내용은 우리가 이해할 수 없는 것이었다. 문화연대가 제기한 소송에 대해 프랑스 법원은 '약탈은 인정하지만 현재 프랑스 재산이니 돌려줄 수는 없다'는 요지의 결정을 했다.

프랑스 법원의 이번 판결은 '죄는 지었지만 벌은 주지 않겠다'는 것이다. 이 판결은 반법률적이고 반문화적이며 반이성적이다. 프

프랑스 대사관 앞에서 열린 문화재 반환을 위한 기자회견   일본에 반출된 평양 율리사지탑과 이천 오층석탑

랑스 법원은 과거 제국주의 약탈행위에 대한 반성은 커녕, 이를 사후적으로 합리화으로써 제국주의의 모습을 보이고 있다. 이는 21세기형 법률적 약탈이다.

현재 우리나라는 민간단체를 중심으로 문화재 환수 운동을 적극적으로 전개하고 있으며 의미 있는 결과들을 도출하고 있다. 대표적으로 문화연대의 외규장각 환수 운동과 일본으로 약탈당한 문화재 환수 운동이 있으며, 문화재 제자리 찾기 운동의 『조선왕실의궤』 환수 활동, 경기도 이천의 오쿠라 재단 측과의 이천 오층석탑 환수 운동, 진주의 연지사종 반환 운동 등이다.

민간단체들은 2010년 5월 13일 진주에서 개최한 제5회 문화재 환수 협의 회의에서 국외 문화재 환수는 우리 문화의 정체성을 되찾고, 우리 문화유산에 대한 자긍심을 드높이기 위한 시대적 사명

임을 인식하고 다음과 같이 선언문을 채택했다.

> 문화재를 환수하는 것은 오늘을 사는 우리 모두의 책무다.
> 문화재 환수 운동은 우호적인 수단과 방법으로 진행한다.
> 문화재 환수 운동의 진정성은 공익을 바탕으로 한다.
> 문화재 환수를 위하여 국제연대를 강화한다.
> 문화재 환수를 위한 지식과 정보를 서로 공유하며 협력한다.
> 정부와 국민에게 문화재 환수를 위한 적극적인 활동을 요구한다.
> 국외 문화재 실태 파악 및 보존과 활용을 위한 노력은 국가의 책무다.
> 국민의 뜻을 모아 문화재 환수에 최선의 노력을 다한다.
>
> ― 문화재 환수 협의회 일동(2010.5.15)

이처럼 약탈 문화재 환수 운동은 문화민주주의를 실천하고 문화다양성을 확대하는 시민문화운동으로 만들어 가야 한다.

독립운동 인물

독립운동가의 의거는
개인적인 의열투쟁일까?

홍커우공원 거사 전 태극기 앞에서의 김구와 윤봉길

만약 **당신들에게**
아직도 흐르는 **피가 뛰고 있고,**
아직도 **순환하는**
기운이 흐르고 있다면,
일본 제국주의의 참혹한
압제하에 있는
2천만 동포의 통곡을
귀 기울여 들어 보시오

윤봉길 의사의 강연 중에서

왜 알아야 할까?

독립운동은 우리 민족이 일제의 식민지배하에서 벗어나려는 운동만을 의미하지 않는다. 독립운동이란 일제의 지배하에 자유를 억압당하고, 인권을 말살당하는 것에 대해 인간이면 누구나 누려야 하는 기본적인 권리를 되찾고자 하는 것이다. 독립운동가들은 우리 민족을 이민족의 침략으로부터 구출할 뿐만 아니라 일제지배하에서 빼앗겼던 자유와 인권 등을 되찾고자 하는 사람들이다. 또한 현재 우리가 독립된 국가를 건설하고 국제적으로 활동할 수 있는 것은 모두 독립운동가들의 노력과 희생 덕분이기 때문이다. 이들의 독립투쟁이란 숭고한 희생이 아니었다면 지금의 우리가 있을 수 없다.

조국을 위한 의로운 장부, 안중근

1909년 10월 26일 하얼빈 역에서 이토 히로부미가 세 발의 총성과 함께 죽음을 맞이했다. 그 총을 쏜 자는 31세 한국인 청년 안중근(1879~1910)이었다. 이는 우리가 안중근 의거라 부르는 바로 그 사건이다. 우리에겐 너무나도 익숙하지만 당대에 이 사건은 예고 없이 급작스럽게 일어났다. 또한 이 사건의 주인공은 무명의 한국인 청년이었다. 때문에 당시 한국의 대표적인 민족지였던 〈대한매일신보〉에서는 이 사건의 주인공이 누구인지 찾으려고 모든 노력을 기울였고, 사건이 발생한지 2주의 시간이 걸린 후에야 안중근이라는 정확한 이름을 확인할 수 있었다.

안중근은 세계 속에 당당한 주권국 한국을 만들기 위해 노력했다. 그는 항상 주저 없이 행동했으며 실패와 좌절을 겪더라도 다시 새로운 대안을 모색해 끊임없이 움직였다. 그의 생애에선 성공보다 실패가 많았다. 그러나 그는 실패 속에서 절망보다는 희망을 안고 항상 새로운 출발점 위에 섰다.

1905년 해외독립군기지 건설 계획과 실패, 그리고 곧 들린 을사조약 소식. 한국의 외교권 박탈이라는 을사조약은 수많은 한국인들에게 충격을 줬고 안중근 역시 재빨리 귀국해 애국계몽운동에 동참했다. 그러나 1907년 일제는 고종을 강제퇴위시키고 정미7조약을 통해 한국 내 정권을 침해했을 뿐 아니라 군대마저 해산시켰다.

근대 지식의 교육과 습득만으로 위태로운 한국의 독립을 보존하기 어려웠던 1907년의 정황 속에서 안중근은 간도로 갔다. 간도 망명은 의병운동의 출발점이었다. 안중근은 간도로 이주한 수많은 한국인들의 비참한 생활을 접하면서 의병운동의 의지를 다잡았다. 한국인들의 간도 이주와 그곳에서의 어려운 생활은 그간 '한국 근대화'라는 미명하에 진행된 일제의 경제침탈의 결과였다. 그리고 그 총 지휘자는 다름 아닌 한국 초대통감을 지냈던 이토 히로부미였다.

그러나 의병부대를 통솔하면서 일제와의 전투를 벌였던 안중근에게 혹독한 시련이 찾아왔다. 1908년 일본군과 전투를 벌였던 안중근 의병부대는 일본인 군인과 상인들을 생포했다. 안중근은 다른 부대원들의 반대에도 불구하고 국제법을 근거로 일본인 군인과 상인들을 포로의 신분으로 인정해 석방했다. 안중근의 이 행동은 법률적으로 틀린 것은 아니다. 또한 그만큼 그는 국제법에 대한 존중과 의로움을 중시했다. 그러나 그의 행동은 위험했다. 이 일이 빌미가 되어 의병부대의 위치가 탄로나 일본군의 공격을 받게 되었고 급기야 부대는 와해되고 말았다.

수없이 많은 생명의 위협을 만났던 안중근은 해를 넘긴 1909년에 이르러서야 신변의 안전을 되찾았다. 그 후 그는 다시 한 번 한국독립을 위한 헌신을 맹세했다. 11명의 동지들을 모아 왼손 무명지 한 마디를 끊어 냈고 정천동맹(하늘을 바로 세우고 하늘 앞에서 바르게 살겠다는 약속을 의미)을 맺었다. 그리고 이토 히로부미의 하얼빈 도착 소식을 접한 그는 암살 계획을 세우고 하얼빈으로 출발했다.

이처럼 안중근은 의로움에 대한 확신과 장부다운 용맹함을 바탕으로 여러 실패 속에서도 좌절보다는 도전을, 절망보다는 희망을 선택했고 1909년 10월 26일 의거를 성공시킬 수 있었다.

안중근의 사살 행위는 정당한가?

안중근은 이토 히로부미를 죽였다. 그것은 살인인가, 아니면 정당한 행위인가. 이 질문에 대해 일제 사법 권력을 대표했던 검찰은 살인이라고 규정했다. 일본인 변호사 역시 살인임을 인정했다. 판결 역시 살인죄가 적용되어 사형이 언도되었다. 그러나 안중근의 주장은 이와는 달랐다.

> 내가 하얼빈에서 이토를 죽인 것은 이토가 한국의 독립을 빼앗은 까닭이다. 따라서 하얼빈에서 이토를 암살한 일은 한국의 독립전쟁 중 일부분이다. 나는 개인의 자격으로 이토를 죽인 것이 아니라 한국의병 참모중장의 신분으로 행한 것이다. 따라서 나는 형사법상의 살인자가 아니라 전쟁 포로다. 의당 일본 형법에 따른 이 재판은 부당하며, 국제법에 의해 재판을 받아야 함이 마땅할 것이다.
>
> — 안중근 법정 진술(1910.2)

안중근의 위와 같은 법정 진술은 흥미로운 대목이다. 안중근은 하얼빈에서 벌인 이토 암살이 '독립전쟁의 일부'라고 주장했다. 또한 안중근은 한국의병을 대표하는 군인이라고 자신의 신분을 밝혔다. 이 이면에는 이토 역시 일제의 군사력을 대표한다는 점이 암시되어 있었다. 요컨대 안중근이라는 한국의 한 개인이 이토라는 일본의 한 개인을 죽인 것이 아니라, 전쟁 중 군인과 군인의 전투 과정에서 벌어진 일이다. 때문에 안중근은 자신이 전쟁 포로이며 형사법에 의한 이 재판이 부당하다는 점을 항변했다. 일제 사법 권력은 이러한 안중근의 주장을 묵살했지만 당시 국제법에 비춰 봤을 때 그의 주장은 타당성을 가졌다.

아울러 안중근의 독립전쟁 선포는 한국독립운동의 시작을 열었다. 1910년 일제의 강점을 눈앞에 둔 시점에 국권회복운동의 하나로 전개되었던 애국계몽운동은 그 한계에 다다랐고, 의병운동 역시 일제의 탄압으로 거의 와해된 상태였다. 한국의 주권을 회복하기 위한 새로운 방법 모색은 현실적인 요구였다. 이러한 상황 속에서 당시 신문지상에 보도된 안중근의 독립전쟁 선포는 수많은 한국인들이 독립전쟁의 실천을 다짐하는 계기가 되었다. 이 무렵 한국 내 유력한 인사들은 이를 계기로 해외독립군기지 건설을 위한 구체적인 논의를 시작했다. 이렇듯 안중근의 용기 있는 행동은 침체되고 지쳐있는 정국에 희망이 되었고 이후 한국독립운동의 방향을 결정짓는 중요한 역할을 했다.

안중근이 남긴 유산, 동양평화사상

그런데 안중근은 왜 이토를 상대로 독립전쟁을 전개했을까? 안중근은 이토가 한국의 독립을 빼앗고 동양의 평화를 위협했기 때문이라고 진술했다. 이토가 한국의 주권을 침해했다는 말은 명백한 사실이었다. 이토는 1905년 을사조약 당시 고종을 협박해 강제로 조약을 조인하게 했을 뿐 아니라, 그 후 초대통감으로 부임한 후 '한국 근대화'라는 명목으로 각종 정책들을 추진하면서 한국 강점을 위한 기반을 닦았다. 뿐만 아니라 의병운동 탄압을 진두지휘하면서 의병들뿐 아니라 무고한 한국인 양민들까지 학살했다. 이토로 대변되었던 일제의 한국침략 과정은 한국인들의 삶을 파탄시켰을 뿐 아니라 생명마저도 위협했다.

또한 안중근은 이토가 동양의 평화마저도 위협한 죄인이라고 주장했다. 그는 장차 한국, 중국, 일본 등 동양 각국이 정치, 경제, 군사 협력의 제도화를 꾀해야 한다고 보았다. 이는 동양이라는 지역 안에서 갈등이 폭력적으로 전개되는 상황을 제도적으로 차단하고 그것을 평화적으로 조절하기 위함이었다. 그러나 이토는 동양 여러 국가들의 평화적 지역공동체 시스템을 만들기 위해 노력하기는커녕 의병을 탄압하고 무고한 양민을 학살하면서 갈등을 심각한 폭력으로까지 가지고 갔다.

안중근의 동양평화 논리는 당시 국제적으로도, 그리고 동양이라는 좀 더 작은 단위에서도 실현 가능성이 낮았다. 이미 전 세계는 인도주의적이고 호혜 평등적인 국제법 조항들과 규범들을 지키지 않을 정도로 제국주의 국가들의 폭력은 극심했고, 일본 역시 이미 제국주의의 궤도에 진입했을 뿐 아니라 점점 그 세력을 중국 대륙으로까지 확장시키는데 총력을 기울이고 있었다. 이미 한국의 진로는 일제와의 전면적인 항전과 일제지배의 수용이라는 갈림길에 놓여 있었다. 실제로 상당수의 한국인들은 한국독립을 위한 일본과의 전면전을 준비하기 시작했다. 그리고 일부의 한국인들은 한국의 독립을 포기하고 일본의 보호 아래 생존을 도모하는 방식을 선택했다. 이러한 현실적인 이유로 말미암아 20세기 초 안중근의 동양평화 논리는 크게 주목받지 못했다. 그러나 당대 국면에서 실현 가능성 여부와 다른 차원에서 안중근의 동양평화 구상은 오늘날 되새겨 볼 필요가 있다.

오늘날 동아시아는 일제에 의한 36년간의 한국 식민지배, 1931년 일제의 만주침략, 1937년 중일전쟁과 일제의 동남아시아 진출과 점령 등 굴곡 많은 20세기 전반의 역사를 겪고 치유되지 못한 수많은 상처를 안고 있다. 치유되지 못한 상처는 끊이지 않는 역사 분쟁으로 나타나 동아시아 내의 협력을 가로막고 갈등을 부추긴다. 이미 100여 년 전에 나왔던 안중근의 동양평화 구상은 동아시아 내부의 지난 아픔을 보듬고 전쟁의 반복을 방지해 평화와 공존의 미래를 약속해야 할 오늘날의 시점에서 우리가 기억해야 할 역사의 한 장면이다.

평등의 가치를 품고 독립운동가로 성장한 김구

1894년 말의 어느 날 밤 동학군의 선봉장이었던 김구는 낯선 집으로 갔다. 당시 동학군 진압에 앞장섰던 안태훈이 어린 동학군 대장의 담대한 기개를 아껴 집으로 불러들였기 때문이다. 안태훈은 안중근의 아버지였다. 당시 16세였던 안중근은 이날 밤부터 반 년이 채 안 되는 기간 동안 19세 김구와 함께 지냈다.

　김구와 안중근은 이 짧은 만남 이후 각자의 길을 갔고 그 이후로 만난 적이 없었다. 그러나 이들은 모두 한국독립을 위한 삶을 살았다. 짧은 생을 살았던 안중근과 달리 김구는 오랜 세월 한국 근현대사의 굴곡을 겪으면서 한국독립과 한민족의 미래를 기획했다.

김구는 신분제의 차별이 엄연히 존재했던 1876년에 태어났다. 개항이 되고 외래문물의 수용과 그로 인한 여러 생활의 변화가 이루어졌지만 양반과 상민의 차별은 여전했다. 반상의 차별은 어린 시절부터 김구를 괴롭혔다. 그러나 이미 부패할 대로 부패한 과거에 합격하기는 어려웠다. 여러 방황을 겪었던 김구는 1893년 동학에 입도했다. 평등의 기치를 내세웠던 동학은 막연하게나마 차별 없는 세상을 꿈꿨던 김구에게 매력적으로 보였을 것이다. 또한 일본의 횡포에 대한 저항의식의 결과이기도 했다. 동학군 선봉장으로 전투에 가담했던 김구는 이후 의병에 참여하기도 했다. 그리고 동학에 입도한 날로부터 10년이 지난 1903년 기독교에 입교했다. 다소 모순적으로 보이기도 하는 동학 입도와 기독교 입교이지만, 종교적인 이유보다는 평등한 세상을 갈망했던 김구에게 큰 갈등은 없었다. 그리고 만민평등에 근거한 기독교의 수용과 기독교계 인사들과의 인연은 김구의 인생에서 하나의 전환점이 되었다. 김구는 신교육운동을 시작했고 몇 년 후 양기탁의 권유로 국권회복 비밀결사였던 신민회에 참여하게 되었다. 본격적인 독립운동의 시작이었다. 이를 계기로 차별에 대한 개인적인 울분은 건강한 한국 사회의 미래를 기획하는 동력으로, 일본으로 대표되었던 '외국의 것'에 대한 반감은 자주적인 독립국 건설의 토양으로 전환되었다.

민족의 자주성을 세계에 알린 한인애국단

김구가 상하이로 망명을 떠난 시점은 1919년 3월 29일이었다. 그리고 3·1운동의 열망을 담아 창립된 대한민국 임시정부(이하 임정)에 참여하게 된다. 그러나 초기부터 자금난과 독립운동을 둘러싼 여러 계파들의 대립으로 임정은 혼란스러웠고 침체는 피할 수 없었다.

경제적인 곤궁함과 활동의 침체 속에서 1931년 김구와 임정 요인들은 중요한 결정을 한다. 한인애국단의 창단이 그것이다. 계기가 되었던 사건은 같은 해 발발한 일제의 만주침략이었다. 일본군의 만주점령으로 만주 지역 독립운동가들은 중국 본토로 흩어지거나 일제의 회유에 넘어가 타협하기도 했다.

김구와 임정 요인들은 승승장구하는 일제의 기세를 꺾기 위해 의열투쟁을 벌이기로 했다. 군사력을 보유하고 있지 못한 임정으로서 최선의 선택이었다. 한인애국단의 단장은 김구가 맡았다. 그리고 1932년 5개월 동안 4건의 의거를 일으켰고, 우리가 잘 아는 이봉창의 도쿄 일왕 투탄 의거와 윤봉길의 상하이 홍커우공원 의거도 이때였다.

한인애국단의 활약으로 김구와 임정 요인들은 일제의 추적을 피해 상하이를 떠나야만 했고 이후 임정은 중국 전역을 이동하면서 활동을 전개할 수밖에 없었다. 그러나 젊은 한인애국단원들의 희생은 상당한 의미를 지녔다. 이들의 의거는 한민족의 자주성을 전 세계에 알렸고, 그 결과 임정에 대한 중국 정부의 협조와 지원으로 독립군을 양성할 수 있게 되었다.

하나의 양보가 다른 양보를 이끌어 낸 독립운동 진영의 통일

김구의 오랜 숙원이었던 한국독립군까지 양성하게 되었지만, 해외에서의 외로운 싸움은 험난했다. 김구에 대한 일제의 추적은 집요했고, 1937년 중일전쟁의 발발 이후 일본군의 중국 본토 점령이 진전되면서 김구와 임정 요인들은 계속해서 근거지를 옮겨야 했다. 상하이에서 출발했던 임정은 1940년 마지막 근거지였던 충칭重慶까지 오게 되었다.

   임정이 충칭에 있었던 시기는 일제의 패망과 한국의 독립이 예상되었던 시기로, 김구와 임정 요인들은 특히 분주했다. 일차적으로 중국에 흩어져 있는 독립운동단체들의 통합이 요구되었다. 그러나 일제의 감시 속에서 교류와 소통의 경험이 부족했던 망명지의 독립운동단체들 사이에 신뢰와 믿음이 형성되기는 쉽지 않았다. 특히 사회주의자들에 대한 김구의 불신은 상당히 강했다. 중국 지역 독립운동단체들 가운데 김구가 문제 삼았던 단체는 김원봉이 이끄는 조선민족혁명당이었다. 조선민족혁명당은 그 내부에 다양한 정치 이념을 가진 사람들이 섞여 있었고, 그중 사회주의를 지지하는 그룹 역시 존재했다. 김구가 경계한 것은 외세 의존성이었다. 김구는 외세 의존을 극복해야 한다고 보았다. 김구에게 미국을 맹신하는 외교독립론자들이나 소련에 의존적인 사회주의자들 모두 자주적이지 못했다. 한편 조선민족혁명당 역시 임정을 신뢰하지 못했던 것은 마찬가지였다. 김원봉과 조선민족혁명당 당원들은 통합에 앞서 임정의 해체를 요구했다.

그러던 중 1941년 일제의 진주만 습격으로 태평양전쟁이 발발했다. 김구와 임정 요인들은 일제의 침략전쟁 확대가 곧 일제의 패망으로, 그리고 한국의 독립으로 이어지리라고 판단하고 재빨리 〈대한민국 임시정부 대일전선 성명서〉를 발표했다. 일제에 대한 한국독립군의 선전포고였다. 그리고 중국 정부와의 교섭을 시작했다. 중국에 있던 임정이 전쟁에 참가하기 위해서는 중국 정부의 협조가 필요했기 때문이다. 그러나 중국 정부는 분산된 여러 한국독립운동단체들 가운데 하나인 임정을 인정하지 않았다. 대표성을 가지기 위해서 임정은 중국 지역에 통합되지 않은 다른 단체들과 통합을 진행시켜야 했다. 결국 김구는 조선민족혁명당을 받아들이기로 했다. 조선민족혁명당의 김원봉 역시 임정의 해체를 요구하지 않았다. 하나

임시정부 경무국장 시절 김구

의 양보가 다른 양보를 이끌어 냈다. 1942년부터 진전을 보인 임정과 조선민족혁명당의 통합은 1944년 중국 지역의 독립운동단체들을 아우른 통합 임정을 새롭게 출범시켰고, 김구는 이 새로운 통합 임정의 주석으로 선출되었다.

이봉창, 도쿄 의거로 일왕을 척결하고자 하다

이봉창 의사의 어린 시절을 살펴보면 그를 괴롭힌 것은 민족적 차별이었다. 이봉창은 용산역의 용인傭人으로 채용되어 연결수連結手로 일을 했는데 '한국인'이라는 이유만으로 승급이나 상여금에서 차별대우를 받아야만 했다.

그래서 이봉창은 사직을 하고 일본으로 갔다. 일본에 가면 민족적 차별도 덜 받고 돈도 벌 수 있다는 말을 들었기 때문이다. 하지만 일자리를 구하는 과정에서 한국인을 일본인과 같이 대해 주지 않는다는 것을 알았다. 이 같은 민족차별은 이봉창이 독립운동에 마음을 돌리게 하는 계기가 되었다.

이봉창은 1928년 11월 10일 일왕 히로히토裕仁의 즉위식을 구경하기 위해 친구들과 함께 오사카에서 교토京都로 갔다. 즉위식을 참관하는 사람들 가운데 한국인은 요시찰인이건 아니건간에 특별 경계의 대상이 되었다. 이 과정에서 이봉창 일행도 조사를 받게 되었는데, 그의 주머니에서 국한문의 편지가 발견되었다는 이유로 경찰서 유치장에 수감을 당하게 되었다. 그는 한국인이라는 이유 때문에 검속을 받게 된 것에 대해 울분을 느꼈다. 그 후 그는 우리 민족이 일본의 압제하에 있기 때문에 한국인들은 차별대우를 받을 수밖에 없고, 그렇기 때문에 독립을 획득하지 않는 한 한국인들은 자유를 얻을 수 없다고 생각했다.

이러한 결심을 하고 이봉창은 1930년 12월 중국 상하이로 갔다. 그는 상하이에 임시정부가 있다는 말을 듣고 독립운동에도 투신하기로 하였던 것이다. 이봉창은 1931년 1월 중순경 프랑스 조계 내의 임시정부를 찾아갔고, 그곳에서 김구와 처음으로 만나게 되었다. 김구가 본 이봉창의 인상은 일본어와 한국어를 섞어 가며 말을 하고, 행색조차 일본인과 흡사하여 의심을 살 수밖에 없었다. 그러나 그 후 김구는 이봉창과의 만남을 통해 그가 비범한 사람이라는 것을 깨닫게 되었다. 김구는 이봉창에게 "일본 천황에게 위해를 가함으로써 독립운동을 촉진하려고 생각하여 그것을 실행할 수 있는 적당한 인물을 물색했으나 찾지 못했다. 혹시 군이 그처럼 굳은 결심을 갖고 있다면 조선 민족을 위해 독립의 희생이 되어 주었으면 좋겠다."라고 하였다.

이봉창과 김구는 일왕을 척살하기로 하였다. 이들이 척결의 대상을 일본의 '천황'으로 정한 이유는, 일본에서 천황은 국가를 초월한 존재였기 때문이다. 한국에 대한 일제의 비인간적인 만행과 침략전쟁 등 온갖 불의를 저지른 모든 책임자는 천황이었고, 침략과 약탈의 1차적 책임이 있다고 할 수 있다. 식민지배와 수탈의 정점에 앉아 있는 천황을 인류 양심의 이름으로 척살함으로써 일본 제국주의의 근간을 무너뜨리려고 한 것이다.

그 후 이봉창은 상하이의 홍커우 지역에서 일본인으로 행세하면서 거사를 준비하였고, 김구는 폭탄과 자금을 준비하였다. 폭탄은 중국군으로 복무하며 상하이병공창 주임을 맡고 있던 김홍일金弘壹을 통해서 폭탄 1개, 그리고 하남성의 중국인 유치劉峙 장군에게서 폭탄 1개를 마련하였다.

이봉창은 김구와 거대한 거사를 계획하고 비밀리에 추진하면서도 가끔은 그것을 숨기고 쾌활한 모습을 보여 주고자 하였다. 그는 일본인이 경영하는 철공소에 취직하여 매월 80원의 월급을 받았는데, 종종 술과 고기, 국수를 사가지고 교민단 사무실에 와서 직원들과 술을 마시기도 했다.

김구와 이봉창은 일본에서 거사를 결행할 모든 준비를 마쳤다. 그래서 김구는 이봉창을 데리고 사진관으로 가 함께 사진을 찍었다. 『백범일지』에는 이봉창이 김구에게 "저는 영원한 쾌락을 향유코자 이 길을 떠나는 터이니, 우리 두 사람이 기쁜 얼굴로 사진을 찍으십시다."고 하였다고 나와 있다.

김구와 이봉창 두 사람은 한인애국단의 입단식을 거행하였다. 김구는 이봉창을 안공근의 집으로 데리고 가 한인애국단에 입단시키고 미리 준비한 선서문에 서명을 하게 하였다. 그리고 이봉창은 폭탄을 양손에 1개씩 들고 두 손을 가슴 높이 들어올리고, 선언서를 가슴에 걸고, 태극기를 배경으로 사진을 찍었다.

도쿄 거사 전 태극기 앞에 선 이봉창

이봉창은 김구가 준비해 준 폭탄 두 개와 자금을 받아 가지고 상하이를 떠나 일본으로 향했다. 그는 〈도쿄아사히신문東京朝日新聞〉에서 우연히 1932년 1월 8일 요요기代代木 연병장에서 일왕이 참석하는 관병식을 거행한다는 것을 보았다. 도쿄 요요기 연병장에서 '육군시관병식陸軍始觀兵式'에 일왕이 행차한다는 것을 보고, 그는 드디어 기회가 왔다고 생각하고 이날 결행하기로 하였다. 그는 즉시 김구에게 '상품은 1월 8일 꼭 팔릴 터이니 안심하라.'고 전보를 보냈다.

1932년 1월 8일 아침 8시 이봉창은 관병식장으로 가는 일왕에게 폭탄을 투척하려고 하였으나 기회를 놓치고 말았다. 그래서 그는

일왕의 척결은 실패했지만 독립운동의 기폭제가 되어준 이봉창

관병식을 마친 일왕 행렬이 경시청 앞을 지나갈 때를 기다리고 있었다. 첫 번째 마차가 나타났는데 한 사람만이 타고 있어 일왕이 아닌 것으로 판단하여 이봉창은 분명히 두 번째 마차에 일왕이 타고 있다고 생각하고 오른쪽 주머니에 있던 폭탄을 꺼내어 던졌다. 폭탄 터지는 소리가 엄청나게 컸기 때문에 그는 마차가 박살났을 것으로 생각했다. 그러나 별다른 상해를 입히지 못한 것을 확인한 이봉창은 '실패했구나'라는 생각이 들었다. 폭탄의 파편은 마차 몸통 아래에 1개의 구멍을 내고 약간의 손상을 주고, 수행하던 수행원들이 탄 말 각 1필에 약간의 창상을 입혔을 뿐이었다. 그리고 이봉창이 던진 폭탄은 일왕의 마차가 아닌 궁내대신이 탄 마차였

던 것이다.

　이봉창은 거사 직후 현장에서 체포되어 경시청으로 연행되었고 일제로부터 엄중한 신문을 받게 되었다. 일제 검찰은 이봉창을 형법 제73조에 규정된 '황실에 대한 범죄자', 즉 '대역죄大逆罪'로 대심원에 예심을 청구했다. '대역죄'는 일반 범죄와는 그 차원이 다른 것이었다. '대역죄'는 천황을 일본 국민 전체의 어버이라고 여기는 사상 때문에 천황에 대한 위해는 존속 살인보다 더 무겁게 처리하도록 되어 있다. 결국 이봉창은 '대역죄'라는 명목으로 사형을 선고받았다. 이봉창에 대해 일제는 1932년 10월 10일 도쿄의 이치가야市ヶ谷 형무소에서 사형을 집행하였다. 그의 유해는 사이타마현埼玉縣 우라와시浦和市의 우라와 형무소 묘지에 매장되었다.

윤봉길, 홍커우공원 의거로 일본군을 쓰러뜨리다

윤봉길은 오치서숙을 나오기 전후인 17~18세 때에 사랑방에 서당을 차리고 아동들을 가르치는 훈장 노릇을 하였다. 그는 당시 글을 모르는 아동과 어른들에게 한글과 신학문을 가르치는 야학운동을 시작하였다. 그는 강의 중에 일본을 '일본 제국주의 악마' 또는 '일본 야수'라고 표현할 정도로 야학을 할 때부터 일제에 대하여 불타는 적개심을 가지고 있었다. 윤봉길은 야학을 운영하면서 한편으로 농민의 경제자립을 위하여 농민회를 조직하는 등 농촌부흥운동을 펼쳤

윤봉길이 두 아들에게 보낸 유서

윤봉길의 유서는 이미 그가 1930년 칭따오에 있을 때 아들과 부인에게 편지로 보낸 것이었다.

다. 윤봉길은 1929년 4월 23일 부흥원에서 월진회月進會를 조직하고 회장에 추대되었는데, 월진회는 문맹퇴치와 농촌부흥, 그리고 애국사상 고취 등을 활동목표로 삼았다.

윤봉길이 농촌운동을 하고 있던 1929년에 광주학생운동이 일어났다. 그 후부터 그는 야학에서 학생들에게 항일정신과 투쟁에 나설 것을 고취하는데 열중하였다. 이로 인해 일제가 야학을 강제로 폐쇄하고 윤봉길은 피체되어 3주 동안 옥고를 치렀다.

1930년 3월 윤봉길은 일제를 이 땅에서 몰아 내기 전에는 결코 돌아오지 않겠다는 뜻의 '장부출가생불환丈夫出家生不還'이라고 출사표를 썼다. 그는 23살 때 중국으로 망명하게 되었다. 그는 상하이에 대한민국 임시정부가 있다는 것을 들었다. 윤봉길은 그 해 3월 말 압록강을 건너 단둥丹東으로 갔고, 3월 31일 일본 기선 광리환廣利丸을 타고 우선 칭따오靑島를 향했다. 칭따오에서 한일진과 헤어진 후 윤봉길은 길거리에서 말 그대로 유랑생활을 하다가 일본인이 경영하는 세탁소에서 일을 하였다.

윤봉길은 1931년 5월 칭따오에서 상하이로 갔고, 한국교민단사무소에서 김구와 이유필 등 임시정부 인사들을 만날 수가 있었다. 그리고 생계를 위해 박진朴震이라는 한국인이 경영하는 프랑스 조계에 있는 종품鬃品공사에서 일을 했다. 종품공사란 말털로 모자를 만드는 공장을 말한다.

윤봉길이 종품공사에서 일을 하고 있을 무렵 이봉창이 도쿄에서 일왕에게 폭탄을 투척하는 의거가 발생하였다. 이봉창의 도쿄 의거 직후 일제는 중국을 침략하는 구실로 삼고 1932년 1월 28일 상하이사변을 일으켰다. 1932년 4월 20일 그는 김구를 찾아가 독립운동을 하게 해달라고 부탁하였다. 사실 김구는 도쿄 의거 이후 일제의 검거를 피해 다니면서도 일왕의 생일인 천장절天長節 기념식이 거행된다는 소식을 들었다. 이를 이용하여 또 한 번 '도쿄 의거'와 같은 거사를 거행하고자 계획하였으나 마땅한 인물을 찾지 못하였던 것이다. 그러던 중 윤봉길이 그를 찾아와 큰 일을 하겠다고 자청하였다.

윤봉길은 4월 26일 한인애국단에 가입하고, 선서문을 작성하였고, 다음 날인 4월 27일 경축식이 있을 홍커우공원을 사전 답사하

홍커우공원 거사 전 태극기 앞
에서의 윤봉길

였다. 그리고 안공근의 집에서 양복을 입고 가슴에 선언문을 붙이고 왼손에 폭탄, 오른손에 권총을 들고 태극기를 배경으로 사진을 찍었다. 다음날 김구는 윤봉길에게 도시락 폭탄과 멜빵이 달린 수통형 폭탄의 사용법을 알려 주었다.

4월 29일 윤봉길은 김구와 함께 마지막으로 아침식사를 했다. 윤봉길은 김구에게 "제 시계는 어제 선서식 후 선생님의 말씀에 따라 6원을 주고 구입한 것인데, 선생님 시계는 불과 2원짜리입니다. 저는 이제 1시간밖에 더 소용없습니다."라고 하면서 시계를 바꾸자고 하였다.

윤봉길 의거 직전 훙커우
공원 기념식장(1932)

    훙커우공원에서 개최된 기념식은 일왕의 생일을 축하하는 천장절과 상하이사변의 승리를 축하하는 전승축하식을 겸했다. 당시 상하이에 거주하는 일본인 1만여 명이 동원되었으며 일본 군인들과 각국 외교관, 무관 등이 초청되어 2만여 명이 참관하고 있었다. 행사는 1부와 2부로 나뉘어 제1부는 상하이사변을 도발한 일본군의 관병식이, 제2부는 관민합동의 축하식이 거행되었다. 제2부 개회사와 축사가 진행된 후 비가 심하게 내리기 시작하였다.

    윤봉길은 일본국가가 끝날 무렵에 도시락형 폭탄을 땅에 내려놓고, 수통형 폭탄을 어깨에서 내려 오른손에 폭탄을 들고 왼손으로 안전핀을 잡아당긴 후 폭탄을 투척하였다. 단상에 있던 상하이 파견군사령관 시라카와 요시노리^{白川義則} 대장을 비롯하여 7명은 모두 쓰러졌고 행사장은 아수라장이 되었다.

  윤봉길은 이후 현장에서 피체되어 상하이 제1헌병분대에 유치되어 조사를 받았으나, 집행이 연기되었다. 그러다가 일본 오사카 위수구금소에서 1개월 정도 구금생활을 한 후 가나자와^{金澤}로 이송되어 12월 19일 십자가 형틀에 묶여 사형을 당하였다.

이봉창, 윤봉길의 의거는
국가의 공적기구의 인허를 받은 의거였다

이봉창의 도쿄 의거와 윤봉길의 홍커우공원 의거는 개인적인 의열투쟁이 아니라 국가기관의 공식적인 명령이었다. 한인애국단에서 수행한 거사를 김구나 당사자만의 의거로 봐서는 안 된다. 그들은 정부의 공식기관인 한인애국단의 명령을 받은 단원들이 개인적 희생을 감수하고 공무를 수행하다가 순국한 것이다. 이봉창이 일본에서 거사를 준비하는 동안 김구는 1931년 12월 6일 임시정부 청사에서 열린 국무회의에서 다음과 같이 보고하였다.

  이봉창이란 자를 도쿄에 파견 폭탄을 투척하도록 거의 차^此의 준비 일체를 완료하였으므로 승낙하여 주기를 바란다.

김구는 국무회의에서 이봉창이 일왕을 폭살시킬 계획을 보고하였던 것이다. 이러한 보고에 대해 조소앙과 김철은 경비만 들 뿐이고 성공할 가망성이 없다고 하면서 반대하였으나, 준비가 완료되었기 때문에 국무위원 전원이 승인을 하였다.

다음으로 윤봉길의 홍커우공원 의거 직전에 김구는 임시정부 국무령으로서 4월 26일 국무회의를 급히 소집하였고, 4월 29일 거사 계획을 보고하였다.

> 오는 4월 29일 홍커우공원에서 일본 육군의 열병식이 거행되므로 윤봉길 의사를 이용하여 폭탄을 투척케 하여 재차 일지전쟁(日支戰爭, 중일전쟁)을 발발시키도록 계획을 진행하였다.

이에 대하여 일부 국무위원이 이러한 사건이 결행된다면 한인은 상하이에 거주할 수 없게 될 것이라는 이유로 반대가 있었으나, 김구는 윤봉길에게 잘 당부를 했기 때문에 염려하지 말라고 설명하여 만장일치로 가결시켰다.

이처럼 이봉창과 윤봉길의 두 의거는 정부의 공식 의결기관인 국무회의에서 보고되어 가결된 것을 실행하였던 것이다. 따라서 이봉창과 윤봉길은 국가기관의 공적인 명령으로 일왕을 처단한 것이고, 이 의사들은 공무를 집행하는 과정에서 일제에 피체된 것으로 봐야 한다.

한국사 알리기
STORY

1. 안중근 의사 의거 100주년을 맞이하여 만든 손도장 걸개 작품(2009.10)
2. 안중근 의사의 어록으로 만든 한글 작품(2010.10)

01 ─ 안중근 의사의 평화사상, 작품으로 알리다

2009년 안중근 의사의 하얼빈 의거 100주년을 맞이하여 배우 최수종 씨가 손도장을 찍는 것을 시작으로 전국 광역시 및 소도시뿐만 아니라 미국, 중국, 일본 등 해외동포 및 한민족의 손도장 약 3만 2천여 개를 모아 대형 걸개 작품을 완성하여 광화문 빌딩에 전시했다. 서경덕 교수는 안중근 의사의 애국정신 및 동양평화론을 재조명하고 나아가 젊은이들에게는 올바른 역사의식을 심어 주고, 국가와 민족에 대한 소중함을 다시금 일깨워 주기 위해 이 프로젝트를 기획하였다. 또한 한국에 관광 온 많은 외국인들에게 안중근 의사의 평화사상을 널리 알리고자 했다.

또한 서경덕 교수와 세계적인 설치미술가 강익중 선생님은 한글날을 맞아 새롭게 준공된 서울 남산의 안중근 의사 기념관에 한글 작품을 기증, 상설전시를 하기로 하였다. '대한국인 안중근'이라는 이번 한글 작품은 붓 대신 작가의 손으로 그린 청색의 산 위에 밝은 단청색을 사용해 안중근 의사의 어록을 그려 넣었다. 이 작품은 안중근 의사 기념관 입구에 걸려 있으며 기념관을 방문하는 외국인들에게 한글의 아름다움을 널리 알릴 수 있을 것이다.

3. 윤봉길 기념관에 제공한 한국어 안내서

02 윤봉길 의사의 애국정신, 한글로 알리다

배우 송혜교 씨와 독립기념관의 후원으로 2012년 4월 윤봉길 의사 의거 80주년을 맞이해 새롭게 디자인한 한국어 안내서를 윤봉길 의사의 의거 현장인 상하이 홍커우공원 내 윤봉길 기념관에 제공했다. 이번 안내서에는 독립운동사 연표, 윤봉길 기념관에 관한 소개, 상하이 임시정부 청사에 관련한 내용, 김구 선생 피난처 소개 등이 사진과 함께 상세히 설명되어 있다. 또한 한중수교 20주년을 맞아 안내서에 한국어뿐만이 아니라 중국어도 함께 삽입해 많은 중국인들에게도 윤봉길 의사의 정신을 널리 알리고자 하였다.

독립운동 역사

3·1절과 광복절의 역사는
어떻게 이루어졌을까?

3·1 운동 서울시내 만세시위 행렬

그날이 오면 그날이 오머는
삼각산이 일어나
더덩실 춤이라도 추고
한강물이 뒤집혀 용솟음칠 그날이
이 목숨이 끊기기 전에
와주기만 할 양이면
나는 밤하늘에
날으는 까마귀와 같이
종로의 인경[人磬]을 머리로
들이받아 울리오리다

심훈, 〈그날이 오면〉 중에서

한국독립운동은 일제에 의해 빼앗긴 나라를 되찾아 자주적이고 근대적인 독립국가를 수립하기 위한 민족운동이다. 이러한 한국의 독립운동은 전 세계의 평화와 정의를 갈구하는 모든 민족에게 희망의 등불이었다. 단지 일제의 침략에 항거하는 차원에서 일어난 독립운동이 아니라 정의와 인도, 자유와 평등이 공존, 발전하는 근대적인 독립국가 건설의 꿈을 실현시키기 위한 부단한 노력이었다. 그 꿈을 실현하기 위해 강렬한 독립정신을 가진 독립운동가들이 자신의 소중한 생명과 재산, 가족들의 안위까지 포기하고 독립운동에 헌신했다. 우리가 독립운동의 역사를 바로 알고 소중히 여기는 것은 민족 대의를 위한 이러한 독립운동가들의 헌신 때문이다.

3·1절과 광복절은 어떤 날일까?

1919년 3월 1일 일어난 독립만세운동을 3·1 운동이라 한다. 3·1절은 일제의 식민통치에서 벗어나기 위해 한국 민족이 독립을 선언한 이 3·1 운동을 기념하는 날이다. 상하이에 있는 대한민국임시정부는 3·1 운동 1주년을 시작으로 해마다 3·1절에 공식 기념행사를 거행하였다. 해외의 모든 독립운동단체나 한인단체들도 민족독립의 염원을 담아 성대하게 3·1절 기념행사를 치렀다. 일제강점기에 3·1절은 우리 민족 최대의 기념행사였다.

광복절은 우리 민족이 일제의 강압과 속박의 굴레에서 해방된 것을 경축하는 날이다. 1945년 8월 15일 우리 민족은 일제의 무조건 항복으로 35년간의 긴 어둠 속에서 빛을 되찾았다. 이날은 우리 민족이 잃었던 주권을 되찾은 잊을 수 없는 기쁘고 경사스러운 날인 한편 1948년 8월 15일 지금의 대한민국 정부를 수립한 날이기도 하다. 그래서 광복절은 우리 민족의 해방의 기쁨과 독립된 대한민국 정부 수립의 경사가 겹치고 있어 그 의미가 더 큰 날이다.

해방된 후 대한민국 정부는 1949년 10월 1일 〈국경일에 관한 법률〉을 공포하며 개천절, 제헌절과 함께 3·1절과 광복절을 국가 경축일로 지정하였다. 이때부터 3·1절과 광복절은 우리 민족이 자주독립을 선언하고 주권을 회복한 날로 기념하는 국가 최대의 경축일로 자리잡았다.

3·1운동과 광복은 어떻게 이루어졌을까?

3·1절과 광복절의 역사를 알기 위해서는 일본의 침략으로 왜 우리 민족이 독립운동에 뛰어들어야 했는지를 알 필요가 있다. 일본의 한반도 침략기도는 1876년 개항을 하면서부터 사실상 본격화되기 시작하였다. 우선 경제적인 야욕을 채우기에 급급한 일본은 점차 정치적 야욕을 드러내면서 한반도에서 청일전쟁과 러일전쟁을 일으켰다. 두 전쟁에서 승리한 일본은 기세등등한 태도로 대한제국을 압박하여 1905년 11월 을사조약을 체결해 한 나라의 주권을 대변하는 외교권을 박탈하였다. 1907년 6월 이상설, 이준, 이위종의 세 특사와 헐버트를 네덜란드 헤이그에 보내 대한제국의 자

주독립을 지키려 한 고종황제를 강제퇴위시켰다. 나아가 8,000여 명에 불과한 대한제국의 군대마저 해산시키고 말았다.

외교권을 박탈한 일본은 1906년 2월 서울에 통감부를 설치하고 대한제국의 정치, 경제, 사회 등 모든 분야를 관여하고 통제하는 통감정치를 감행하였다. 이는 총독정치로 나아가기 위한 전단계로써 대한제국을 이름뿐인 껍데기로 만들어 식민지화하려는 것이었다.

일본에 맞선 국권회복운동, 독립운동의 근본정신으로 이어지다

일본의 병탄 야욕에 대해 한국인은 준비가 부족했으나 목숨을 건 강렬한 항일투쟁으로 맞섰다. 국내에서는 전통적인 지배체제의 개혁을 요구하고 외세의 간섭에 반발한 동학농민운동을 통해 일본의 침략기도에 결연히 항거하였다. 이러한 항일투쟁은 유생과 민중들의 협력으로 자발적으로 결성한 의병전쟁을 통해 확산되었다. 1894년 6월 일본의 경복궁 침입으로 일어난 갑오변란을 계기로 일어난 의병운동은 러일전쟁을 일으킨 일본의 침략기도에 항거해 원용팔, 박기섭, 민종식, 최익현 등에 의해 전국에서 일어났다. 1907년 7월 고종황제를 강제퇴위시키고 군대해산을 단행하며 통감부의 내정간섭권을 대폭 강화하자 의병운동은 해산군인의 합류로 이어져 의병전쟁으로 확대되었다. 1907년 11월에는 이은찬, 이인영, 허위 등이 13도창의대진소를 만들어 1908년 1월 말 서울 탈환작전을 감행해 허위 선봉대 300명이 동대문 밖 30리까지 전격하였으나 우세한 전력으로 진압한 일본 군경에 밀려 끝내 후퇴하였다.

을사조약 체결 이후 전개된 의열투쟁은 항일운동을 더욱 고조시켰다. 기산도, 김석항 등은 을사조약 체결의 주역을 처단하기 위한 '5적암살단'을 조직해 1906년 2월 군부대신 이근택을 습격해 중상을 입혔다. 나인영과 오기호는 비밀결사인 자신회를 조직해 1907년 2월 매국대신 박제순, 이지용, 이완용, 권중현 등의 처단을 시도하였다. 해외에서는 장인환과 전명운이 1908년 3월 대한제국의 외교고문이자 일본의 앞잡이로 활동한 스티븐스를 샌프란시스코에서 처단하였다. 안중근은 1909년 10월 한반도침략의 거두인 이토 히로부미伊藤博文를 하얼빈 역에서 처단하여 일본을 경악시켰다. 각지의 의열투쟁은 항일민족의식을 고조시켰고, 특히 안중근 의거는 침체한 국권회복운동에 자극제가 되었고 연해주 지역의 의병운동을 활성화하는데 중요한 계기를 만들었다.

의열투쟁과 의병들의 항쟁이 전국으로 확산되자 한반도를 손쉽게 병탄하려는 일본 정부의 예상은 어긋나기 시작했다. 그래서 일본은 의병을 '폭도'로 규정하고 '남한대토벌작전'(1909.9~10)이란 명목으로 대규모의 군사력을 동원해 호남 지역의 의병을 무자비하게 탄압하였다. 일본의 야만적인 초토화 작전으로 호남 지역의 수

많은 의병장과 의병들이 전사하거나 체포되었다. 그러나 일본의 침략에 육탄으로 맞선 의병들의 강렬한 민족의식은 이후 독립운동의 근본정신으로 연결되었다.

근대개혁을 하고 민족의 실력을 길러야 한다

국권회복과 자주자강을 위한 노력은 개혁 정책과 애국계몽운동을 통해서도 활발히 추진되었다. 일본군의 경복궁 점령으로 김홍집이 중심이 된 갑오정권은 군국기무처를 설립하고 개혁의 기본 방향을 담은 홍범 14조를 반포하는 등 근대적인 개혁을 시도하였다. 그러나 일본의 내정간섭과 명성황후의 시해, 단발령으로 인한 민심 이반 등으로 성공을 거두지 못하였다. 제국주의 열강의 간섭과 이권 침탈에 대항해 서재필을 중심으로 설립한 독립협회는 자주독립, 자유민권, 자강혁신의 민족운동을 전개하였다. 3여 년의 짧은 기간이었지만 독립협회의 활동은 근대 민족운동의 지도자를 배출하고 근대적인 자주독립국가 수립의 방향을 제시하였다. 자주적인 독립국가 건설의 염원을 안고 탄생한 대한제국은 광무개혁을 추진하였다. 광무개혁은 양전사업을 실시하고 지계 발급 및 상공업 진흥 등에 노력하였으나 민권보다 국권을 앞세운 개혁이었다. 러일전쟁 발발(1904.2) 직후 국가의 위기를 감안한 근대적 지식인층들은 국학을 진흥하고 근대적인 교육과 산업의 육성 등을 통해 자주자강의 애국계몽운동을 전개하였다. 애국계몽운동을 추진하는 근본사상에는 민족의 실력을 키워 자주자강의 국가를 건설해야 한다는 강렬한 민족의식을 담고 있었다.

우리 민족의 저항에 맞서 무단통치를 실시하다

일본의 침략기도와 외세의 간섭에 맞서 추진된 국권회복운동과 개혁 정책은 일본의 무력적인 강압에 의해 무산되어 결국 한일강제병합(1910. 8. 29)을 가져왔다. 그러나 한국 민족은 일본에게 나라를 빼앗긴 것을 당연시하거나 변화된 환경에 순응하며 살지 않았다. 때문에 일제는 한반도를 강제병합시킨 후 총칼에 의한 무단통치를 실시해 한국인의 항일투쟁을 원천적으로 봉쇄하였다.

일본의 무단통치는 군사력을 기반으로 이루어진 가혹한 식민통치의 방식이다. 일본은 조선총독부를 설치하고 총독을 육군과 해군의 대장 가운데에서 임명하였다. 총독은 행정, 입법, 사법, 군사권을 장악한 막강한 권력을 가지고 식민통치를 실시하였다. 일본은 식민지 치안을 이유로 군대경찰과 보통경찰을 일체화한 헌병경찰제를 실시하였다. 그리고 일반 관리와 교원들은 제복과 대검을 착용하도록 해 한국 민중에 대한 위압감을 과시하였다.

또한 일본은 불온사상을 없앤다는 명목하에 민족의식을 고취하는 수많은 각종 서적과 잡지를 압수, 소각하거나 판매를 금지하였고 민족성향은 물론 친일경향의 신문과 잡지마저 모두 폐간하였다.

일본의 무단통치는 한국인에 의해 결성된 모든 단체를 해산하고 집회와 결사의 자유를 박탈시켰다. 기본적인 인권을 완전히 봉쇄함으로써 정치적 견해를 표출할 수 있는 모든 길은 차단되었다. 대신 교회와 학교, 5일마다 열리는 장날 시장은 유일하게 허가되었는데 훗날 이것은 3·1 운동 발발 때 전국으로 확산시키는데 크게 기여하였다.

일본은 식민지배의 경제적 토대를 구축하기 위해 1912년 토지조사령을 공포해 1918년까지 대대적인 토지조사사업을 실시하였다. 표면상 근대적인 토지 소유권을 확립하기 위한 것으로 선전하였지만 실제로는 일본인의 토지 소유를 쉽게 하고 토지로부터 나오는 세금을 안정적으로 확보할 법적 근거를 마련하기 위함이었다. 때문에 토지조사사업이 완료된 1918년 조선총독부는 전체 농경지의 약 10%, 전체 임야의 약 60%를 국유지로 편입하였는데 이는 전 국토의 약 40%에 해당되었다. 이 중 비옥한 토지는 일본의 강력한 수탈기관인 동양척식주식회사나 한반도로 이주한 일본인들에게 헐값으로 불하되었다. 토지조사사업을 통해 조선총독부는 지주의 토지소유권 권리를 강화하고 이들을 포섭해 일제의 협력자로 만드는 대신 농민들을 계약제 소작농으로 전락시켰다. 농지 경작권을 박탈당한 일부 농민들은 도시의 빈민이나 산지를 떠도는 화전민이 되었으며 국외로 이주하였다.

무단통치 속에서도 솟아난 독립정신

일본의 무단통치는 한국인들의 행동과 활동을 억압하고 경제 수탈과 착취를 위한 기반을 구축할 수 있었다.

그러나 어쩔 수 없는 식민 상황에 억눌려 지낸 국내의 한국인들은 구한 말부터 지속해 온 항일민족의식마저 포기하지 않았다. 최익현 의병부대에 참여했던 임병찬은 1912년 9월 고종황제의 밀지를 받아 비밀리에 대한독립의군부를 조직하였다. 대한독립의군부는 조선왕실을 복원하려는 염원을 갖고 전국적인 의병을 일으킬 계획을 수립했으나 사전에 발각되어 조직이 해체되었다. 이강년과 이인영과 함께 의병운동을 전개한 이동하와 이은영 등은 1915년 민단조합을 결성해 군자금을 모집하다 발각되었다. 공화주의를 표방하며 독립군을 양성하기 위해 풍기광복단과 조선국권회복단의 주요 단원들이 대구에서 결성한 대한광복단(1915.7)은 1910년대 국내에서 가장 큰 전국적인 항일비밀단체로 활동하였다. 박상진, 김좌진 등이 이끈 대한광복단은 친일부호를 처단하고 만주에 무관학교를 설립하기 위한 군자금을 모았다. 이외에도 조선총독부의 고관 암살을 기도했던 선명단(1915)과 자진회(1918), 곡물상의 상업조직을 이용해 독립군을 지원하려 한 조선국권회복단(1913), 박용만이 하와이에서 만든 대조선국민군단의 국내 지부의 성격인 평양의 조선국민회(1915) 등 비밀결사들이 활동했다.

한말 계몽운동의 전통을 이어 민족의 실력을 양성해 독립을 대비하기 위한 청년·학생들의 비밀단체도 결성되었다. 1913년 평양 숭의여학교와 숭덕여학교의 교사와 학생들로 조직한 송죽회는 자금을 모아 해외독립운동단체로 보내거나 국내로 잠입한 독립운동가들을 비밀리 후원하였다. 1915년 경성고등보통학교의 교사와 학생들은 경제자립의 취지로 조선산직장려계를 결성하였고 그밖에 대성학교 출신의 학생들로 이루어진 기성단(1914), 자립단(1915) 등이 비밀리에 결성되어 활동하였다.

국내의 가혹한 무단통치와 달리 비교적 자유롭게 활동한 1910년대 국외의 독립운동은 독립군기지 건설과 독립군 양성을 통해 독립전쟁을 위한 실력을 쌓았다. 블라디보스토크를 중심으로 한 연해주에는 권업회(1911)가 설립되어 기관지 〈권업신문〉을 발간하며 항일사상을 고취하였다. 1913년 독립군 양성을 위한 학교로 대전학교를 설립하였고 이상설·이동휘 등이 중심이 되어 대한광복군정부(1914)를 설립하고 독립운동을 계획하였다. 북간도에는 서전서숙(1906)과 명동학교(1908)가 설립된 이래 국경을 넘는 사람들이 밀집하자 한인사회를 효과적으로 운영하기 위해 이봉우·정재면 등을 중심으로 간민자치회가 조직되었다. 이후 간민자치회는 간민회로 발전해 북간도 지역이 강력한 독립운동의 기반으로 성장하였다. 이회영·이시영 일가와, 이동녕·이상룡·김동삼 등은 서간도로 이주하여 한인 자치기관인 경학사와 교육기관인 신흥강습소(1911)를 설립하였다. 신흥강습소는 이후 신흥학교로 바꾼 뒤 1920년 초까지 한인독립군을 양성하는 만주 지역 최대의 무관학교로 발전하였다. 1910년대 연해주와 간도를 중심으로 전개된 독립군기지 개척은 3·1운동 이후 강력한 무장독립운동의 자산이 되었다.

한편 1910년대 미주의 한인들은 고달픈 이민자의 삶을 영위하는 가운데 한인사회를 통합한 대한인국민회(1910)를 설립하였다. 대한인국민회는 하와이와 북미 대륙은 물론 만주와 연해주까지 그 조직을 확대해 1910년대 최대의 해외독립운동단체로 부상하였다.

이처럼 1910년대는 한편으로 비밀결사를 통해서, 다른 한편으로 해외독립군기지 개척과 독립군 양성 등을 통해 활발히 독립운동을 추진하였다. 이것은 일본의 강압으로 비록 나라는 빼앗겼으나 냉혹한 식민지 현실과 타협하지 않고 구한 말 국권회복운동의 맥을 계승한 강력한 독립정신의 표출이었다. 이러한 독립정신을 갖고 있는 한 민족독립의 꿈은 결코 허망하지 않다고 생각했다.

1910년대 국내외에서 다양하게 전개되던 독립운동을 하나로 결집하기 위한 첫 번째 시도는 1917년 7월 상하이에서 신규식·조소앙·김규식·박용만 등 14인의 이름으로 발표한 대동단결의 〈선언〉이었다. 〈선언〉에는 '융희 황제가 삼보(토지, 인민, 정치)를 포기한 8월 29일은 즉, 우리 동지가 삼보를 계승한 8월 29일이니, 그동안에 한순간도 숨을 멈춘 적이 없음이라. 우리 동지는 완전한 상속자니 저 황제권 소멸의 때가 곧 민권 발생의 때요, 구한국 최후의 날은 곧 신한국 최초의 날이다.'라고 발표하였다. 이를 통해 국민주권에 의한 공화주의를 선언하고 각지 각계의 독립운동단체를 통할할 최고 기관의 조직을 주장함으로써 임시정부 수립의 이론을 제시하였다. 이처럼 1910년 국내외에서 용광로처럼 뜨겁게 끓고 있던 강인한 독립정신은 결국 거족적인 3·1 운동으로 분출되었다.

민족자결의 원칙에 따라 독립을 꿈꾸다

1914년 제1차 세계대전이 발발하자 일본은 동아시아에서 국운 상승의 기회로 보고 연합국에 참전하였다. 일본은 참전과 동시에 독일이 장악하고 있던 중국 산동성과 남양군도를 점령하였고 전 중국을 일본의 영향력에 묶어 두려는 '21개조 요구'를 중국에 강요하였다. 동아시아에서 이런 일본의 침략 정책은 중국과 태평양 일대에 깊은 관심을 갖고 있던 미국의 이해관계와 상충하는 것이었다. 하지만 미국이 연합국으로 참전함으로써 표면상 미일협력은 강화되었다.

제1차 세계대전이 한창 진행되고 있을 즈음 미국 윌슨 대통령의 참전선언(1917.4)과 14개 조항의 전후 평화조건의 제시(1918.1)로 국제사회는 변모하기 시작했다. 이는 반군국주의와 반제국주의를 바탕으로 민주주의와 자유·평등의 새 시대를 열기 위한 강화원칙이었다. 특히 미국이 주창한 14개 평화의 조건 중에 제5조의 민족자결주의의 원칙과 제14조의 국제연맹 창설 제안은 식민지 약소민족에게 해방의 기대를 불러일으켰다. 아울러 전쟁의 폐해에 지쳐 있던 전 세계 민족들은 평화의 징조로 받아들였다. 마침내 제1차 세계대전이 종결되고 윌슨이 제안한 14개조의 강화조건에 따라 유럽의 약소민족들이 패전국 독일과 오스트리아의 속박에서 잇달아 독립을 쟁취하였다. 1917년 러시아혁명의 영향으로 민족해방운동이 고조된 아시아와 아프리카 지역의 피압박민족들은 동유럽의 약소민족들이 전쟁 종결과 함께 민족자결의 원칙 속에 속속 독립하는 국제상황을 지켜보며 독립의 희망에 부풀었다. 한국의 민족 또한 전쟁의 종결과 함께 추진된 파리강화회의는 독립을 위한 더할 나위 없는 좋은 기회로 생각하였다.

3·1운동을 위한 기회, 파리강화회의

제1차 세계대전 종결 직후 파리에서 강화회의(1919.1~6)가 개최된다는 사실이 한국인 사이에 전해지자, 이를 대비한 독립운동은 크게 네 곳에서 추진되었다. 첫 번째는 미주 대한인국민회에서 이승만과 정한경의 파견을 추진(1918.12)하였고 두 번째는 상하이의 신한청년당에서 김규식을 대표로 선정해 파견(1919.2)하였다. 세 번째는 러시아 연해주의 대한국민의회에서 윤해와 고창일을 대표로 선정해 파리로 파견(1919.2)하였고, 마지막으로 3·1운동 직후 국내 유림계가 〈파리장서〉를 만들어 김창숙을 대표로 선정해 파견(1919.3)을 추진하였다. 이 가운데 실제 파리에 도착해 선전외교활동을 전개한 곳은 김규식을 대표로 파견한 신한청년당뿐이었다. 대한국민의회에서 파견한 윤해와 고창일은 파리강화회의가 완전히 끝난

9월에 파리에 도착함으로써 강화회의에 대한 실질적인 외교활동을 전개하지 못하였고 미주 대한인국민회와 국내 유림계는 대표 파견을 성사시키지 못하였다.

전후처리를 위한 파리강화회의는 전승국을 위한 회의였다. 더구나 일본이 승전국의 일원으로 참여한 사실은 한국독립의 전망을 어둡게 하였다. 그럼에도 불구하고 파리강화회의 대한 한국 민족의 기대는 막연한 민족자결의 원칙에 기대어 희망적이었다.

국내외의 독립운동단체들에 의해 추진된 파리강화회의 대표파견 활동은 그 성패의 여부를 떠나 국제정세의 변화에 능동적으로 대처하며 한국독립의 열망과 정당성, 그리고 일제 식민통치의 불법성을 전 세계 열강들에게 알리는 데 기여하였다. 특히 신한청년당과 미주 대한인국민회의의 파리강화회의 대표파견 활동 소식은 국내외 한인들에게도 전해져 일본 도쿄의 2·8 독립선언과 국내 3·1 운동을 준비하는데 하나의 기폭제로 작용함으로써 그 의의가 적지 않았다.

3·1 운동 전, 일본에서 먼저 만세를 외치다

제1차 세계대전 종결 직후 국제정세의 변화에 주목하고 있던 일본의 한인유학생들은 미주한인들의 독립운동에 큰 자극을 받았다. 그래서 유학생들은 1918년 12월 29일 유학생 학우회 망년회와 12

월 30일 동서연합 웅변대회, 1919년 1월 6일 웅변대회 등을 통해 민족자결의 원칙에 따라 독립운동을 준비하고, 임시 실행위원 10명을 선출하였다. 1919년 1월 상하이의 신한청년당에서 파견한 조소앙·장덕수·이광수가 잇달아 도쿄에 도착하여 유학생들의 독립운동을 독려하고 선언서의 기초 작성을 도왔다. 이에 일본의 유학생회는 11명의 조선청년독립단을 조직하고 민족대회 소집청원서 및 독립선언서 결의문을 작성하였다.

1919년 1월 중순 송계백은 일본 유학생을 대표해 국내로 파견돼 자금 모금과 인쇄 활자의 구입을 추진하고 2·8 독립선언의 준비 사실을 알려 국내에서도 독립운동을 일으킬 것을 요청하였다. 이것은 향후 국내 3·1 운동을 촉발시키는데 중대한 영향을 주었다.

1919년 2월 8일 조선청년독립단은 독립청원서와 선언서를 도쿄 주재 각국 대사관 및 공사관과 일본 정부의 각 대신, 일본의 귀족원과 중의원, 조선총독, 각 신문사 등으로 우편 발송하였다. 그리고 기독교청년회관에서 조선독립선언식을 거행하였다. 일본의 수도인 도쿄에서 만세를 외치고 독립을 선언한 2·8 독립선언은 국내 3·1 운동의 선도적인 역할을 한 것으로 큰 의의가 있었다.

국내에서는 왜 3월 1일에 시위가 시작됐을까?

1918년 말 제1차 세계대전이 종결된 직후 국제정세의 변화를 예의 주시하고 있던 이종일·권동진·오세창 등 천도교 일각에서는 천도교가 앞장을 서서 독립만세운동을 주도해야 한다고 주장이 제기되고 있었다.

그러던 중 상하이의 신한청년당은 파리강화회의 파견과 독립운동 거사 준비를 위해 장덕수·선우혁·김철·서병호·김순애·백남규 등을 잇달아 국내로 파견해 독립운동자금을 모금하는 등 국내 3·1운동을 촉발하는데 기여하였다.

국제정세의 변화 속에 국내 독립운동의 분위기가 고조되는 때에 고종황제가 갑자기 붕어(1919.1)하였다. 건강하던 고종황제의 갑작스런 붕어소식은 독살설의 유포와 함께 망국의 설움과 일본에 대한 적개심을 고조시켰다.

그러던 중 윌슨의 민족자결주의 원칙 소식과 신한청년당의 국내 밀사 파견, 일본 도쿄 유학생들의 2·8독립선언 준비 소식 등을 접하면서 국내 민족운동 지도자들은 마침내 독립운동의 기회가 왔다고 판단하였다. 1919년 1월 20일경 권동진·오세창·최린 등은 천도교 교조 손병희와 함께 세 가지 독립운동의 원칙으로 첫째, 독립운동을 대중화하여야 할 것, 둘째, 독립운동을 일원화하여야 할 것, 셋째, 독립운동의 방법을 비폭력으로 할 것을 정하였다. 이어서 권동진·오세창·최린 3인이 운동 추진의 책임을 맡아 권동진과 오세창은 천도교 내부의 일을, 최린은 천도교 외부와의 관계를 맡기로 하고, 2월 상순부터 독립선언과 민족대연합전선 형성을 위한 타 종교와의 접촉을 시작하였다. 그동안 천도교의 독립운동 준비와 별도로 독자적으로 추진하고 있던 기독교 측과 학생단 측은 이러한 천도교 측 요청에 응해 합류하였고 곧 이어 불교계가 참여함으로써 대연합전선을 형성하였다. 학생단은 제1차 독립시위운동에 참여하되 별도의 학생단 시위를 계획하기로 하였다.

독립선언서는 최남선이 기초하였다. 그는 일본 정부·일본 귀족원, 중의원, 조선총독부에 보내는 〈독립통고서〉와 파리평화회의와 미국 윌슨 대통령에게 보내는 〈독립청원서〉도 기초하였다.

독립선언서의 서명 주체는 천도교 측에서 손병희·권동진·오세창 등 15인, 기독교 측에서 이승훈·신석구·이필주 등 16명, 불교계에서 한용운과 백용성을 포함해 33인으로 하였다. 이들을 중심으로 조선민족대표단을 구성하였다. 거사일자는 당초 전국에서 국장에 참관하려고 인파가 몰리는 광무황제의 국장일인 3월 3일로 정했다가 황제에 대한 불경이라는 천도교 측의 의견과 2일은 일요일이므로 피하자는 기독교 측의 의견 등으로 3월 1일로 결정되었다.

한 학생의 독립선언서 낭독, 전국 시위로 이어지다

1919년 3월 1일 오후 2시 서울 인사동 태화관에 민족대표들이 사정상 참석치 못한 4명을 제외한 29명이 모여 독립선언서를 낭독하고, 한용운이 연설을 한 후 그의 선창으로 만세삼창을 하였다. 당초 민족대표들은 탑골공원에서 독립선언식을 가지기로 하였으나 만약에 있을 학생들의 희생을 고려하여 태화관으로 옮겼다. 이런 사실을 모른 학생과 시민들은 당초 계획된 장소인 탑골공원에 모여 기다리다가 별도의 독립선언식을 거행하였다. 한 학생이 팔각정에 등단하여 〈독립선언서〉를 낭독하자 잠시 침묵이 흐른 뒤 "대한독립만세!"를 외치고 가두 시위행진에 들어갔다.

3·1 운동으로 고문당한 시위자들

학생과 시민들의 시가행진은 탑골공원의 동서로 나누어 진행되었다. 이때 〈조선독립신문〉을 비롯한 여러 종류의 지하신문과 격문들이 시가에 뿌려졌다.

3월 5일 서울역 앞에서는 1만여 명의 학생과 시민들이 모여 제2차 시위운동을 전개하였다. 김원벽·강기덕 등 학생단 대표들은 인력거를 타고 '조선독립'이라 쓴 붉은 깃발을 휘날리며 시위운동을 주도하였고, 군중들은 일제히 독립만세를 부르며 뒤따랐다. 여학생은 물론 공장 노동자, 고용인, 행상인도 시위운동에 나섰고 상인들은 상가를 철시하며 호응하였다. 3월 중순 이후 시위운동은 서울과 도시에서 지방의 읍면 지역으로 확산되어 농민들의 참가가 대폭 증가하였고, 시위양상은 더욱 격렬해졌다.

해외에서도 3·1 운동의 붐이 불다

1910년대 초부터 한인사회를 형성해 독립운동을 준비해 온 서간도 지역은 국내에서 3·1 운동이 발발하자 3월 12일 삼원보와 통화시엔通化縣 금구에서 독립축하회를 열고 만세시위를 벌였다. 북간도에서는 3월 13일 용정 서전대야西甸大野의 일본 영사관 옆에서 한인 약 1만여 명이 모여 독립축하식을 거행하고 시가행진을 전개하였다.

연해주에서는 국내 3·1 운동 발발 소식이 전해지자 3월 17일 블라디보스토크에서 대한인국민회는 11개국의 영사관과 러시아 당국에 독립선언서를 배포하고 시위운동을 주도하였다. 미주의 한인들은 3·1 운동에 큰 충격을 받고 기쁨의 눈물을 흘렸다. 대한인국민회 중앙총회장 안창호는 3·1 운동으로 나타난 한국인의 독립 열망을 전 세계에 알리는 선전활동을 강화하고 독립운동을 지원할 재정모금운동에 착수하였다. 이승만·서재필·정한경은 4월 14일부터 16일까지 필라델피아 리틀극장에서 150여 명의 한인들과 미국의 인사들이 참가한 가운데 '제1차 한인회의'를 개최하였다. 대회 결과 한국독립의 열망과 근대적인 독립국가 건설의 대강을 담은 결의안을 공포하였고 참석자들은 필라델피아 시가에서 한국의 독립 문제를 호소하였다.

평화적인 3·1 운동을 일제가 폭력으로 탄압하다

1919년 3월 1일에 시작되어 4월 말까지 지속된 3·1 운동은 전국에서 성별, 신분과 계급의 귀천, 종교 등의 차이를 뛰어넘은 거족적인 만세시위운동이자 최대 규모의 항일독립운동이었다. 이렇게 행한 총 시위횟수는 2,000회 이상, 연인원 200만 이상으로 추산되었다. 대부분의 시위는 평화적으로 진행되었다. 그러나 서북 지방과 경기도 남부 지역, 경남북 산간 지역, 해변 지역 일대는 지역의 종교조직 또는 향촌공동체의 유대를 활용하여 조직적이고 적극적으로 일본 관공서를 습격하고, 완전독립을 쟁취하기 위한 무장투쟁을 기도하기도 하였다.

1919년 3월 1일 일본의 하라原敬내각 총리대신은 하세가와長谷川 조선총독 앞으로 '금회의 소요사건은 내외에 대해 표면상으로는 극히 경미한 문제로 간주함을 필요로 한다. 그러나 이면에 있어서는 엄중한 조치를 취하여 장래 재발이 없도록 기하기 바란다.'는 지령을 보냈다. 이러한 일본 정부의 방침에 따라 조선총독부는 헌병·경찰뿐만 아니라 완전무장한 2개 사단의 병력을 전국에 분산시키고 시위 운동자에 대한 대량 학살과 피검자에 대한 무자비한 고문 등으로 평화적인 3·1 운

3·1 운동 탄압에 나선 일본군들

동을 무자비하게 탄압하였다.

한편 천도교인과 기독교인 등 25명을 경기도 수원 제암리 교회당에 모아 놓고 살해한 제암리 만행사건은 스코필드$^{F.\ W.\ Schofield}$ 선교사에 의해 널리 알려져 일본의 비인도적 만행을 국제적으로 규탄하는 계기가 되었다.

3·1운동은 한국독립운동의 원천이다

3·1운동은 일본으로 하여금 야만적인 무단통치로는 한국인을 지배할 수 없다는 것을 깨닫게 해주었다. 유구한 역사와 문화적 전통을 가진 한국인들에게 불굴의 자주독립사상을 갖고 있음을 두려워하게 되었다. 이에 따라 일본 정부는 10년간 지속해 왔던 무단통치를 소위 '문화통치'로 변환시켰다. 이것은 최소한의 민족적 활동공간을 허용해 언론·출판·결사·집회의 자유를 확보해주는 것이었지만 실상은 민족분열통치의 교묘한 방편이었다.

3·1운동은 이후 한국독립운동을 지속해 가는 원천이자 생생한 독립정신의 기반이 되었다. 3·1운동을 계기로 절대독립을 이루기 위한 독립전쟁론이 확산되었다.

3·1운동은 국내의 농민운동, 노동운동, 학생운동, 형평운동, 여성운동 등으로 확산시켰고 고취된 민족의식은 근대적인 민족공동체 발전의 토대를 구축하였다.

3·1운동으로 한국의 독립운동계는 모든 독립운동의 중추기관으로 대한민국 임시정부를 수립하였다. 임시정부의 수립은 1910년 국권을 강탈당한 이래 단절되었던 국권을 회복하고 최초로 민주공화정체를 표방한 근대적인 주권국가를 건설하는 새로운 이정표가 되었다. 때문에 1948년 7월에 발표한 제헌헌법은 '기미 삼일운동으로 대한민국을 건립하여 세계에 선포한 위대한 독립정신을 계승하여 이제 민주독립국가를 재건하였다.'고 밝혔다.

또한 3·1운동은 제1차 세계대전 이후 세계 피압박민족의 독립운동 가운데 첫 봉화였고, 정의와 인도, 인류평화의 새로운 이정표를 남겼다. 이후 중국의 5·4운동, 인도와 이집트, 인도차이나, 필리핀의 독립운동에 적지 않은 영향을 끼쳤다. 특히 비폭력의 평화적인 독립운동의 방식은 1919년 4월 5일부터 시작된 인도 간디의 사타야 그라하 사브하(진리수호)운동에 큰 힘을 주었다.

조선은 왜 멸망하였는가?

광복은 새로 빛을 되찾는다는 의미로 구속된 곳에 자유와 광명의 빛을 다시 비춰 주는 것을 말한다. 그렇다면 광복 이전의 시대는 빛이 없는 암흑의 시대였다고 할 수 있다. 이처럼 일제강점기는 한국 민족에게 빛이 없었던 암흑과 같았다. 이런 시기를 벗어나 새로 밝은 빛을 보고 비로소 자유를 되찾았으니 광복은 이루 말할 수 없는 기쁨을 담고 있다. 따라서 한국독립운동은 암흑의 시기를 헤쳐 나가는 불굴의 민족투쟁이었다.

광복에 대해 알기 위해서는 조선이 왜 멸망하였는지를 알아야 한다. 하지만 이 문제는 복잡한 내용을 담고 있다. 이는 크게 두 가지로 요약되는데 하나는 내부적인 요인이고 다른 하나는 외부적인 요인이다. 내부적인 요인은 조선 말기 관료들의 부정과 부패, 능력 있는 인재 등용의 차단, 국가 경제의 파탄 등을 말할 수 있다. 외부적인 요인은 일본의 불법적인 침략성을 들 수 있다. 두 요인 다 조선 멸망의 충분조건이지만 보다 근본적인 요인을 들라 하면 일본의 불법적인 침략성 때문이다.

한국독립운동은 민족 내부의 각성에서 출발하였다

한국독립운동은 일제에 의해 빼앗긴 나라를 되찾아 자주적이고 근대적인 독립국가를 수립하기 위한 민족운동이다. 이는 표면상 일제에 대한 항일운동으로 간주할 수 있겠지만 그 이면을 들여다보면 조선의 멸망 요인에 대한 철저한 각성에서 비롯하였다. 자유와 평등, 국민주권의 근대민주주의와 공화주 이념을 받아들이고 근대적인 지식과 산업을 발달시켜 민족 경제를 근대화시키는 것, 이것은 과거 봉건적인 잔재를 청산하고 새로운 자주독립국가 건설의 기틀을 쌓는 일로 보았다. 이를 위해 민족의 지성인들은 근대적인 학교를 세워 민족의 인재를 양성하는데 앞장섰고 국학 연구를 통해 민족의 자주독립정신을 배양시켰다. 일제의 강고한 탄압 속에서 우리 민족의 자립경제를 추구하는 일도 결코 게으르지 않았다.

 이것은 한국독립운동이란 단지 일제의 불법적인 식민지배에서 항거해 민족을 해방시키는 것만을 의미하지 않는다는 것을 말한다. 즉, 조선 멸망을 가져온 과거 봉건적인 의식과 잔재를 청산하고 새로운 근대국가의 기틀을 잡아 나가기 위해 한국 민족의 정신과 능력을 배양하는 것을 무엇보다 중요시한다는 것이다.

한국독립운동은 독립정신의 역사다

한국독립운동의 역사를 평가할 때 우리는 성공과 실패라는 결과론적인 시각으로 바라보지 않는다. 한국독립운동은 그 결과보다 철저하게 과정과 내용에 의미를 부여하고 중시하는 특별한 민족운동이다.

 1987년에 제정된 제8차 헌법의 전문에 따르면 대한민국은 대한민국 임시정부의 법통을 계승하였다고 밝히고 있다. 이는 대한민국 임시정부의 역사성을 높이 평가하는 말이다. 그런데 상하이 임시정부만 따로 내어 놓고 과연 임시정부가 한국독립운동의 중추기관으로서 구심적인 역할을 담당하였는지를 생각해 본다면 그렇다고 말하기는 어렵다. 상하이 임시정부의 내부 분열과 위상 추락은 이미 잘 알려져 있는 사실이고 때문에 한국독립운동계를 지속적으로 이끌고 나가지 못하였다.

그렇다고 대한민국 임시정부의 역할과 기능을 폄하하는 것이 아니다. 일본의 끊임없는 탄압과 교활한 민족분열책에도 굴하지 않고 한국 민족이 임시정부의 위신과 체통을 지켜 온 것은 활동의 성과 때문이 아니었다. 암흑 속에서도 한국 민족에게 한 줄기의 등불 역할을 하였기 때문이다. 국내외에 있던 모든 한국인들에게 임시정부는 우리 민족이 일본의 식민통치에 타협하지 않고 고유의 민족성을 지키게 했다.

일제강점기에 한국 민족에게 이런 한 줄기의 등불의 꿈마저 봉쇄되었더라면 한국독립운동이 35년 동안 그렇게 지속적이고 치열하게 전개될 수 없었다. 따라서 한국독립운동은 결과에 연연하지 않고 목표를 향해 도전하고 추진한 그 정신, 즉 독립정신의 존재와 발현을 더 중요시 여긴 것이다. 때문에 한국독립운동은 무엇 하나 버릴 것 없이 소중하고 높이 평가해야 한다.

광복은 민족정신과 독립운동의 산물이다

흔히들 한국 민족의 광복은 미국과 소련에 의해 주어진 선물이라 말하기도 한다. 외형적으로 볼 때 틀린 말은 아니다. 미국과 소련의 개입이 없었더라면 일본이 쉽게 패망하지 않았을 것이다.

그러나 한국독립운동의 역사를 들여다보면 결코 이렇게 말할 수 없다. 미소의 개입은 외형적으로 볼 때 암흑 속에 살던 한국 민족을 광명의 빛으로 인도하는데 결정적인 역할을 하였다. 하지만 이러한 결실을 얻기 위해 한국 민족이 흘린 수많은 피와 땀과 눈물은 결코 가벼운 것이 아니었다. 광복은 외세의 개입만 가지고는 설명할 수 없다.

만약 한국인 스스로가 민족의 독립 문제를 등한시하고 자주자립의 노력을 게을리 하였다면 광복은 부끄러운 민족의 오점으로 남았을 것이다. 그러나 한국 민족은 비록 국가는 단절되었어도 민족의 정신과 얼은 계속 이어갔다. 그러한 강력한 민족의 정신과 얼은 줄기찬 독립운동으로 강인하게 표출되었기에 광복의 기쁨을 누릴 수 있었다.

그러나 광복의 기쁨 속에 민족의 분단도 함께 따라왔다. 이것은 애국선열들이 그토록 꿈꾸어 왔던 광복이 아니었다. 광복과 함께 다가온 민족 분단의 비극을 치유하고 극복할 수 있는 원동력은 한국독립운동의 근본에 다시 주목하는 일이다. 이렇게 하여 민족 통일의 과업을 손수 완수할 때 진정한 의미의 광복을 되찾게 될 것이다.

한국사 알리기
STORY

01 광복절 퍼포먼스

1995 파리 에펠탑에서의 광복절 행사

8월 15일은 우리에겐 광복절이자 외국인들에게는 제2차 세계대전이 종식된 '평화의 날'이다. 서경덕 교수는 유럽 첫 배낭여행 시절 대한민국에 대한 이미지가 전혀 없는 것이 안타까웠던 생각을 떠올리며 파리 에펠탑 광장에서 한국인 배낭여행객들이 모이는 행사를 무작정 시도했다. 행사 당일 예상보다 많은 300여 명 가까운 인원이 모여 애국가를 부르고 만세삼창을 했다. 이후 한국에 돌아와 매년 8월 15일에 광복절 행사를 주최하는 대학생들에게 노하우를 알려 주었고 행사가 계속될 수 있도록 지금까지 돕고 있다.

2011 광복절 트윗쇼

'광복절 트윗쇼'는 트위터를 통해 〈뉴욕타임스〉, 〈워싱턴포스트〉, 〈월스트리트저널〉 및 뉴욕 타임스스퀘어에 게재된 독도, 동해, 위안부, 아리랑 광고 등을 퍼뜨리는 행사다. 이 행사는 일본 정부가 인정하지 않는 역사 문제를 전 세계인들에게 널리 알려 세계적인 여론을 형성해 일본 정부를 지속적으로 압박해 나가기 위해 진행되었다. 이 행사는 전 세계를 실시간으로 연결하고 있는 SNS의 파워를 한국 홍보에도 적극 활용할 수 있는 계기가 되었다.

1. 태극기 티셔츠를 입는 행사를 진행한 이상봉 디자이너와 서경덕 교수
2. 헤이그 이준 열사 기념관에 부조 작품을 기증한 서경덕 교수와 배우 송혜교 씨

2012 8·15 태극기를 입어라

서경덕 교수는 한 오픈마켓과 함께 대한민국 태극사랑 캠페인 '8·15 태극기를 입어라'를 진행하였다. 우리나라 대표 얼굴인 태극기에 대한 사랑을 다시금 되새기기 위해 한국의 대표적인 패션 디자이너 이상봉 선생님과 함께 '태극기 티셔츠'를 제작해 판매하고 이를 통해 얻은 수익금을 '전국민 태극기 보급운동'에 후원하여 전국 저소득 가정에 새로운 태극기를 제공하였다. 미국 및 영국 등 다른 나라에서 자국의 국기를 활용하여 많은 디자인 상품을 개발해 널리 알리는 것처럼 우리나라도 태극기를 활용한 다양한 행사가 진행될 예정이다.

2013 이준 열사 기념관에 대형 부조 작품 기증

네덜란드 헤이그 이준 열사 기념관은 이준 열사가 1907년 순국한 역사의 현장으로 제2차 만국평화회의에 이상설, 이위종 열사와 함께 머물렀던 곳이다. 남아 있는 몇 안 되는 해외애국운동 유적지이지만 국가적인 지원이 아직은 부족한 상황이다. 그리하여 서경덕 교수는 더 많은 국내외 관람객 유치를 위해 조금이나마 도움이 되고자 배우 송혜교 씨의 기부와 함께 '헤이그 특사'였던 이준, 이상설, 이위종 열사가 함께 찍은 사진으로 부조 작품을 만들어 기증하였다. 이후 이 사실이 언론에 알려지며 일반인들도 자연스레 이준 열사 기념관을 알게 되었고 실제 작품을 보기 위해 들른 관람객도 증가하게 되었다.

한글

한글은 왜
알파벳의 꿈인가?

國之語음·는

나랏말ᄊᆞ미

中國귁에

【正音】

소통과 조화의 문자,
한글은 한류와
문화 융성의 길이다

 **한글은 인류의** 문자가 지향해야 할 최고의 문자로서 한국의 대표 상표이자 인류의 소중한 문화유산이다. 이러한 한글의 가치와 의미를 함께 나누는 지혜가 필요하다. 또한 한글에 대한 다양한 정보와 지식을 제대로 아는 것도 매우 중요하다. 특히 한글날이 1991년부터 법정 공휴일에서 제외되었다가 2013년에 23년 만에 다시 법정 공휴일로 재지정된 만큼 한글의 역사에 대해 알아볼 필요가 있다.

훈민정음, 언문, 한글의 용어는 어떻게 다른가?

일상적으로 우리는 우리가 쓰는 언어에 대해 '한글'이라고 말하지만 종종 '훈민정음'과 '언문'이란 단어와 무엇이 다른지 궁금할 때가 있다. 훈민정음, 언문, 한글은 모두 1443년에 세종대왕이 창제해 1446년에 반포한 우리나라 고유의 문자 이름이다.

  그런데 그 쓰임새는 조금 다르다. 1910년 이전에는 주로 '언문'이라는 이름으로, 그 이후에는 '한글'이라는 이름으로 불리었고, 특별한 경우에 '훈민정음'으로 사용되었다. 조선시대에는 주로 '훈민정음'이라는 이름을 사용한 것으로 알고 있지만 실제로 그렇지는 않다. 주로 '언문'이라는 명칭을 사용하였고, 1446년 이전에는 세종대왕도 그러했다. 훈민정음은 말 그대로 '백성을 가르치기 위한 바른 소리'라는 뜻으로 주로 1446년부터 사용되었다. 언문은 보통 우리 고유의 문자 '훈민정음'의 낮춤말로 알고 있지만, 실제로는 '일반 백성들이 쉽게 쓸 수 있는 자기 나라의 문자'라는 뜻이다. 세종도 이 이름을 사용한 기록이 있고 특별한 경우에만 '훈민정음'이라는 이름을 썼다. 언문은 궁중과 일부 양반층, 백성들 사이에서 널리 사용되었다. 그런데 17세기 이후에 양반들이 훈민정음을 얕잡아 '언문'이라고 쓰다 보니 낮춤말이 되어 버렸다.

그 후 훈민정음은 1894년 갑오개혁 이후 '국서國書', '국문國文' 또는 '조선글'로 불리기도 하였지만 주로 '언문'으로 불리다가 조선 말기에 '오직 하나의 큰 글, 한韓나라 글'이라는 의미에서 '한글'로 불리기 시작하였다. 오늘날 우리가 부르는 이름 '한글'은 1910년 이후에 적극적으로 사용되어 정착된 것이다.

한글이라는 이름이 처음 사용된 것에 대한 명확한 기록은 없었다. 다만 분명한 것은 1910년 이후 주시경 선생에 의해 널리 퍼졌다는 것이다. 특히 주시경 선생은 1913년 3월 23일 조선언문회朝鮮言文會 총회에서 '배달말글몯음'을 '한글모'로 바꾸기로 결정하였고, 1914년 4월에는 '조선어강습원'을 '한글배곧'으로 이름을 바꿨다. 이런 흐름으로 볼 때 한글은 주시경 선생에 의해 1913년 무렵부터 본격적으로 쓰이게 된 것으로 보인다. 1927년에는 조선어학회 회원들이 〈한글〉이라는 잡지를 매달 발간하였고, 1928년 11월 11일에 조선어연구회에서 '가갸날'을 '한글날'로 고쳐 부르며 더욱 널리 퍼졌다.

한글은 세종대왕 혼자 만든 것이 아니다?

한글은 잘 알려진 대로 세종대왕이 친히 창제하였다. 세종대왕이 비밀리에 만들어 1443년 12월에 이 사실을 처음 세상에 알렸다.

> 이 달에 임금께서 친히 언문 28자를 만드셨으니 … (중략)
> ―『조선왕조실록』(1443.12.30)

> 계해년 겨울에 우리 전하께서 정음 스물여덟 자를 창제하여 간략하게 '용례와 뜻'(예의)을 적은 것을 들어 보여 주시며 그 이름을 '훈민정음'이라 하셨다.
> ―『조선왕조실록』(1446.9.29)

훈민정음을 창제한 다음 '('예의'를 토대로) 자세히 해석을 가해 모든 사람을 깨우치게 하라'는 세종대왕의 명을 받들어 정인지를 포함한 집현전 학사 최항, 박팽년, 신숙주, 성삼문, 강희안, 이개, 이선로 등 여덟 신하가 '글자(훈민정음)를 만든 풀이와 용례'(해례)를 넣은 책 『훈민정음』 해례본을 1446년 음력 9월 초에 완성하였다. 이 해설서 때문에 한글은 세종대왕과 집현전 학사들이 함께 창제했다는 이야기가 널리 퍼지게 되었다.

그러나 『훈민정음』 해례본을 보면 신하들은 세종대왕이 훈민정음을 직접 창제했다고 이야기했다.

『훈민정음』 해례본 첫째 장 복원본

아아, 훈민정음이 만들어짐에는 천지만물의 이치가 모두 갖추어졌으니, 그 신령함이여! 이는 틀림없이 하늘이 임금의 마음을 열어 그 솜씨를 빌려 주신 것이로다!

— 『훈민정음』 해례본 제자해

우리 전하는 하늘이 내린 성인으로서, 지으신 법도와 베푸신 업적이 모든 왕들을 뛰어넘으셨다.

— 『훈민정음』 해례본 서문

또한 세종대왕이 친히 창제했다는 강력한 증거는 세종대왕이 쓴 『훈민정음』 해례본 서문에도 나타나 있다.

> 우리나라 말은 중국말과 달라 한자와 서로 잘 통하지 않는다. 이런 까닭으로 어리석은 백성이 말하고자 하는 바가 있어도 끝내 자기의 뜻을 펴지 못하는 사람이 많으니라. 내가 이것을 가엾게 생각하여 새로 스물여덟 글자를 만드니, 모든 사람들로 하여금 쉽게 익혀서 날마다 쓰는 데 편안하게 하고자 할 따름이니라.
> —『훈민정음』 해례본 서문

물론 세종대왕이 단독으로 한글을 창제했다고 해도 집현전과 같은 연구소와 수많은 인재들의 도움이 있었기에 한글 사용을 널리 펼치는 사업이 가능했을 것이다. 한글은 언어학과 음악, 철학, 천문학 등 여러 학문을 두루 잘 아는 사람이, 더욱이 사람들 사이의 소통을 중요하게 여기는 사람이 오래 연구해야 만들 수 있는 문자이지 여럿이 함께 만들 수 있는 문자가 아니다. 다만 다양한 분야의 전문가들이 세종대왕의 연구를 간접적으로 도왔기에 창제와 그것의 사용을 널리 펼치는 일이 가능했던 것이다.

세종대왕은 한자를 몰라 자기들의 의사를 제대로 전달하지 못하는 백성들을 위해, 그리고 책을 통해 새로운 지식과 정보를 습득해 편안한 삶을 살도록 하기 위해 훈민정음을 만들었다.

세종대왕이 훈민정음을 만들기 전에는 우리말을 적을 문자가 없어 한자를 빌려 적었다. 그 당시에는 입으로는 한국말을 쓰고, 글을 쓸 때는 한문을 쓰는 이중 언어생활이 가장 큰 문제였다. 입으로는 "난 책을 좋아해."라고 하고, 글로는 "我好冊。(난-좋아해-책을)"이라고 쓰다 보니 불편한 점이 많았다. 그나마 양반 사대부들은 한자를 배울 수 있었지만, 일반 백성들은 한자를 배우는 게 쉽지 않았기 때문이다.

그래서 세종대왕은 한자를 모르는 백성들을 위해 우리말을 자유롭게 적을 수 있는 훈민정음을 만들게 되었다. 세종대왕은 『훈민정음』 서문에서 한자를 모르는 백성들이 표현하고 싶은 뜻이 있어도 한자로는 소통할 수 없는 것을 가엾이 여겨 쉽게 익힐 수 있는 문자를 만들었다고 밝혔다. 또한 죄지은 사람들의 자세한 사정을 적은 문서들이 한문이나 이두로 되어 있다 보니 죄인을 다스리는 관리들이 잘못된 판결을 하는 경우가 많았다. 세종대왕은 이를 안타깝게 여겼던 것이다.

또한 어렸을 때부터 책을 좋아했던 세종대왕은 성현의 가르침과 생활정보, 올바른 생활태도 등을 책을 통해 백성들에게 가르쳐주고 싶어했다. 그런데 한문으로 된 책은 한문을 익힌 사대부들만 읽을 수 있으니 소용이 없었다. 누구나 쉽게 읽을 수 있는 책을 만들기 위해 배우기 쉬운 문자가 필요했던 것이다. 그래서 누구나 하루아침에 배워 쓸 수 있는 쉬운 글자를 만든 것이다. 이밖에도 한글은 한자음을 정확히 적을 수 있는 발음기호와 같은 문자 구실도 할 수 있으니, 다목적용 문자라 할 수 있다.

한글을 반대하는 신하도 있었다?

하지만 한글을 만드는 데 모든 학자와 신하들이 동의한 것은 아니었다. 1444년 2월 20일 최만리를 비롯하여 신석조, 김문, 정창손, 하위지, 송처검, 조근 등이 언문을 반대하는 상소문을 올렸다. 1443년 12월에 세종대왕이 언문 창제 사실을 신하들에게 알리고, 1446년에 가서야 『훈민정음』 해례본을 반포했으니, 최만리 외 몇몇 신하들이 올린 상소는 훈민정음 창제를 반대한 것이 아니라 나라 전체에 반포하는 사업을 반대한 것으로 볼 수 있다. 상소문 첫 문장에도 '신 등이 엎드려 보건대, 언문을 만든 것이 매우 신기하고 기묘하여, 전하께서 새 문자를 창조하시는 데 지혜를 발휘하신 것은 전에 없이 뛰어난 것입니다.'라고 말하고 있기 때문이다.

특히 반대 상소문을 올리기 나흘 전인 1444년 2월 16일에, 세종이 '언문으로 중국 표준한자음 사전인 『운회韻會』를 번역하라.'고 명한 점을 주목하고, 또한 신하들의 반대 상소문을 본 후 세종이 한 말 중에 '내가 운서를 바로잡지 않으면 그 누가 바로잡겠느냐?'고 강하게 말한 것을 보면, 사대부들이 올린 반대 상소문은 중국 한자음을 언문으로써 고정시키는 것과 같은 새 문자의 사용을 확산시키는 사업을 반대하는 상소로 해석할 수도 있다.

최만리 외 몇몇 신하들이 훈민정음 사용 확대를 반대한 이유는 크게 세 가지였다. 첫째, 훈민정음 창제는 중국을 떠받드는 사대주의에 어긋나기 때문에 오랑캐가 하는 일이라고 본 것이다. 하지만 세종대왕이 중국을 부정한 것은 아니었다. 중국의 것을 따를 것은 따르되 우리의 것을 지켜 나가자는 것이었다. 둘째, 훈민정음이 학문의 도구가 되지 못하고 오히려 손해만 있다는 것이었다. 이에 대해 세종대왕은 언문 창제가 학문만을 위해 필요한 것이 아님을 강조하며 학문보다 백성들이 편안하게 사용하는 것이 더 중요하다고 여겼다. 셋째, 신하들은 억울한 죄인이 생기는 것은 죄인을 다루는 관리가 공평하지 못한 탓이지 그들이 문자(한자)를 몰라서가 아니라고 주장했다. 이에 대해 세종대왕은 훈민정음을 통해 억울한 죄인을 구제하고 교화할 수 있다고 보았다.

세종대왕은 반대 상소문을 올린 신하들을 설득한 후, 더 철저히 훈민정음 반포를 준비했다. 다행히 이러한 반대 상소는 단 한 건뿐이었다. 이것은 오히려 대부분의 사대부 양반들이 훈민정음 창제와 반포를 비롯한 새 문자의 사용 확대를 반대하지 않았다는 사실을 짐작할 수 있다. 애민정신에 기초를 둔 세종대왕의 훈민정음 확대 사용에 대한 확고한 태도에 신하들도 더는 반대할 명분이 없었을 것이다.

한글 번역을 통해 백성을 교화하라는 기록이 제시된 『경국대전』

한글은 조선시대의 공식문자였다

흔히 한글은 세종대왕이 훈민정음을 만든 후 개화기까지 공식적인 문자로 대접받지 못했다고 알고 있다. 하지만 조선시대에 한글은 한자 다음으로 주된 공식문자였다. 그 당시 한자를 우선하고, 한글을 소외하던 분위기 탓으로 잘못 인식된 것이다.

한글이 조선시대의 공식문자라는 첫 번째 증거는 바로 나라를 다스리는 임금인 세종대왕이 만들고, 그 이후의 임금들도 공공의 이익을 위해 국가문서에 한글을 사용해 왔다는 것이다. 또한 조선시대 최고 법전인 『경국대전』에도 '삼강행실'과 같은 국가 윤리서를 한글로 번역하여 한글을 백성들에게 널리 알리라고 밝혀 놓았다. 또한 한글을 관리시험 과목으로 정하여 조선왕조의 공식문자임을 알렸다. 그뿐만 아니라 세종대왕 이후 그 어떤 왕이나 관리도 한글을 공식문자로서 부정하지 않았다.『조선왕조실록』에 실린 한글 관련 950여 건의 기록이 그것을 증명해 주고 있다.

물론 중국을 숭배한 양반 사대부들은 한글의 가치를 인정하지 않기도 했다. 그렇다고 나라에서 정해 놓은 공식문자 자체를 부정한 것은 아니다. 그들은 한글로 된 교육서로 한자를 배우면서도 한글을 부정하는 이중적인 태도를 보였던 것이다. 그렇다 해도 실제 한글을 사용하고 발전시키는 데는 글을 모르는 백성들보다 사대부 양반들의 힘이 컸다.『구운몽』,『사씨남정기』등의 한글 문학 작품을 남긴 숙종 때의 사대부였던 김만중은 한글만이 우리말을 제대로 적을 수 있는 진정한 나랏글이라는 의미에서 '국서國書'라고까지 했다.

조선시대를 통틀어 훈민정음 정책을 소홀히 한 임금은 없었다. 그 가운데에서도 뛰어난 정책을 펼친 임금은 세조를 비롯해 성종, 선조, 정조, 고종이다. 비록 연산군이 한글 탄압 정책을 폈다고는 하나 한글로 번역한 책은 제외했으니, 다행히 전면 탄압을 한 것은 아니라고 생각된다.

세조는 왕자(수양대군) 시절에 훈민정음으로 지은 산문집인『석보상절』과 세종대왕이 지은『월인천강지곡』을 합치고 훈민정음 언해본을 붙여 『월인석보』를 펴냈다. 이 책은 훈민정음 보급을 위한 최초이자 최대의 교재다. 또한 과거시험과 그 당시 최고의 대학인 성균관의 공부 과목에 '훈민정음'을 넣어 훈민정음을 널리 알렸다. 더욱이 1461년에 '간경도감'이라는 관청을 세워 불경을 한글로 번역한 책을 많이 간행함으로써 훈민정음이 널리 퍼지게 하는 데 큰 업적을 남겼다.

성종은 『삼강행실열녀도』나 『구급간이방』과 같은 한글책을 백성들에게 직접 보급하였다. 또한 승정원에 한글로 공문서를 보내는 등 훈민정음 보급을 앞서 실천하였다. 그뿐 아니라 한글로 적은 고려가요가 실린 조선시대의 음악책인 『악학궤범』(성현 외 지음)을 펴내 언어생활에 많은 영향을 끼쳤다.

선조는 세종대왕 때부터 시도한 『사서언해』를 관청까지 세워 완성하였다. 임진왜란 중에는 조정에서 훈민정음으로 방을 쓰는 등 절실한 현실 문제에 직접 훈민정음을 사용하

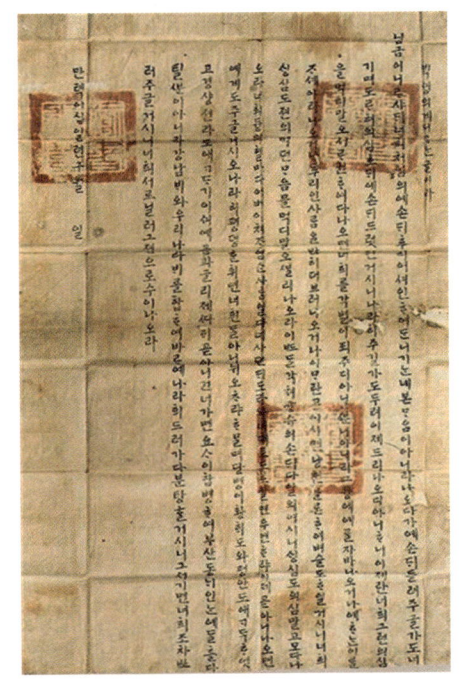

선조 국문 교서
선조가 임진왜란 때인 1593년에 백성들에게 내린 포고문(출처 권이도 개인소장)

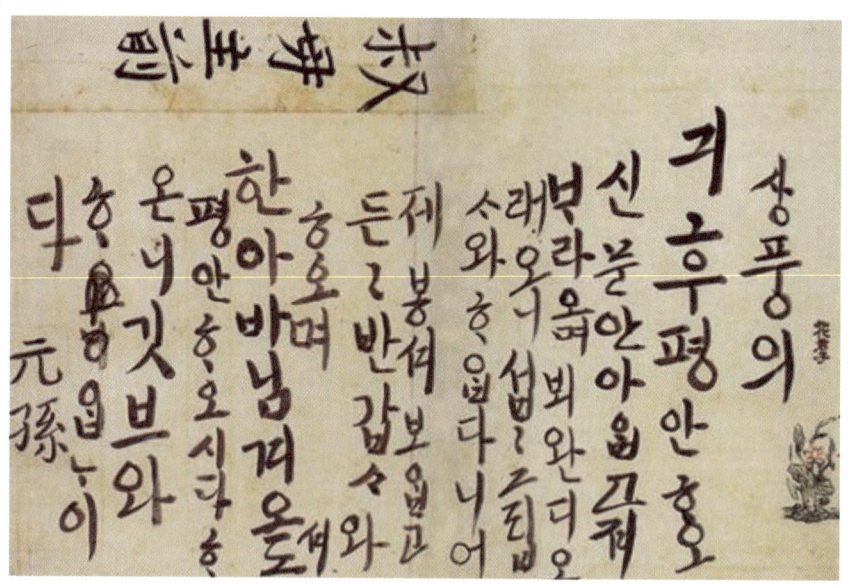

정조가 원손 시절에 쓴 한글 편지(출처 이헌 서예관 개인소장)

여 훈민정음의 가치를 높였다. 또한 여러 편의 친필 한글 편지를 써서 남기기도 하였다.

정조는 백성과의 소통을 위해 한글을 공문으로 아주 많이 사용하였다. 오늘날 전해지는 자료 중에 원손 시절과 세손 시절에 직접 쓴 한글 편지가 남아 있기도 하다. 고종은 갑오개혁을 통해 한글을 주류 공식문자(국문)로 선언하였다.

한글은 어떤 모양을 본떠 만들어진 것일까?

지금 사용하고 있는 한글 기본자는 자음 14자, 모음 10자로 모두 24자다. 하지만 15세기 훈민정음은 모음 'ㆍ(아래아)', 자음 'ㆆ(여린히읗), ㅿ(반시옷), ㆁ(옛이응)'을 더해 28자였다. 다시 말해 훈민정음은 자음 17자, 모음 11자로 이루어졌다.

자음은 '닿소리'라고도 말하는데, 닿소리란 목구멍에서 숨이 나올 때 그 숨이 어디엔가 닿아서 만들어진 소리라는 뜻이다. 예를 들어 '그'를 천천히 크게 발음해 보자. 'ㄱ'은 자음이고, 'ㅡ'는 모음이다. 모음 소리를 최대한 작게 내면 자음 'ㄱ' 발음을 느낄 수 있다.

아래 그림은 여러분이 말할 때의 발음기관 모습이다. 이 그림을 보고 맨 왼쪽의 'ㄱ' 표시 부분을 확인하면 어떻게 'ㄱ'이란 글자가 만들어졌는지 알 수 있을 것이다. 이처럼 세종대왕은 자음을 입안 발음기관의 모양을 본떠 만들었다.

우리 입안에서 닿소리가 만들어지는 자리는 어금니, 혀, 입, 이, 목구멍 모두 다섯 곳이다. 그 다섯 곳을 본떠 최초로 5개의 원형문

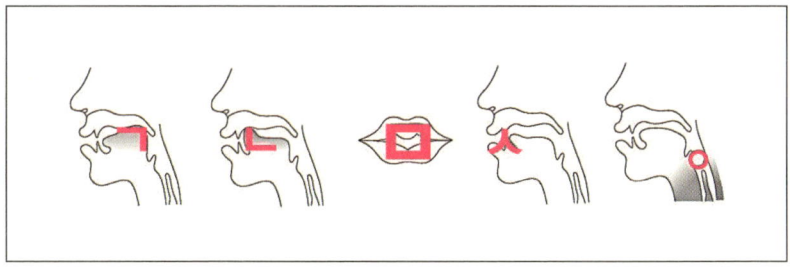

우리가 말할 때의 발음기관 모습

자를 만들었다. 바로 'ㄱ, ㄴ, ㅁ, ㅅ, ㅇ' 다섯 자다.

어금닛소리 'ㄱ'은 혀뿌리가 목구멍을 막는 모양을 본뜬 것이고, 혓소리 'ㄴ'은 혀가 윗잇몸에 닿는 모양을 본뜬 것이다. 입술소리 'ㅁ'은 입의 모양을 본뜨고, 잇소리 'ㅅ'은 이의 모양을 본떴으며, 목소리 'ㅇ'은 목구멍의 모양을 본뜬 것이다.

그 다음 이 글자들을 바탕으로 다른 글자들을 만들었다. 'ㄱ, ㄴ, ㅁ, ㅅ, ㅇ'의 소리는 거세지 않은 소리다. 그런데 이 소리들보다 입김을 많이 내어 세게 소리를 내면 거센소리가 된다. 거센소리를 나타내기 위해 획을 더하여 9자를 더 만들었다.

15세기 훈민정음 기본 자음자 17자의 제자 원리

갈래	상형 원리	원형문자	가획자	이체자
어금닛소리(아음)	혀뿌리가 목구멍을 막는 모양	ㄱ	→ ㅋ	ㆁ
혓소리(설음)	혀끝이 윗잇몸에 닿는 모양	ㄴ	→ ㄷ → ㅌ	ㄹ
입술소리(순음)	입의 모양	ㅁ	→ ㅂ → ㅍ	
잇소리(치음)	이의 모양	ㅅ	→ ㅈ → ㅊ	ㅿ
목소리(후음)	목구멍의 모양	ㅇ	→ ㆆ → ㅎ	

어금닛소리의 'ㆁ(옛이응)'은 오늘날 '응'할 때 받침으로 나는 동그라미다. 목소리의 'ㅇ'은 '응'의 처음 동그라미이고, 반혓소리(반설음) 'ㄹ'은 'ㄷ'에 'ㄱ'을 합친 모양이다. 반잇소리(반시옷) 'ㅿ'은 'ㅅ'과

비슷하지만 목청을 떠는 마찰음이라는 것이 다르다. 이렇게 하여 만들어진 글자가 모두 17자다.

이러한 자음에는 음악(오음)과 철학(오행)의 원리도 적용되어 있다.

자음 17자에 적용된 음악과 철학 원리(입→목)

갈래 \ 오음	어금닛소리 (아음)	혓소리 (설음)	입술소리 (순음)	잇소리 (치음)	목소리 (후음)
자음	ㄱㅋㄲㆁ	ㄷㅌㄸㄴ [ㄹ]	ㅂㅍㅃㅁ	ㅅㅆㅈㅊㅉ [ㅿ]	ㆆㅎㆅㅇ
오행	나무	불	흙	쇠	물
오음(음악)	각	치	궁	상	우
오시(계절)	봄	여름	늦여름	가을	겨울
오방(방위)	동	남	중앙	서	북

모음을 '홀소리'라고도 하는데, 홀소리란 목구멍에서 숨이 나올 때 어디에도 닿지 않고 혼자서 나는 소리라는 뜻이다. 모음의 원형문자 역시 자음의 원형문자처럼 모양을 본떠서 만들기는 하였으나, 발음기관의 모양을 본뜬 것이 아니라 '하늘·땅·사람(삼재)'의 모양을 본뜬 것이다.

15세기 기본 모음자 11자의 과학 원리

	상형 원리	원형문자	합성 원리	
			초출자	재출자
양성	하늘의 둥근 모양	・	ㅗ ㅏ	ㅛ ㅑ
음성	땅의 평평한 모양	ㅡ	ㅜ ㅓ	ㅠ ㅕ
중성	사람이 서 있는 모양	ㅣ		

먼저 하늘의 둥근 모양을 본떠 '・'를 만들고, 땅의 모양을 본떠 'ㅡ'를, 사람이 서 있는 모양을 본떠 'ㅣ'를 만들었다. 모음은 소리를 낼 때 혀의 모양이 각각 다르고 그 느낌도 서로 다르다. '・'는 혀가 오그라들고 소리가 깊으며, 'ㅡ'는 혀가 조금 오그라들고 소리가 깊지도 얕지도 않으며, 'ㅣ'는 혀가 오그라들지 않고 소리는

얕다.

그리고 원형문자(ㆍ, ㅡ, ㅣ)를 한 번씩 합쳐 'ㅗ, ㅏ, ㅜ, ㅓ'의 네 자를 만들었다. 'ㅡ'에 'ㆍ'를 위아래로 합쳐 'ㅗ, ㅜ'를 만들고, 'ㅣ'에 'ㆍ'를 바깥쪽과 안쪽에 합쳐 'ㅏ, ㅓ'를 만들었다. 'ㅛ, ㅑ, ㅠ, ㅕ'는 'ㆍ'를 두 번씩 합쳐 만들었다. 이렇게 해서 기본모음 11자를 만든 것이다. 이렇게 모음자는 하늘(양성)과 땅(음성)의 음양사상과 여기에 사람까지 함께 조화롭게 어울리는 삼조화사상을 담은 천지자연의 문자철학을 담고 있다.

왜 'ㄱ, ㄷ, ㅅ'은 '기역, 디귿, 시옷'이라 부를까?

지금 우리가 쓰는 한글 기본 자음은 14자다. 그 자음을 부르는 이름 가운데 'ㄱ, ㄷ, ㅅ' 세 글자는 호칭의 규칙에서 조금 벗어나 있다. '기윽, 디읃, 시읏'이 아닌 '기역, 디귿, 시옷'인 것이다. 이는 한자를 빌려 우리말을 적고자 했던 이두식 표현법을 그대로 적용했기 때문이다.

다른 자음들은 모음 가운데에서도 가장 기본 모음이면서 바탕 모음인 'ㅣ, ㅡ'를 활용해 나타낸다. 자음은 혼자 발음할 수 없고 모음의 도움을 받아야 발음할 수 있기 때문이다. 이렇듯 두 모음을 통해 첫소리에서 나는 자음과 끝소리에서 나는 자음을 동시에 드러내는 'ㄴ(니은), ㄹ(리을)' 식으로 이름을 붙였다.

그런데 '기역, 디귿, 시옷'만은 그렇지 않다. 그렇다 보니 한글을 처음 배우는 사람이나 일반인들은 모두 헷갈려 한다. 특히 관련 용어인 '키읔, 티읕' 등과도 달라 사람들은 더욱 혼란스러워 한다.

한글 기본 자음에 '니은, 리을' 식의 이름이 있다는 것을 처음 세상에 널리 알린 사람은 조선시대 어학자인 최세진이다. 하지만 안타깝게도 'ㄱ, ㄷ, ㅅ'의 잘못된 이름을 남긴 사람도 최세진이다. 최세진은 1527년 한자 학습서인 『훈몽자회』를 펴낼 때 자음의 이름을 정리했다. 자음의 이름을 한자로 적을 때 '-은, -을' 같은 음은 대응되는 한자 '隱(은), 乙(을)'로 적었으나, 대응되는 한자가 없는 '-윽, -읃, -읏'은 이와 비슷한 이두식 한자로 적어 '기역, 디귿, 시옷'으로 정하게 된 것이다.

다시 말해, '기역'은 '其役(기역)'으로, '디귿'은 '池末(디말)'로, '시옷'은 '時衣(시의)'로 적은 것이다. '윽'은 '役(부릴 역)'으로 비슷한 한 자음을 취하도록 한 것이다. 그러나 '읃'의 경우는 뜻의 음이 비슷한 '末(끝 말)' 자로, '읏'도 뜻의 음이 비슷한 '衣(옷 의)' 자로 정하고, '末, 衣' 자는 모두 당시의 뜻으로 읽어 자모의 명칭으로 삼는다고 하였다.

〈한글 자음 명칭〉

ㄱ(기역) ㄴ(니은) ㄷ(디귿) ㄹ(리을) ㅁ(미음) ㅂ(비읍) ㅅ(시옷) ㅇ(이응)
ㅈ(지읒) ㅊ(치읓) ㅋ(키읔) ㅌ(티읕) ㅍ(피읖) ㅎ(히읗)
ㄲ(쌍기역) ㄸ(쌍디귿) ㅃ(쌍비읍) ㅆ(쌍시옷) ㅉ(쌍지읒)

- 자음 예외 : 기역, 디귿, 시옷
- 쌍자음 예외 : 쌍기역, 쌍디귿, 쌍시옷

자음과 모음의 남북한 명칭

자음(19자) : ㄱ ㄴ ㄷ ㄹ ㅁ ㅂ ㅅ ㅇ ㅈ ㅊ ㅋ ㅌ ㅍ ㅎ ㄲ ㄸ ㅃ ㅆ ㅉ

남한	순서	ㄱ	ㄲ	ㄴ	ㄷ	ㄸ	ㄹ	ㅁ	ㅂ	ㅃ	ㅅ	ㅆ	ㅇ	ㅈ	ㅉ	ㅊ	ㅋ	ㅌ	ㅍ	ㅎ
	이름	기역	쌍기역	니은	디귿	쌍디귿	리을	미음	비읍	쌍비읍	시옷	쌍시옷	이응	지읒	쌍지읒	치읓	키읔	티읕	피읖	히읗
북한	순서	ㄱ	ㄴ	ㄷ	ㄹ	ㅁ	ㅂ	ㅅ	(ㅇ)	ㅈ	ㅊ	ㅋ	ㅌ	ㅍ	ㅎ	ㄲ	ㄸ	ㅃ	ㅆ	ㅉ	
	이름	기윽	니은	디읃	리을	미음	비읍	시읏	이응	지읒	치읓	키읔	티읕	피읖	히읗	된기윽	된디읃	된비읍	된시읏	된지읒	
		그	느	드	르	므	브	스	으	즈	츠	크	트	프	흐	끄	뜨	쁘	쓰	쯔	

모음(21자) : ㅏ ㅑ ㅓ ㅕ ㅗ ㅛ ㅜ ㅠ ㅡ ㅣ ㅐ ㅒ ㅔ ㅖ ㅘ ㅙ ㅚ ㅝ ㅞ ㅟ ㅢ

남한	순서	ㅏ	ㅐ	ㅑ	ㅒ	ㅓ	ㅔ	ㅕ	ㅖ	ㅗ	ㅘ	ㅙ	ㅚ	ㅛ	ㅜ	ㅝ	ㅞ	ㅟ	ㅠ	ㅡ	ㅢ	ㅣ
	이름	아	애	야	얘	어	에	여	예	오	와	왜	외	요	우	워	웨	위	유	으	의	이
북한	순서	ㅏ	ㅑ	ㅓ	ㅕ	ㅗ	ㅛ	ㅜ	ㅠ	ㅡ	ㅣ	ㅐ	ㅒ	ㅔ	ㅖ	ㅚ	ㅟ	ㅢ	ㅘ	ㅝ	ㅙ	ㅞ	
	이름	아	야	어	여	오	요	우	유	으	이	애	얘	에	예	외	위	의	와	워	왜	웨	

한글은 왜 과학적인 글자일까?

한글은 천지자연의 소리를 바탕으로 만든 과학적인 글자다. 수학처럼 규칙적이고 정확하며, 바둑판처럼 체계적이고, 단순한 게임처럼 간결한 것을 과학이라고 한다. 이러한 과학은 누구에게나 언제 어디서나 합리적이어서 객관적이고 보편적이며 실용적인데 한글이 바로 이런 특성을 갖고 있다.

인류는 좀 더 실용적이고 과학적인 문자를 위해 애써 왔다. 그래서 한자와 같은 뜻문자나 자음과 모음이 분리되지 않는 일본의 음절문자보다는 자음과 모음이 분리되어 실용적인 영어 알파벳(로마자)과 같은 자모문자(음소문자)를 발전시켜 왔다. 그렇다고 로마자가 과학 특성을 온전히 갖추고 있지는 않다. 한글은 과학 특성을 온전히 갖추고 있는 유일한 문자다.

우선 한글은 최소의 문자를 통해 기본 글자를 만들어 간결하고 실용적이다. 기본자가 모두 28자이지만 원형문자는 모음 세 자(ㆍ, ㅡ, ㅣ), 자음 다섯 자(ㅁ, ㅅ, ㄴ, ㄱ, ㅇ)에 불과하다. 나머지는 원형문자에서 규칙적으로 확장된 문자로 간결한 과학 특성을 갖춘 것이다. 또한 받침으로 쓰는 끝소리 글자를 첫소리 글자와 같은 모양으로 만들어 최소의 간결한 문자가 되었다. '각', '몸'과 같은 글자를 예로 들 수 있다. 끝소리 글자를 다른 모양으로 만들었다면 글자 수가 너무 많아 쉽게 배울 수 없었을 것이다.

둘째, 자연의 소리나 사람의 말소리를 가장 정확하게 적을 수 있어 과학적이다. 세종대왕은 바람소리, 새소리, 물소리, 사람의 말소리 등 모든 소리를 적을 수 있게 하기 위해 모음의 원형문자는 천지자연의 세 요소인 하늘, 사람, 땅 모양을 본떠 만들었고, 자음의 원형문자는 발음기관의 모양을 본떠 만들었다. 이는 자연의 소리를 그대로 적기 위한 것이었다.

셋째, 원형문자를 바탕으로 다른 글자를 만드는 과정이 규칙적이다. 특히 자음은 'ㅅ—ㅈ—ㅊ'과 같이 획을 더하는 방식이 규칙적이고, 모음은 세 개의 원형문자를 합성하는 방식이 규칙적이다.

넷째, 자음과 모음을 합치는 방식도 규칙적이다. 자음과 모음 결합에서 규칙적인 최소의 움직임으로 최대의 글자를 만들어 낸다. '가'에서 'ㄱ'을 고정시키고 모음 'ㅏ'를 오른쪽 방향으로 90도씩 회전하면 '구—거—고'가 생성돼 '가, 구, 거, 고'와 같 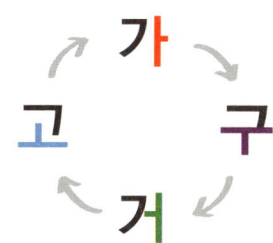 은 글자 체계를 이루게 된다. 이러한 원리를 '위상수학의 원리'라 하는데, 위상수학은 21세기에 서양에서 비행기나 우주 공간을 연구하면서 발전된 수학이다.

다섯째, 첫소리 글자, 가운뎃소리 글자, 끝소리 글자를 합쳐 모아쓰는 방식이 규칙적이고 실용적이다. 그 덕에 글자를 빨리 읽고 쓸 수 있다. 만약 '한글'을 'ㅎㅏㄴㄱㅡㄹ'과 같이 풀어썼다면 쉽게 이해할 수 없고 읽는 속도도 느렸을 것이다. 풀어쓸 때보다 모아쓸 때 2.5배 더 빨리 읽는다는 실험 결과도 있다.

여섯째, 자음과 모음의 모양이 달라 구별이 쉽고, 자음과 모음이 골고루 발달되어 있어 합리적이고 실용적이다. 컴퓨터 자판을 보면 자음은 왼쪽, 모음은 오른쪽에 균형 있게 배치되어 있다. 그러다 보니 오랜 시간 자판을 두드려도 피곤을 덜 느낀다.

일곱째, 점과 선과 원으로 이루어진 대칭문자라 간결하며 읽고 쓰기가 편하다. 모음자는 완벽한 대칭이고 자음의 경우도 'ㅂ, ㅅ, ㅈ, ㅎ'은 좌우대칭 글자이고, 'ㄷ, ㅌ'은 상하대칭 글자이고, 'ㅍ'은 상하좌우대칭 글자이며, 'ㅁ, ㅇ'은 좌우상하 대각선 대칭 글자이며, 'ㄹ'은 대각선 역대칭 글자이고, 'ㄱ, ㄴ'은 대각선 대칭이 된다. 'ㄱ'과 'ㄴ'은 '근'과 같이 한 글자 안에서 역대칭을 이루기도 한다.

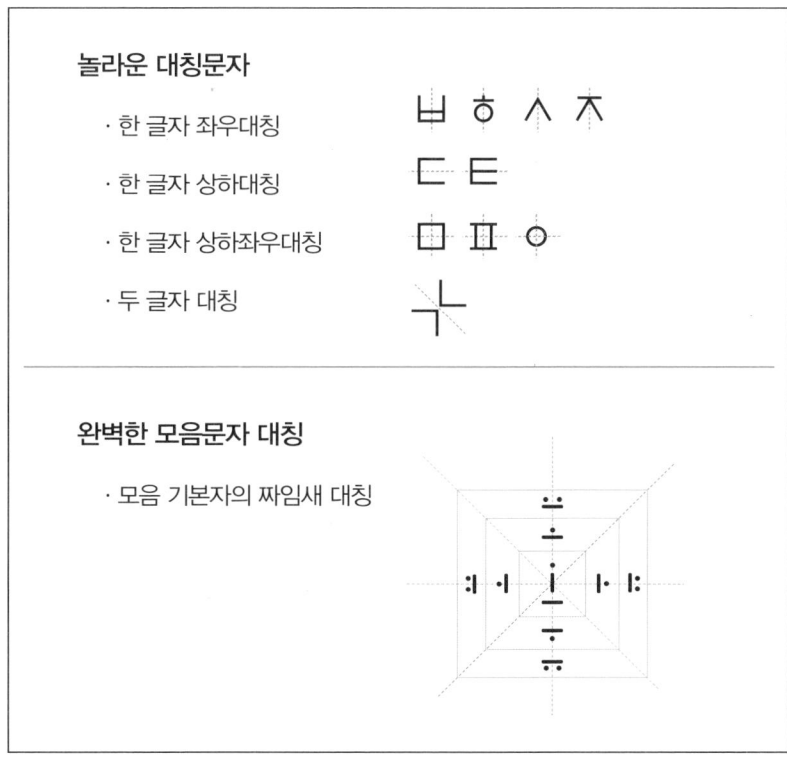

여덟째, 소리 성질과 문자 모양이 규칙적으로 대응한다. 예사소리 'ㄱ, ㄷ, ㅂ, ㅈ', 된소리 'ㄲ, ㄸ, ㅃ, ㅉ', 거센소리 'ㅋ, ㅌ, ㅍ, ㅊ'과 같이 규칙적으로 대응한다는 것을 알 수 있다.

아홉째, 한 글자는 하나의 소리로, 한 소리는 하나의 글자로 대부분 일치한다. 영어는 글자가 무려 여덟 가지로 소리가 난다. 하지만 한글의 '아'의 경우 '아버지', '아리랑'과 같이 하나의 소리로 난다. '[아]' 소리는 'ㅏ' 글자로만, 'ㅏ' 글자는 '[아]' 소리로만 나는 것이다.

한글 : 당신이 알아야 할 한국사 10

마지막으로 결국 한글은 자음자와 모음자가 체계적으로 결합되고 바둑판같이 체계성이 뛰어난 글자 체계를 갖추었다. 이러한 한글의 과학 특성은 과학의 최첨단 분야인 휴대전화에서 더욱 빛을 발하고 있다. 모음자 합성 방식의 과학을 잘 살린 천지인 한글과 자음자 가획 방식의 과학을 잘 살린 나랏글 방식이 그것이다.

제품명	배치도	표시 자모수
천지인	ㅣ ･ ー ㄱㅋ ㄴㄹ ㄷㅌ ㅂㅍ ㅅㅎ ㅈㅊ ＊ ㅇㅁ ＃	모음 합성 원리를 잘 살림
나랏글 (EZ)	ㄱ ㄴ ㅐ ㄹ ㅁ ㅗㅜ ㅅ ㅇ ㅣ 획 추가 ー 쌍자음	자음의 획 더하기 방식을 잘 살림

한글날은 한글을 만든 날일까?

한글날은 훈민정음 해설서인『훈민정음』해례본 반포를 기념하는 날이다. 1443년 음력 12월 30일『세종실록』에 '이 달에 임금이 친히 언문 28자를 지으셨다.'는 기록이 나온다. 하지만 이 기록으로 보아서는 훈민정음을 언제 만들었는지 정확히 알 수 없다. 문자

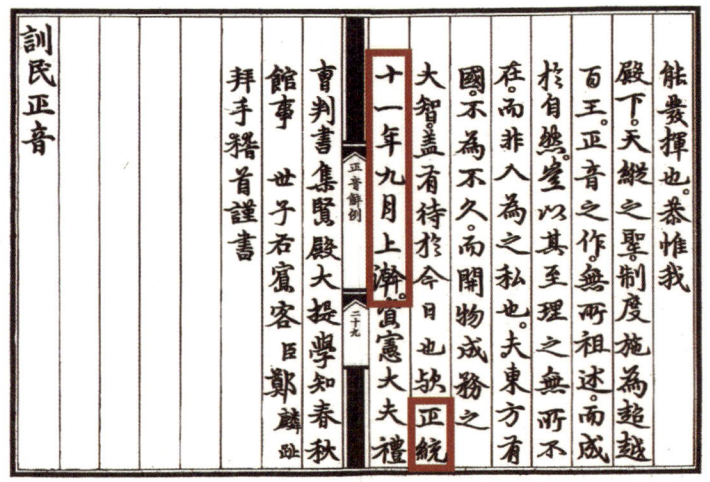

『훈민정음』 해례본 반포 날짜가 적힌 『훈민정음』 해례본

  창제가 물건의 발명처럼 한순간에 마무리되는 게 아니니 특정한 날짜로 못 박을 수 없었을 것이다.

  1446년 음력 9월 29일 『세종실록』에는 '이 달에 훈민정음이 이루어지다.'라는 기록이 나온다. 이때의 '훈민정음'이란 '훈민정음'을 해설한 책을 말한다. 그 책이 바로 『훈민정음』 해례본이다. 문자 이름과 책 이름이 같은 것이다. 『훈민정음』 해례본은 몇 권을 찍었는지 알 수 없으나, 언젠가부터 거의 없어져 세상에 자취를 드러내지 않았다. 그러다가 1940년에 경상북도 안동에서 발견되었다. 이 원본이 발견되기 전까지는 훈민정음 반포 날짜를 정확히 몰랐다.

  그런데 이 책의 맨 뒤를 보면 '정통 십일년 구월 상한'이라고 원고 완성 날짜가 적혀 있다. '정통'은 명나라 5대 황제 영종의 연호이며, 정통 11년은 1446년이다. '상한'은 '상순'과 같은 말로 1일부터 10일까지를 가리킨다. 1일부터 10일 사이에 어떤 날짜에 완성된 것인지 알 수 없으므로 한글날을 제정한 조선어학회(1948년에 '한글학회'로 이름을 바꿈)에서는 상순의 마지막 날인 음력 9월 10일을 『훈민정음』해례본을 반포한 날로 정했다.

곧 정부와 조선어학회는 1945년부터 음력 9월 10일을 양력으로 바꿔 10월 9일을 한글날로 정했다. 결국 한글날은 훈민정음을 백성들에게 널리 알리기 위해 『훈민정음』해례본을 반포한 날을 기념일로 삼은 것이다.

북한에도 한글날이 있을까?

남한(대한민국)처럼 '한글날'이라고 부르지는 않지만 북한에도 한글을 기념하는 날이 있다. 다만 남한은 훈민정음을 반포한 날을, 북한은 훈민정음을 창제한 날을 기념하고 있다. 1443년 음력 12월 30일 『세종실록』에 '이 달에 임금이 친히 언문 28자를 지으셨다.'는 기록이 나온다. '이 달에'라고 했으니, 정확히 12월 어느 날에 새 문자가 만들어졌는지는 알 수 없다. 그래서 북한은 12월의 중간쯤인 12월 15일을 창제일로 잡고, 그 날짜를 양력으로 바꾸어 1월 15일을 기념일로 정한 것이다. 그렇게 정하고 보니, 훈민정음을 창제한 연도는 1443년이 아니라 1444년이 되어 우리가 알고 있는 것보다 1년 늦게 창제된 것이 되고 말았다.

『훈민정음』 해례본 간행 사실을 알린
『세종실록』
1446년 음력 9월 29일자 기록. '訓民正音成'이라
하고, 그 뒤에 해례본의 세종 서문과 정인지 서문을
재수록하였다.

 그리고 북한에서는 일제강점기 때 두루 사용한 '한글'이라는 말을 쓰지 못하기 때문에 '한글날'이라 부르지 않고 '훈민정음 창제 기념일'이라 부른다. 한글날이 해방 전에 시작되었으므로 기념일이 서로 다른 것은 분단의 상처일 수밖에 없다. 이러한 아픔이 있기는 하지만 훈민정음 창제일과 반포일 모두 중요한 것만은 틀림없다.

한국사 알리기
STORY

1. 일본 교토 조형예술대학교 내 설치된 한글 작품
2. 한글 세계 전파 프로젝트를 진행하고 있는 서경덕 교수와 강익중 설치미술가

01 한글 작품을 통해 전하고 싶은 메시지, 평화

요즘 한류가 세계에 널리 퍼지게 되면서 외국인들이 한글에 관심을 많이 갖기 시작했다. 그래서 뉴욕에서 활동 중인 세계적인 설치미술가 강익중 선생님과 서경덕 교수가 함께 전 세계 주요 도시의 건물에 한글 작품을 기증하여 상설전시를 하는 프로젝트를 실시하였다. 지금까지 파리 유네스코 본부 건물 로비, 뉴욕 UN 사무총장 관저, 교토 조형예술대학교 미술관 등 세계인들이 많이 다니는 주요 건물 11곳에 한글 작품 설치를 해왔다. 또한 상하이 임시정부 청사, 충칭 임시정부 청사 등 해외에 있는 대한민국 주요 유적지에도 한글 작품을 설치했으며 특히 이라크 아르빌 도서관, 레바논 분쟁지역 마을회관 등 세계 분쟁지역을 직접 다니며 한글 작품을 설치하여 한글을 통한 평화 메시지를 세계인들에게 널리 전파하고 있는 중이다.

특히 지난 1월에는 일본 교토 조형예술대학 캠퍼스 내에 세워진 시인 윤동주 시비 옆에 대형 한글 작품을 기증했다. '윤동주의 꿈'이라는 제목의 설치 작품은 윤동주 시인의 '서시'를 한 글자씩 한글로 새겼으며 특히 밑바탕에는 세계 어린이들이 직접 그린 자신의 꿈을 함께 담아 냈다. 이처럼 미술 작품을 통해 한글을 전 세계에 쉽게 알리고자 하는 것이 이 프로젝트의 목표다.

3. 충칭(중경) 임시정부 청사 한글 안내서

02. 보스턴 미술관에서도 한국어를 들을 수 있다

10여 년 전만 하더라도 세계 유명 미술관 및 박물관에는 한글 안내서가 비치된 곳이 거의 없었다. 그 점을 착안하여 서경덕 교수는 뉴욕 메트로폴리탄 미술관을 시작으로 뉴욕 현대 미술관, 미국 자연사 박물관, 워싱턴 스미스소니언 자연사 박물관, 보스턴 미술관 등에 한국어 서비스를 유치하게 하였다. 또한 상하이 임시정부 청사, 상하이 윤봉길 기념관 등 해외에 있는 대한민국 주요 유적지에도 한글 안내서를 지속적으로 제공하게 되었다. 그리하여 배우 최수종, 하희라 부부가 첫 후원에 동참하게 되었고 특히 배우 송혜교 씨는 지금까지 8곳에 한글 안내서를 비치하는데 전액 후원을 하였다.

또한 서경덕 교수는 배우 송혜교 씨와 함께 보스턴 미술관 한국실에 비디오 홍보박스를 설치해 외국 관람객들에게 우리 미술품에 대한 정보를 좀 더 상세하게 소개할 수 있게 하였다. 이런 세계적인 미술관에 한국어 안내서 비치도 물론 중요하지만 이번처럼 외국인 관람객들을 대상으로 한국 유물을 더 자세히 소개하는 것이 한국 문화를 잘 알리는 길이라 생각한 것이다. 앞으로 세계적인 유명 미술관 및 박물관뿐만이 아니라 세계적인 관광지에도 한국어 서비스가 실시될 수 있도록 계속 노력 중이다.

한국사 알리기
STORY

4. 〈월스트리트저널〉에 게재된 한글 광고

03 〈월스트리트저널〉 1면에 실린 말, '안녕하세요'

서경덕 교수는 세계인들이 가장 많이 주목하고 신뢰한다는 경제지인 〈월스트리트저널〉 1면에 박스 광고로 '기초 한국어' 시리즈 캠페인을 벌이고 있다. 가장 기초적인 우리말 '안녕하세요', '고맙습니다' 등 실생활 한국어를 한글의 아름다운 여러 서체를 활용하여 세계인들에게 우리 한글과 한국어를 널리 알리자는 취지로 기획하게 되었다.

또한 한글은 누구나 배우기 쉽고 과학적인 글자라고 소개하고 있다. 한글 서체에는 세계적인 패션 디자이너 이상봉, 설치 미술가 강익중, 소설가 이외수 등이 재능기부로 함께 동참하기도 했다.

이처럼 세계적인 유명 매체에 한글 광고를 지속적으로 게재해 세계인들이 누구나 기초적인 한국어 몇 마디씩은 다 할 수 있도록 하는 게 기본적인 목표다. 앞으로 한글 광고를 더 많이 시리즈로 게재하여 각 나라 언어별로 '한글 아트북'을 제작해 전 세계 주요 도서관에 기증할 계획이다.

5. 전 세계에 한글 공부방 지원 사업 프로젝트를 진행하고 있는 서경덕 교수와 방송인 서경석 씨
6. 태국 방콕의 한글 공부방

04 외국에서도 한글을 배울 수 있다

해외를 다니다 보면 한글을 배우고 싶어 하는 외국인들이 점차 많은 것을 알 수 있다. 하지만 시간과 장소가 맞지 않아 배우고 싶어도 못 배우는 외국인들이 많다. 그래서 서경덕 교수는 정부와 함께 전 세계 주요 도시에 한글학교 지원 사업을 벌이고 있다.

특히 정부의 지원이 닿기 어려운 세계 곳곳의 소규모 한글 공부방에 방송인 서경석 씨와 함께 교육물품을 지원하는 프로젝트를 시작하게 됐다. 일본 교토를 시작으로 베트남 호찌민, 태국 방콕, 필리핀 마닐라 등 시설이 열악하지만 유학생 및 재외동포들의 재능기부로 운영되어 온 작은 한글 공부방에 노트북, 빔 프로젝트, 복사기, 책상, 한글 교재 등 지속적인 후원을 해나갈 계획이다. 그리하여 향후 10년 뒤에는 전 세계 한글 공부방 100호점을 여는 것이 목표다.

한식

세계 건강식으로 뽑힌
한식의 비결은 무엇일까?

한 사회의 문화가
집약된 것이
음식이다

왜 알아야 할까?

우리는 한식을 잘 알고 있는가? 한식은 우리가 매일 먹는 음식인데도 불구하고 그 소중함을 모르고 지나치는 경우가 많다. 하지만 최근 글로벌식품 소비 트렌드의 변화와 건강기능성식품 시장의 확대에 따라 세계인들은 우리 한식에 대한 매력을 새롭게 재조명하고 있다. 알면 알수록 심오한 한식의 매력과 재미있는 한식의 역사를 통해 세계로 확산되고 있는 한식 문화를 살펴볼 필요가 있다.

한식은 언제부터 먹었을까?

한식의 역사는 고조선(BC 2333년)의 건국 이후로 추측되고 있으나, 문헌으로 확인 가능한 것으로는 삼국시대 무렵부터다. 고구려는 중국의 『삼국지위지동이전三國志 魏志 東夷傳』에 언급되었듯이 장류 및 술, 젓갈 등의 발효음식이 발달하였다. 또한 고기를 간장에 절여 항아리에 넣어 둔 것을 꺼내서 여기에 장과 마늘과 아욱 등으로 양념을 한 후 그것을 숯불에 굽는 '맥적貊炙'이라는 음식을 먹었다. 맥적이 먹거리로 자리잡았던 이유는 지형의 특성상 풍부한 사냥감과 대두大豆의 원산지답게 만들어진 간장의 맛이 훌륭했기 때문으로 추측되며, 이는 현재의 불고기의 유래로 볼 수 있다.

백제 역시 유적에서 발견된 가마솥과 그릇 등의 유물로 미루어

보아 밥을 지어 먹고, 콩을 발효시킨 간장과 된장을 담가 먹었을 것이라 추정할 수 있다. 백제는 선사시대부터 이어온 장아찌 절임과 백김치를 먹었고 불교의 영향으로 채식이 발달하였다. 또한 유물 중 찻잔이 다수 출토되는 것을 미루어 볼 때 차 문화도 발달했음을 유추할 수 있다.

신라 또한 장과 젓갈이 발달하였고, 남쪽 지방의 특성상 쌀을 재배하기 용이하여, 고구려나 백제보다 앞서 쌀밥이 등장하였다. 삼국시대 고분에서 발견된 시루와 시루로 음식을 찌고 있는 고분벽화, 『삼국유사』〈가락국기〉에 나와 있는 '조정의 뜻을 받들어 그 밭을 주관해 세 시마다 술·감주·떡·밥·차·과일 등 여러 가지를 갖추고 제사를 지냈다.'라는 기록을 통해 이 시대에 이미 떡이 등장하였음을 알 수 있다.

고려시대에는 본격적으로 곡물뿐 아니라 과채류의 재배가 정착함에 따라 다양한 식재료를 보다 쉽게 구하게 되어 다양한 요리방법이 생겨났다. 몽고(원나라)와의 교류의 영향으로 냉면, 칼국수 등의 면요리와 한국 전통의 과자인 유밀과油蜜菓와 다식茶食, 그리고 두부를 활용한 요리 등이 이 시기에 시작된 것으로 추정된다. 또한 불교 융성의 영향으로, 고려 초기에서 중기까지는 육식이 한동안 줄어들었으나, 고려 말기에 목축을 주업으로 하는 몽고와의 교류로 인해 육식이 다시 발달하였다. 이 시기에 고기를 물에 삶아 끓여 내는 공탕空湯(현재의 곰탕), 육개장, 불고기, 갈비 등의 고기음식이 일상화되었다.

조선시대에는 곡식과 채소의 과학적 재배를 통해 생산이 늘고, 음식 문화에도 유교사상이 들어옴에 따라 음식 문화의 커다란 변화와 발전이 이루어 졌다. 고려시대의 조리법이 이어지면서 고유하게 다듬어졌고, 농업과 어업의 발달 및 외국과의 교류로 인해 식재료는 다양해졌다. 유교의 영향으로 궁중음식, 반가음식, 상민음식 등 계층별로 음식이 발달되었으며 정치, 경제적 주도권을 가진 반가를 중심으로 집집마다 고유한 음식을 만드는 조리법과 상차림의 구성법이 정착하였다.

또한 유교를 기반으로 하는 선비들의 사랑방 문화에 의해 한과, 화채와 한약재를 달이는 탕차류, 주류의 발달이 이루어졌고, 제례, 손님 접대 등 목적에 따라 상차림이 자리를 잡았다. 조선 후기에 접어들면서 일본과 남방으로부터 고추, 호박, 고구마, 감자 같은 새로운 식재료가 유입됨에 따라 식생활에 많은 변화가 발생하는데, 특히 고추는 17세기쯤에 정착되어 현재와 유사한 김치의 형태를 가지게 된다.

이렇게 발달해 온 조선의 한식 문화는 개화기와 일제강점기, 6·25 전쟁을 거치면서 발생한 다양한 해외문물의 영향으로 다시 큰 변화를 겪으며 현재의 한식으로 변화하였다. 조선시대로부터는 많은 조리서가 전해지는데, 조선 초기의 『산가요록(1449, 전순의)』에서부터 최초의 한글 조리서인 『음식지미방(1670, 장계향)』, 『증보산림경제』(1765, 유중림), 『규합총서』(1809, 빙허각 이씨) 등에 이르기까지 다양한 조리서가 집필되어 조선시대 한식 조리법의 발달을 짐작할 수 있게 한다.

조선시대 임금 영조가
최장수한 비결은 한식?

조선시대 21대 왕인 영조는 조선의 왕들 중 가장 오래 살았고, 가장 오랫동안 왕위에 있었다. 조선시대 대부분의 왕들이 탐식으로 몸이 살찌고 비교적 단명한 데 비해, 몸이 허약했던 영조가 최장수했다는 점은 특이하다. 이 대목이 영조의 식생활과 그가 즐긴 음식을 빼놓을 수 없는 이유다. 서울대학교 정병설 교수는 '한식 세계화를 위한 조선왕조 궁중음식 고문헌' 심포지엄(2012, 한식재단)에서 영조시대의 『승정원일기』를 통해 영조의 식성과 사랑한 음식을 정리했다.

먼저 영조는 철저한 소식주의자였다. 소식을 일상적으로 실천한 것으로 전해진다. 또한 면을 즐기지 않았고 때때로 타락죽을 먹었다고 한다. 타락죽은 우유로 만든 미음으로 영조뿐만 아니라 역대 왕의 보양식으로 특히 아침에 가장 먼저 먹는 초조반의 대표 찬품이었다. 또한 영조는 떡을 즐기지 않았고, 차고 설익은 음식도 싫어했다.

반면 담백한 맛을 즐겼는데 조기를 민어보다 즐기고, 특히 보리밥을 좋아했다. 그는 백성들처럼 보리밥에 물을 말아 먹었다. 여

조선시대 최장수 임금 영조가 사랑한 고추장

기에 짭쪼롬한 조기를 반찬으로 삼았다.

영조는 왕자 시절부터 날카로운 성격의 소유자여서 소화 기능이 원활하지 않았다고 한다. 입맛이 떨어지기 일쑤여서 수라간에서는 입맛을 돋우는 음식 찾기에 골몰했다. 그러던 중 1768년 7월 28일자『승정원일기』에 영조가 말하기를 '송이, 생전복, 새끼꿩, 고추장은 네 가지 별미라. 이것들 덕분에 잘 먹었다.'라고 적고 있는데, 특히 발효식품의 대명사인 고추장을 언급하고 있는 대목이 흥미롭다. 사실 영조가 처음 고추장을 거론한 때는 이보다 훨씬 앞선 때였다.

> 옛날에 임금에게 수라를 올릴 때 반드시 짜고 매운 것을 올리는 것을 보았다. 그런데 지금 나도 천초 등과 같은 매운 것과 고추장을 좋아하게 되었다.
>
> — 『승정원일기』(1749.7.24)

이때부터 영조는 생을 마감할 때까지 20여 년 동안 고추장을 지극히 사랑하게 되어 고추장 없이는 밥을 못 먹을 정도였다고 한다. 재미있는 사실은 영조에게 올린 고추장을 내의원에서 만들었다는 것이다. 내의원에서는 고추장을 단순한 음식이 아니라 약으로 여겼던 일단을 보여 준다.

하지만 영조는 내의원 고추장보다 당시 사헌부 지평이던 순창 조씨 조종부 집안의 고추장을 즐겼다고 한다. 탕평책을 강력히 추진하던 영조가 탕평책에 대해 비판적인 시각을 갖고 있던 조종부를 괘씸히 여기면서도 그의 집안 고추장은 특별히 사랑한 것 같다. 조종부가 죽고 나서도 그의 이야기에 따르면 그의 집 고추장을 떠올렸다고 한다.

물론 영조가 즐긴 고추장은 오늘날의 고추장과는 다소 차이가 있다. 메주를 쓰지 않고 만들고 속에 전복, 대하 등의 어패류를 넣어서 삭혀서 먹었다는 점에서 지금의 장아찌와 더 유사하다. 여하튼 오늘날 순창고추장의 명성은 영조의 지극한 사랑이 있었기에 지금까지도 고추장의 대명사로 영예를 누리고 있는 듯하다.

역사 속 한식 칼럼니스트들

유교국가였던 조선시대에 부엌을 멀리 하던 남성이 음식서를 썼다는 일은 참 흥미로운 일이다. 그런데 최초로 우리 음식 비평서를 써낸 이가 있으니 『홍길동전』의 저자 허균(1569~1618)이다.

허균은 『도문대작屠門大嚼』이라는 향토음식 백과사전을 집필했는데 저서 『성소부부고』라는 큰 책의 일부다. 귀양 가서 맛있는 음식을 그리워하며 쓴 '도살장의 문으로 고기 잡는 모습만을 보면서 질겅질겅 씹는 척만 한다'는 뜻의 『도문대작』에는 그의 일생을 통해 전국에서 맛본 맛있는 음식과 식재료에 대한 품평이 씌여 있다. 특히 조선 중기 음식 관련 문헌이 희귀하여 『도문대작』은 음식사료적 가치가 높은데, 책의 구성은 병이류(떡류 등), 과실류(과일류), 비주류(고기류), 소채류(채소류), 해수족류(해수어 등), 서울의 시식, 밀병(꿀, 기름) 등으로 약 134종의 음식평이 들어 있다. 또한 지역별로 유명한 식품과 음식을 소개하면서, 허균은 남다른 미각을 뽐내고 있다. 타고난 미각에다 다양한 음식을 접하고 관심을 기울인 가문의 영향이 그의 이 팔도 음식기행을 가능케 했을 것이다.

우리 집은 가난하기는 했지만 선친이 생존해 계실 적에는 사방에서 나는 별미를 예물로 바치는 사람이 많아서 나는 어릴 때 온갖 진귀한 음식을 고루 먹을 수 있었다. 커서는 잘사는 집에 장가들어서 산해진미를 다 맛볼 수 있었다. 임진왜란 때 병화(전쟁으로 말미암은 화재)를 피해 북쪽으로 갔다가 강릉으로 돌아왔는데, 그곳에서 지내는 동안 기이한 해산물을 골고루 맛보았고, 벼슬길에 나선 뒤로는 남북으로 전전하면서 우리나라에서 나는 별미를 모두 먹어 볼 수 있었다.

— 『도문대작』의 서문

실제로 허균의 아버지는 조선 허씨 5대 문장가의 수장인 초당 허엽으로서 소금 대신 동해 바닷물로 강릉 초당두부를 만들었다고 전해져 올 만큼 미식가 집안 출신인데다, 명문장가인 허성, 허봉, 허난설헌이 그의 형과 누이다.

허균은 이 책에서 방풍으로 쑨 방풍죽을 소개하기를 "이것은 좋은 맛이 입안에 가득하여 3일이 지나도 가실 줄 모르는 향미로운 음식이다."고 평하는가 하면, "가을에 말린 광어는 끈끈하지 않아 좋다."며 어포 만드는 법도 기술하고 있다. 또한 어느 식재료는 어느 곳에서 나는 것이 맛있다는 다양한 음식품평을 가득 적고 있다. 그래서 후대는 그를 우리나라 최초의 음식 칼럼니스트로 부른다.

한편 한국에는 아시아권에서 여성이 쓴 가장 오래된 것으로 추측되는 조리서가 있다. 저자는 경북 안동 지역의 장계향(1598~1680)이다. 장계향은 나이 일흔에 딸과 며느리를 포함한 후손을 위해 조리서를 집필했다. 놀라울 정도로 과학적이고 실증적이어서 오늘날 그 대부분이 정확하게 재현되었다. 조선 중기 반가음식의 진수를 보여 주어 전통음식 조리법을 잇게 해준 이 책의 이름은 『음식지미방飮食知味方』이다. 바로 음식 만드는 방법이다.

장계향은 주먹구구식으로 손맛에 의지해 오던 당시의 음식 조리법을 체계화하였다. 책은 앞뒤 표지 두 장을 포함해 총 30장의 필사본으로 구성되어 있다. 국수·만두·떡 등 면병류를 비롯하여 어육류, 채소류, 주국류, 초류음식 만들기 외에도 저장·발효법과 식품보관법 등 146가지를 서술하였다. 특히 술 만드는 법도 51가지나 포함되어 있다.

특히 오늘날에 이어지지 않는 놀라운 조리법도 있다. 동아누르미나 대구껍질누르미처럼 '누르미'라는 음식을 만들 때 조리 마지막에 전분즙을 끼얹는 조리법은 복원가치가 충분하다. 또한 서양의 소스 개념인 즙을 이용한 조리법으로 생치즙, 동아즙 등을 뿌려 먹는 다양한 즙 종류도 소개하고 있다.

장계향은 또한 이 책에서 감칠맛 나는 조리언어를 구사하고 있다. '즐분즐분ᄒᆞ_'는 밥솥의 밥물이 약간 질벅거리는 모습을, 'ᄎᆞᄅᄌᆞᄅᄒᆞ_'는 샘이나 동이 안의 물이 가장자리에서 넘칠락 말락 하는 모양을 그렸다. 또한 웃기, 장식, 고명 등을 '교태'로 표현하여 의미를 더하고 있고, '맛이 묘하니라', '매운 불(강한 불)', '바둑 두 듯 탄탄이 뒤집어' 등의 표현을 구사하여 감성적 미각을 드러내고 있다.

화폭에 담긴 한식

한국 음식 문화를 탐색하는 방법에는 몇 가지가 있다. 고문헌을 통해서, 고조리서를 통해서, 선비들의 일기를 통해서 등이다. 그중 재미있는 접근방법은 풍속화 등 옛 그림에서 음식 이야기를 발견하는 것이다. 이는 세계에서도 드문 접근방법으로 한식재단은 올해부터 풍속화에 담긴 한식의 모습을 그려 내는 일을 진행하고 있다.

이 중에서 대전보건대학교 김상보 교수팀이 정리한 18세기 구이와 전골 문화를 담은 성협의 〈야연〉과 같은 시기 백성의 새참 풍습을 고스란히 드러내는 김홍도의 〈점심〉, 두 그림을 살펴보자.

신윤복의 친척으로 전해지는 18세기 작가 성협이 그린 〈야연〉은 당시 겨울의 시식음식과 모임음식으로 대유행했던 구이와 전골 문화를 한눈에 보여 준다. '야연'은 말 그대로 들판 나무 그늘 아래 앉아 고기를 구워 음식을 나눈다는 뜻이다. 그림을 보면 오른쪽 하단에 이제 관례를 치루면 성인이 되는 아이가 무릎 꿇고 있고, 어른 네 사람이 숯불이 담겨 있는 커다란 발 달린 화로를 중심으로 둘러앉아 있다. 화로에는 전립(氈笠, 병자호란 이후 무관과 사대부들이 쓴 돼지털을 깔아 덮은 모자) 모양으로 만든 남비南飛인 전립투(氈笠套, 벙거짓골)가 올라 있다. 전립투 위 편편한 곳에는 먹기 좋은 크기로 썬 고기가 얹혀져 있다. 나무젓가락으로 익은 고기를 입에 넣고 있는 어른, 나무젓가락으로 고기를 뒤집어 가면서 익히고 있는 어른, 막 익은 고기를 나무젓가락으로 집고 있는 어른이 있는가 하

성협, 〈야연〉(출처 한국데이터베이스진흥원)
당시 유행했던 구이와 전골 문화를 보여 준다.

면, 한 어른은 막걸리를 마시고 있다. 옆에는 막걸리를 담은 술병도 보인다. 주인공 소년은 고기를 손으로 집어서 맛있게 먹고 있다.

소년 앞쪽의 바구니에는 버섯이 바구니 위로 솟구쳐 올라올 정도로 가득 담겨져 있고 옆 작은 소반에는 육수장국을 담은 것으로 보이는 대접이 2개가 놓여 있다. 고기가 구워지는 동안 고기에서 나온 즙액이 움푹하게 들어간 한가운데 저절로 들어가 모이면 육수장국과 버섯 등 채소를 넣어 먹었다. 먼저 구운 고기를 즐기고 다음 야채전골을 즐겼다.

당시 조선은 이렇듯 전립투를 사용하여 고기를 구워 먹는 것이

김홍도, 〈점심〉(출처 한국데이터베이스진흥원)
일반 백성들의 음식 문화를 엿볼 수 있다.

풍미하여 유득공(柳得恭, 1747~1800)이 지은 『경도잡지京都雜誌』나 홍석모洪錫謨가 쓴 『동국세시기東國歲時記』에도 잘 기록되어 있다.

정조시대 궁중화원이었던 김홍도金弘道는 정조 임금의 총애를 받았고 호탕한 품성에 예술적 기량이 출중한 화원이었다. 정조는 녹취재祿取才라는 화원취재에 '속화俗畵'를 포함시킴으로써 김홍도 등의 걸출한 풍속화가를 탄생시키는 배경을 만들었다.

그 대표작인 김홍도의 〈점심〉을 살펴보면 아낙이 날라 온 점심밥을 외거노비(양반의 땅을 경작하기 위해 딴집살이 하는 노비) 또는 일반 백성인 듯한 6명의 남자 장정들이 숟가락과 젓가락을 사용하여 모여 앉아 맛있게 먹고 있다. 뒤편의 한 남자는 밥을 다 먹은 듯, 심부름 하는 아이가 가지고 온 술병에서 막걸리를 대접에 따라 마시고 있고, 점심을 날라 온 아낙은 따라 온 어린 아들에게 밥을 먹이며 업고 온 갓난아이에게는 젖을 물리고 있다.

조선시대에는 왕가에서부터 일반 서민에 이르기까지 아침에는 죽을 먹기도 하였다. 이를 궁중에서는 '조수라早水剌'라 하고, 일반 민중들은 '조반'이라 하였다. 그래서 이덕무는 『청장관전서靑莊館全書』(1795)에서 '서울 시녀市女들의 죽 파는 소리가 개 부르는 듯하다'고 하였을 정도다.

그 당시 사람들은 아침으로 죽을 먹었으니 대신 점심을 많이 먹었던 것 같다. 〈점심〉에 나오는 밥그릇의 크기가 큰 것은 아침에 죽을 먹은데다 농부의 허기진 배를 채우는 양을 감안하여 보아야 한다. 이익도 『성호사설』에서 당시 대식大食 문화를 전하고 있다.

반찬은 높이가 낮은 사각형의 그릇에 담고 밥은 커다란 주발에 담아 먹고 있는 모습인데, 이 밥이 쌀밥인지 보리밥인지 알 길이 없지만, 윗옷을 벗고 있는 모습에서 계절적으로 늦봄 또는 여름으로 보여 보리밥일 가능성이 높다. 맨 앞 왼편에 앉아 있는 남성은 젓가락으로 반찬을 집고 있다. 반찬의 종류는 시기를 늦봄 또는 초여름이라 가정하고 일반 농부들의 식사였던 점을 감안하면 나물 중심이었을 것으로 추정된다. 백성의 밥상에 오른 나물류로는 연근채·원추리나물·박나물·자총나물·미나리나물·황화채·양하나물·파나물·두룹나물·죽순나물·더덕나물·고비나물·상추쌈·깻잎쌈 된장 등 그 계절에 나는 식용 가능한 모든 것이었다.

음식 속담은 한식 문화의 다른 표현이다

우리 속담에는 선조들의 지혜와 삶이 깃들어 있다. 특히 음식과 관련된 속담은 일상생활을 오롯이 반영하고 있어 한국 음식 문화의 다른 표현이기도 하다.

한 연구조사에 따르면 우리 음식 속담은 밥, 술, 떡, 죽, 국, 장 등 소재별 44개 분류에 총 2,803개에 달한다. 이 중 밥과 관련된 것이 680종, 술 654종, 떡 486종으로 압도적이다. 그만큼 우리 음식의 기본이 밥인 것을 증명하는 것이고, 우리 선조들의 술 사랑을 엿볼 수 있다.

음식 본위의 사상을 보여 주는 속담으로는 '금강산도 식후경(금강산 구경도 먹은 후에야 한다)', '나중 꿀 한 식기 먹기보다 당장의 엿 한 가락이 더 달다', '수염이 대자라도 먹어야 양반(배가 불러야 체면을 차릴 수 있다)' 등이 있다. 이는 중국 속담의 '민이식위천(民以食爲天, 백성은 먹는 것을 하늘처럼 여긴다)'와 일맥상통한다.

음식의 맛을 풍자한 속담은 입안에 군침을 돌게 한다. '가을 상추는 문 걸어 잠그고 먹는다(가을 상추는 특별히 맛이 좋음을 비유함)', '가을 아욱국은 계집 내쫓고 먹는다(해산을 앞둔 집에서 아욱을 심기 위해 정자 한 채를 헐어 그 자리에 심는다 하여 아욱을 일명 파루초라 부르게 되었다는 설)' 등이 대표적이다.

또 잘 알려진 '전어 굽는 냄새에 나갔던 며느리 다시 돌아온다(전어 굽는 냄새가 하도 고소해서 시집을 나갔던 며느리가 돌아온다는 뜻)', '장이 단 집에 복이 많다(한번 담그면 오래 두고 먹게 되는 장은 맛있게 담그는 것이 중요하다는 뜻)'도 있다.

그리고 우리가 자주 들어 본 속담인 '작은 고추가 더 맵다(몸은 작지만 힘이 세거나 단단하다는 은유)', '시장이 반찬(맛없는 음식도 배고프면 달게 먹는다)', '둘이 먹다 하나 죽어도 모르겠다(음식이 너무 맛있다는 뜻)'도 애용되는 속담이다.

오래 살고 싶은 욕구를 표현하는 속담들로는 '땡감을 따 먹어도 이승이 좋다(아무리 천하고 고생스럽게 살더라도 죽는 것보다는 사는 것이 낫다)', '사후 술 석 잔 말고 생전에 한 잔 술이 달다(죽은 다음에 제사상에

술과 관련된 속담이 많은 것처럼
우리나라의 술 문화는 발달되었다.

이것저것 차리지 말고 살아 있는 동안에 한 가지라도 더 대접하라)' 등이 있다. 나아가 '한 잔 술에 인심난다'는 손님을 후하게 대접하라는 접빈객의 전통이 스며 있다.

먹는 복을 제일 중요한 복으로 여겨 이를 강조한 속담도 많다. '받은 밥상을 찬다(제게 돌아 온 복을 제가 내치는 경우를 비유함)', '곶감 죽을 먹고 엿목판에 엎드러졌다(곶감으로 쑨 맛있는 죽을 먹었는데, 또다시 엿을 담은 목판에 엎어져서 단 엿 맛까지 보게 되는 복)', '꿩 먹고 알 먹는다(굿도 보고 떡도 먹고)' 등이다.

식생활 경험의 중요성을 담은 속담으로는 '고기는 씹어야 맛을 안다(겉으로만 핥아서는 그 진미를 모름)', '고기도 먹어 본 사람이 많이 먹는다(무슨 일이든지 늘 하던 사람이 더 잘한다)', '초년 고생을 양식 지고 다니며 한다(젊은 시절의 고생은 미래를 위해 중요한 경험이다)'가 대표적이다.

형식보다는 내용이 중요하니 내실을 기하라는 의미의 속담은 '이름 난 잔치 배고프다'와 '빛 좋은 개살구(개살구나무의 열매로 살구보다 맛이 시고 떫어 실속이 없음 비유함)' 등이 있으며 우리 조상들은 이러한 다양한 음식 속담으로 삶의 경계를 삼았다.

엘빈 토플러가 말한 제3의 맛, 발효

한식을 이야기할 때, 빼놓을 수 없는 부분이 '발효'다. 전통적인 한식 식단의 경우 발효음식이 대부분을 차지할 정도로 발효음식은 우리의 한식과 밀접한 관계를 형성하고 있다. 한반도에서 발효음식의 유래가 얼마나 오래되었는지는 『삼국지위지동이전三國志 魏志 東夷傳』으로 미루어 짐작해 볼 수 있다.

이곳 사람들은 청결하고 장양醬釀을 잘 한다.
— 『삼국지위지동이전』

여기서의 '장양醬釀'이 오늘날 우리가 말하는 장, 술, 젓갈 등의 발효음식이다.

> 신문왕 8년(683년) 김흠운의 딸을 왕비로 맞이할 때 납폐품목에 '장'과 함께 '해(젓갈)'가 포함되었다.
>
> — 『삼국사기』〈신라본기〉

세계적으로 수많은 발효음식이 존재하지만 한식에 있어서 '발효'는 명확한 특성을 가지고 있다. 한반도의 밥상은 4계절이 있는 기후와, 채식을 근간으로 하는 식생활로 인해 세계적으로도 유례가 없을 정도로 독특한 발효음식 문화가 발달해 왔다.

우리나라 발효음식 중 첫 번째로 꼽히는 것은 '장 문화'다. 한반도의 독특한 토양과 기후가 만들어 낸 콩과 미생물의 분해 작용이 한국의 독특한 장 문화를 형성하였다.

고대 고구려가 위치한 만주 지역이 장을 담그는 콩의 원산지로 추정된다. 이후 콩을 주재료로 하는 된장, 간장, 고추장은 한식의 맛을 결정하는 가장 중요한 요소다. 장을 만드는 데 걸리는 시간은 최소한 6개월로, 그 후 덧장(장을 담글 때 씨장에 섞어 만드는 장)의 형태로 수십, 수백 년을 이어 고유의 장을 만들어 낸다. 세계 어느 곳에서도 이렇게 긴 기다림의 시간을 거쳐 음식을 만드는 경우는 흔하지

우리나라 고유의 장 문화에는 기다림의 미학이 담겨져 있다.

우리 조상의 지혜가 담긴 김치

않다.

 두 번째로는 김치를 들 수 있다. 배추와 같은 채소에 온갖 종류의 동식물성 양념들이 어우러져 발효과정을 거치면서 몸에 이로운 유산균을 비롯한 여러 요소들을 만들어 내야 비로소 김치가 완성된다. 김치는 중국의 '저(절임)'와 일본의 '채소절임'과는 근본적으로 다르다. 단순히 재료를 소금에 절이는 것이 아닌, 채소에다가 여러 양념을 넣은 다음 발효시켜 만든 젓갈을 섞어서 전혀 다른 형태의 음식을 만들어 내는 것이 김치다.

 특히 조선 중기 이후 고춧가루를 김치에 이용한 지혜는 놀라운 것으로, 한국의 김치는 빠른 부패를 방지하는 고춧가루를 사용하기 때문에 소금을 상대적으로 덜 넣어도 된다. 이로 인해 크게 짜지 않으면서도 비교적 오랫동안 저장이 가능해진다. 또한 고추의 매운 맛을 내는 '캡사이신'은 항산화와 비만 억제 작용으로 건강 유지에 도움을 준다.

엘빈 토플러가 '제1의 맛은 소금, 제2의 맛은 양념 그리고 제3의 맛은 발효'라고 할 정도로 전 세계는 '발효음식'에 열광하고 있다. 이러한 세계적 발효음식 열풍의 중심에는 한식이 자리잡고 있다.

2000년대에 들어서 한식은 '발효'와 채식 위주의 '균형 잡힌 영양'을 근간으로 한 건강식으로서 세계인의 관심을 받고 있다. 2004년 WHO는 한식을 영양적으로 균형을 갖춘 모범식으로 선정하였으며, 2006년 미국의 유명 건강잡지인 〈Health〉는 김치를 세계 5대 건강식으로 선정하기도 하였다.

뿐만 아니라 2009년 〈뉴욕타임스〉의 LA 김치 타코 요리 인기 보도나 2010년 이탈리아의 요리 전문지 〈타퀴니 스토리치[Taquini Storage]〉의 '한국의 발효식품'의 특별기사에서 볼 수 있듯이, 한식은 건강식으로서만이 아니라 맛으로도 세계인을 매료시키고 있다.

매일 다른 한식 상차림의 미학

우리는 매일 상차림을 받아 오며 오늘도 같은 상차림이냐고 투덜대지만 사실 우리는 태어나서부터 죽음에 이를 때까지 각기 다른 다양한 상차림을 받으며 살아간다. 태어나서 건강하고 오래 살라고 축하받으며 받게 되는 백일상, 돌상, 결혼식 때 자손 번창을 의미하는 밤·대추를 올린 폐백상, 죽음에 이르러 자손들에게 받아먹게 되는 제사상 등 매번 다른 의미의 상차림을 대접받는다. 뿐만 아니라 각 명절마다 풍년 기원 등을 위해 각기 다른 음식을 해 먹었으며, 사계절이 뚜렷한 우리나라의 특성상 제철음식을 차려 먹는 것도 한식의 큰 특징이다.

또한 지역마다 각기 다른 상차림이 차려지는데, 대표적인 보신음식으로 남쪽 지방은 보신탕을 먹었지만 서울에서는 주로 민어탕을 먹었다. 이처럼 출생부터 죽음까지 각 삶의 중요한 기점부터 날씨, 계절, 지역에 이르기까지 제각각 다양한 상차림이 있다.

예부터 우리 사회는 관혼상제를 통해 음식 접대나 음식의 사회적 교환 등 독특한 음식 문화가 발달했다. 출생과 관련하여 아기를 출산하면 산모에게 미역국과 흰 쌀밥을 대접한다. 이후 백일, 돌 등의 의례 때 하늘의 거룩함을 의미하는 백설기, 액신이 싫어하는 붉은 색을 통해 액을 막는다는 의미로 붉은 팥고물 등을 대접하며 아이의 탄생을 축하했다.

다음 통과의례음식으로 혼례음식이 있다. 합환주는 부부의 화합을, 밤·대추는 자손 번창을 의미한다. 폐백음식은 신부 집안의 부나 권력을 과시하는 의미도 있는데, 특히 여유가 있는 사람들은 격식을 차리는 훌륭한 집안임을 강조하기 위해 딸이 처음 시댁에 갈 때 '이바지음식'을 넉넉히 보내기도 한다.

마지막으로 제사상이 있다. 유교에서 말하는 효도를 행하기 위해 풍족하지 않은 집이라도 제사를 지낼 때만은 최대한 정성들여 제사상을 장만한다. 하지만 제사상에 올리는 음식은 일단 그 지역에서 손쉽게 구할 수 잇는 식품을 기본으로 했다. 예를 들어 동해안에서는 생선젓을, 산촌에서는 청포묵 무침을, 해안에서는 김구이 등을 올렸는데 여기서 조상들의 합리적 유연성을 볼 수 있다. 또 제수음식은 관행상 고인이 살아생전 좋아하던 음식을 올린다. 언젠가는 제사상에서 고인이 즐겨 먹던 피자나 햄버거 같은 음식들을 볼 수 있을지도 모를 일이다.

오늘날과 같은 지구촌시대에서 식사예절은 한국인의 문화와 교양을 평가하는 척도가 되었다. 예로부터 우리나라 사람들은 아주 어렸을 때에는 어머니나 오누이와 함께 식사하는 것이 상례이고, 남성의 경우 나이가 들면 할아버지나 아버지와 마주 앉아 식사를 하게 된다. 이때 식사예절은 대대로 가정에서 가르치게 되며, 만약 이를 지키기 못하면 그 사람은 버릇없는, 못 배운 집안 자식으로 취급받게 되어 그가 속한 집안까지 격이 낮게 취급한다.

이러한 식사예절은 유교의 영향을 받은 바가 크다. 조선시대에 만들어진 문헌 중에서 식사예절을 다룬 『내훈』, 『청장관전서』, 『여사서』,『규합총서』,『소학』 등에서는 식생활과 관련된 상세한 예의가 기록되어 있다. 예를 들면 모두 함께 밥 먹을 때에는 손을 쓰지 말고, 소리 나게 먹지 않으며, 젓가락은 밥상에 내어 던지지 말고, 숟가락은 그릇에 닿아 소리 나게 하지 말 것 등이 있다.

한민족은 농경민족으로 한 끼 식사에도 온 세상을 다 담으려고 노력하였다. 특별히 이를 정성들여 지킨 것이 제사상이다. 본래 제사상은 우리 조상들이 생각했던 가장 이상적인 밥상이다. 하늘 위부터 바다, 산, 집에서 나는 모든 것을 골고루 올리는 것은 음식이 본래 온 우주의 생산물이라는 것, 그리고 그 생산물을 다시 하늘과 조상에 바침으로써 제사의 주재자인 인간이 온 우주와 소통하고 하나 되는 의미로 경건한 의식과도 같았다.

한식의 미래는 밝다

인간 생존의 기본요소에 해당하는 의식주衣食住의 중심에 위치한 음식 문화의 뿌리를 생각해 보자. 어느 민족이든 원시를 벗어나 형성된 음식 문화에는 공통된 특징이 있다. 그중에서도 가장 큰 특징은 환경적 요인이다. 자연, 사회, 역사적 환경 속에서 끊임없이 진화하는 가운데 우리 민족은 오늘의 먹을거리 문화를 형성해 왔다.

그러한 의미에서 한식은 오랫동안 발효하며 때를 기다리던 우리 민족의 혼과 저력이 고스란히 담긴 역사의 향기다. 수많은 외세의 침략 속에서도 스스로의 정체성을 잃지 않고 오히려 그들 문화를 받아들이고 녹여 낸 차별적이고 독창적인 우리 것으로 만들어 낸 자랑스러운 선조의 지혜가 한식이다.

최근 들어 전 세계가 한류, 그중에서도 한식에 주목하는 이유는 세계사에서도 유례를 찾기 힘든 눈부신 대한민국의 경제적 도약과 함께, 다양하고 차별화된 우리 발효식품이 가지고 있는 비밀스러운 매력 때문이 아닐까 생각한다. 고만고만한 패스트푸드와 육류 문화가 주를 이루는 여타 음식 문화와는 달리 김치를 필두로 자극적이면서도 발효식품이 지니는 건강한 기능식의 강점을 고르게 갖추고 있는 한식의 특성을 세계가 비로소 제대로 이해하게 된 것이다.

한식 세계화의 의미는 또 있다. 한식 세계화가 단순히 문화적 영역에 한정되지 않고 여타 부문에서도 다양한 가치를 창출할 수 있는 새로운 성장동력이라는 면에서 더욱 그렇다. 국가의 브랜드 가치가 상승함에 따른 산업 분야에 대한 긍정적 파급효과는 너무나 당연한 사실이다. 그 예로 전쟁의 상처가 곳곳에 남아 있던 초기 경제개발 단계인 1960대 초중반기만 하더라도 미국산과 일본산은 제품의 종류를 가리지 않고 누구나 선망했었다는 사실이 그것이다.

한식의 세계화는 단순히 식품의 영역을 뛰어넘어 대외교역 의존도가 높은 우리 수출상품 전체에 대한 선호도에 영향을 미친다. 또한 한식에 대한 높은 인지도는 음식관광 활성화에 영향을 미침과 동시에 800만에 육박하는 지구촌 곳곳에서 생활하는 재외교민의 현지에서의 위상을 끌어올리는 데도 크게 기여할 수 있다. 이러한 소중한 민족자산인 한식과 한식 세계화의 미래를 위해 필요한 것은 크게 두 가지다.

우선은 국민이 한식에 대한 다양한 가치를 올바르게 이해하고 무엇보다도 사랑하는 마음을 가지는 것이 중요하다. 스스로를 사랑하는 사람만이 타인을 사랑할 수 있기 때문이다.

또 한 가지는 공공부문과 민간이 서로 긴밀하게 협력하는 한편, 각자의 역할에 충실하는 것도 중요하다. 공공부문이 표준의 정립과 인력 양성, 한식의 역사성과 기능성의 규명과 같은 한식 산업의 기초 인프라의 확충에 충실하고 민간은 응용과 개발을 통해 한식의 산업화를 통해 새로운 부가가치 창출에 매진한다면 지구촌 가족의 식탁 위에 자연스럽게 한식이 자리하는 날이 훨씬 앞당겨질 것이다.

한식의 미래는 밝다. 남은 것은 국민 모두가 각자의 역할을 충실히 수행하는 일이다.

한국사 알리기
STORY

1. 뉴욕 타임스스퀘어에 게재된 비빔밥 광고(2009.12)
2. 뉴욕에서 한식의 세계화를 위해 힘쓴 MBC 〈무한도전〉 멤버들과 서경덕 교수

01 뉴욕 사람들, 오늘 점심 비빔밥 어때요?

뉴욕 타임스스퀘어에 한국 전통의 놋쇠그릇에 맛깔스럽게 담긴 비빔밥 사진이 전면 컬러 광고로 소개되었다. '오늘 점심 비빔밥 어때요?(How about BIBIMBAP for lunch today?)'라는 제목의 이번 광고는 비빔밥에 대한 소개 내용과 함께 광고 하단에는 32가 브로드웨이의 한인타운에 있는 금강산 등 17개 음식점의 대표 상호와 전화번호를 넣어 비빔밥을 먹을 수 있는 곳까지 안내를 해줬다. 이 광고는 한식 세계화를 위해 뉴욕에서 '식객편'을 촬영해 화제를 모았던 MBC 〈무한도전〉팀과 함께 제작한 것으로, 세계인들에게 한식의 대표 음식인 비빔밥을 널리 알리고 한국 음식점을 소개해 많은 외국인들의 방문을 유도하고자 의기투합한 것이다. 광고가 세계적으로 큰 이슈가 되자 일본, 독일 등 각국 재외동포들이 힘을 모아 지역 유력지에 같은 광고를 게재하기도 했고, 각국 유학생들이 광고를 티셔츠에 인쇄해 입고 다니는 등 세계 각지에서 화제가 되었다. 또한 이 광고를 포스터로 제작해 뉴욕 일대를 비빔밥의 형형색깔로 물들이는 퍼포먼스를 진행하기도 했다.

3. 〈뉴욕타임스〉에 게재된 우리나라 한식,
비빔밥과 김치 광고

비빔밥

한류스타 이영애 씨가 〈뉴욕타임스〉에 게재된 비빔밥 광고의 모델로 재능기부를 하여 세계적으로 큰 화제가 되었다. 이 광고는 'BIBIMBAP?(비빔밥?)'이라는 큰 제목 아래 한복을 차려입은 이영애 씨가 드라마 대장금과 비빔밥을 소개한다. 이영애 씨는 한류 인기 드라마 〈대장금〉의 여주인공으로서 비빔밥을 세계인들에게 좀 더 친근하게 소개할 수 있었다.

김치

미국 오바마 대통령의 영부인 미셸 여사가 직접 트위터에 '우리 집 정원에서 재배한 배추로 김치를 만들었어요. 집에서 담근 거랍니다.'라는 글과 함께 김치 사진을 올려 세계적으로 큰 이슈가 되었다. 서경덕 교수는 미셸 오바마가 직접 김치를 담근다는 것은 김치 홍보에 너무나 좋은 아이템이었기에 그냥 넘어갈 수 없어 '김치? 미셸 오바마도 팬이다'라는 광고를 제작하였다. 김치가 많이 알려지기는 했지만 아직도 외국에 있는 일본 레스토랑에서는 '김치'가 '기무치'로 둔갑해 판매되고 있는 상황에서 김치를 전 세계인들에게 널리 알릴 수 있는 계기가 되었다.

4. 〈월스트리트저널〉에
실린 막걸리 광고
(2013.5)

막걸리

서경덕 교수는 배우 송일국과 함께 〈월스트리트저널〉 아시아판 1면에 막걸리 광고를 게재했다. 'MAKGEOLLI?'라는 제목과 함께 '막걸리는 한국인들이 가장 좋아하는 술이며 쌀로 만들어져 몸에도 좋고 특히 김치와 함께 먹으면 더 맛이 좋다.'라는 설명이 곁들여졌다. 이후 송일국 씨는 태국 파타야의 메인 전광판에 막걸리 영상 광고를 상영하는 데 후원하는 등 막걸리 홍보를 위해 많은 도움을 주고 있다.

아리랑

아리랑은 왜 우리 민족에게
상징적인 노래일까?

우리 민족 가슴속 깊이
은근과 끈기를 담은
희망의 노래
아리랑이 흐르고 있다

아리랑은 단순히 노래가 아니다. 우리 민족의 특별한 역사적 고난과 이를 극복한 사회적 경험이 배어 있기에 희망과 치유의 노래로 한국인의 정체성을 드러내 준다. 그래서 누구나 아리랑은 한민족의 DNA가 깃든 노래이자 한민족의 상징으로 여긴다. 특히 아리랑은 지난 2012년 유네스코 인류무형문화유산으로 지정되었다. 아리랑이 우리에게 감동을 준 것처럼 이제는 우리가 주인이 되어 세계인에게 희망과 감동의 의미를 느끼게 해야 할 것이다.

아리랑은 탄식에서 시작되었다

우리 민족이 사는 곳이면 어디를 가더라도 아리랑이 있다. 또 누구나 부를 수 있는 노래도 아리랑이다. 아리랑은 마치 꽃씨와도 같아 우리 민족이 머문 곳이면 그곳의 토양에 맞게 어디서나 꽃을 피운다.

그런데 아리랑은 언제부터 불리기 시작했을까? 대부분 아리랑을 입에서 입으로 전해져 내려온 천년의 소리라고 얘기하지만 언제부터, 어떤 형태로 불리기 시작했는지 정확히 알려진 것이 없다. 이러한 풀리지 않는 의문에 답을 해줄 수 있는 것은 확실한 문헌적 근거와 이에 따른 사실적 접근이다.

지금까지 발견된 최초의 아리랑 기록은 조선시대로 올라간다.

조선시대 후기 천주교 신자였던 이승훈(李承薰, 1756~1801)의 『만천유고蔓川遺稿』에 있는 〈농부사農夫詞〉의 한 구절을 주목할 필요가 있다.

啞魯聾 啞魯聾 於戲也 …
아로롱 아로롱 어희야

물론 이 말이 민요 아리랑이라고 단언할 수는 없지만, 지금 불리고 있는 아리랑과 비슷한 후렴구가 조선후기에도 있었음을 일러준다.

아리랑에 대한 구체적인 사실은 1865년부터 시작된 경복궁 중수 때 아리랑이 전국적인 민요가 되기 시작했다는 것이다. 당시 경복궁 중수를 위해 전국에서 목재 등의 물자가 서울로 운반되었고, 수많은 일꾼들이 모여들었다. 밤낮을 가리지 않고 부역을 하던 사람들은 일을 하거나 쉴 때 여러 지역의 뒤섞인 노래를 부르며 고단함을 달랬다. 백성들은 원납전을 내야 했고 부녀자까지 부역에 동원되어야 했다. 이 모든 것이 얼마나 힘들고 괴로웠던지 "차라리 귀가 먹었으면 좋겠다."고 탄식했다. 이때 읊조린 '아이롱我耳聾'이 입에서 입으로 전해지면서 아리랑으로 변해 각 지역의 민요에 붙어 조선팔도 곳곳으로 확산되어 갔다고 한다.

입으로 전해 내려오던 아리랑을 처음으로 서양식 기보법으로 기록한 것은 구한 말 선교사로 활동하던 헐버트(Homer B. Hulbert, 1863~1949)에 의해서였다. 미국 태생으로 대한제국 왕립 영어학교

헐버트가 채보해 1896년 〈The Korean Repository〉에 소개한 아리랑
서울, 경기 지역을 중심으로 불리던 〈경기자진아리랑〉을 바탕으로 한 '구아리랑'이다.

교사로 한국과 인연을 맺고 고종의 외교자문이자 저술가로 활동한 헐버트는 1896년 〈The Korean Repository〉에 'Korean Vocal Music'이란 제목으로 아리랑 악보와 가사를 해설과 함께 실었다. 여기서 언급한 아리랑은 'Ararung(아라룽)'이었으며, 본문에는 '아르랑 아르랑'이라는 한글 표기도 덧붙였다. 그 악보에 '문경새재 박달나무 홍두깨 방망이 다 나간다'고 적혀 있다.

아라룽은 당시 서울, 경기 지역을 중심으로 불리던 〈경기자진아리랑〉을 바탕으로 한 '구아리랑'이다. 그에게 아리랑은 언제 어디서나 들을 수 있는 조선 최고의 유행가이자 한국인에게 없어서는 안 될 에너지의 원천과도 같이 느껴졌다.

이 노래는 언제 어디에서나 들을 수 있다. … 사실 그 가락은 즉흥곡의 명수인 한국인에 의해 수많은 즉흥곡으로 대체되었다. 하지만 후렴은 변하지 않고 쓰인다. … 한국인은 노래하지 않고서는 견딜 수 없어 노래한다. 한국인에게 아리랑은 밥과 같다.

노래하지 않고서는 견딜 수 없는 한국인에게 언제 어디서나 들을 수 있는 노래 아리랑은 매일 먹는 밥처럼 일상의 노래가 되기 시작했다.

1900년에 황현黃玹이 펴낸 『매천야록梅泉野錄』에는 아리랑이 궁 안에서까지 불렸다는 재미있는 기록이 나온다.

고종은 밤만 되면 전등을 켜놓고 배우들을 불러 새로운 노래를 부르라고 했다. 이번 곡은 〈아리랑 타령阿里娘打令〉이라고 했다. 이 타령이란 말은 곡조를 길게 빼는 것을 세속에서 일컫는 말이다. 민영주閔泳柱는 배우들을 거느리고 오직 〈아리랑 타령〉만 전담하고 있으면서 그 우열을 논하여 … 금은으로 상을 주었다. 이 놀이는 오토리 게이스케大鳥圭介가 대궐을 침범한 후에 중지되었다.

일본공사 오토리 게이스케가 대궐을 침범한 때는 1894년 6월 21일이다. 이 사실에 비춰 볼 때 아리랑은 조선 후기에 들어서면서 서서히 성장하기 시작해 19세기 말에는 고종과 명성황후까지 듣고 즐거워하는 음악이 되었음을 알 수 있다.

그러나 헐버트의 기록과 경복궁에서의 아리랑은 '구아리랑'으로 지금의 아리랑과는 달랐다.

영화 〈아리랑〉과 함께 유행처럼 번진 아리랑

아리랑은 일제강점기의 영화 주제곡에서 비롯되었다. 1926년 10월 1일 서울 단성사에서 아리랑 역사의 일대 전환점이 되는 사건이 일어났다. 나운규羅雲奎가 연출하고 주연을 한 무성영화 〈아리랑〉이 개봉된 것이다. 개봉 첫날부터 주제가 가사가 문제되어 대중의 호기심이 최고조에 이를 때였다. 일제의 압제하에 놓인 우리 민족의 고단한 삶을 그린 영화 〈아리랑〉은 아리랑의 불꽃을 전국적으로 활화산처럼 타오르게 했다. 주인공 영진이 일본 경찰에게 체포되어 아리랑 고개를 넘는 마지막 장면에서는 관객들도 주제가인 아리랑을 따라 부르며 극장 안이 눈물바다가 되기도 했다. 영화 〈아리랑〉은 관객들의 억눌린 정서와 상상력을 자극했으며, 관객들은 아리랑을 부르면서 3·1 운동의 좌절감, 나라 잃은 설움 등을 달래고 풀어 낼 수 있었다. 무성영화 〈아리랑〉은 중국과 일본 등지에서까지 상영되었고, 주제가인 아리랑은 널리 퍼져 가게 되었다.

영화가 상영되지 않는 벽촌 사람들조차 가슴 깊이 새긴 노래 아리랑, 당시 눈물로 부르던 주제가 아리랑은 구아리랑을 모태로 나운규가 새롭게 편곡하고 이상숙李上淑 등이 부른 노래로 지금 우리

1926년 영화 〈아리랑〉을 제작한 나운규
신민요 아리랑은 영화 〈아리랑〉의 주제가 되었다.

가 흔히 듣는 아리랑이 바로 그것이다.

영화 〈아리랑〉은 이전과는 사뭇 다른 신민요 아리랑의 전국적인 확산을 가져왔으며, 아리랑의 민요적 위상은 한층 높아져 갔다. 아리랑은 민요를 뛰어넘어 유행가로 저항의 사회적 기능을 드러내기도 했다. 아리랑이 전국으로 퍼져 나가며 사회의 구조적 모순을 타파하는 내용의 전설이 더해지는가 하면 지역마다 다른 색깔의 아리랑이 나타나기 시작했다. 때론 일제하의 삶을 단순히 피동적으로 살지 않고 끊임없이 저항하는 노래가 되기도 했다.

아리랑이 유행하자 〈문자 보급가〉나 〈종두 선전가〉를 아리랑 가락에 실어 부르기 시작했고, 잃어버린 조국을 찾자는 〈광복군 아리랑〉, 〈독립군 아리랑〉도 나타났다.

하지만 아리랑을 불온한 노래라고 본 일제는 1933년 5월 조선총독부령으로 4종의 음반에 대해 발매 금지령을 내렸는데, 그 가운데 금지곡 목록 맨 첫머리에 오른 노래가 아리랑이었다. 그러나 일제가 금한 아리랑은 특정 음반에 수록된 아리랑일 뿐 모든 아리랑을 금하지는 못했다. 아리랑은 하루가 멀다 하고 풍자와 해학이 깃든 가사들이 계속해서 생겨났다. 1930년대 중반부터는 왜색 음계를 차용한 〈아리랑 노래〉, 〈강남 아리랑〉, 〈아리랑 술집〉, 〈아리랑 아가씨〉 등 아리랑 아류 가요들이 쏟아지기 시작했다.

일제강점기는 억압 속에 아리랑이 고난의 꽃을 피운 시기였다. 아리랑은 나라 잃은 우리 민족의 설움을 달래 주었고, 민족 정체성을 되새기며 희망을 그리는 노래로 국민의 가슴속에 퍼져 나갔다.

6·25 전쟁 때 아리랑은 전 세계로 퍼져 갔다

해방의 기쁨을 채 느끼기도 전 우리 민족은 남북으로 갈라졌고, 동족상잔이라는 비극의 수렁에 빠져들었다. 6·25 전쟁이 발발하자 UN군 소속으로 16개국 군대가 참전했다. 북한군을 돕기 위해 중국과 러시아가 참전했고, 동구 공산권 국가들이 의료진을 파견하는 등 6·25 전쟁은 100만 명이 넘는 병력이 투입된 전쟁이었다. 해외 언론은 매일 6·25 전쟁 소식을 알렸다. 전쟁이 장기전에 돌입하면서 우리 민족의 고단한 삶과 다양한 문화가 소개되었는데, 이때 아리랑도 한반도 밖으로 퍼져 나가기 시작했다.

유엔군으로 참전한 군인들에게 아리랑은 귀익은 노래였다. 포연 속에서 틈틈이 듣던 노래가 아리랑이다 보니 군인들의 뇌리에도 아리랑은 깊이 남았다. 후방에선 아리랑이 넘쳐났다. 유엔군들에게 파는 기념품으로 아리랑이 새겨진 스카프와 손수건, 아리랑 라이터와 인형도 나왔다. 그 가운데 용이 휘감은 한국 지도에 참전국가 깃발이 둘러쳐진 모습, 우리나라 지도를 중심으로 색동옷을 입은 가족과 '농사국가지본農事國家之本'이라는 깃발 아래 춤추는

아리랑 악보와 가사가 실린 아리랑 스카프
6·25 전쟁에 참전한 유엔군들에게 참전 기념품으로 인기가 높았다.

흥겨운 모습에 아리랑 악보와 가사가 'ARIRANG SONG'이라는 제목으로 실린 스카프가 귀국 선물로 인기를 끌었다. 6·25 전쟁통에 톡톡한 재미를 본 일본에서는 참전 군인들이 일본을 거쳐 귀국하게 되자 유성기 음반세트 속에 마치 아리랑이 일본 민요인 양 아리랑을 끼워 넣어 판매하는 상술을 드러내기도 했다.

참전한 군인들뿐만 아니라 위문공연을 위해 한국을 찾은 가수나 연주자들, 종군기자들도 아리랑을 만났다. 1951년 위문공연을 위해 한국에 왔다가 아리랑을 듣게 된 오스카 페티포드 Oscar Pettiford 는 아리랑을 '아-디-동'으로 잘못 알아듣고 멜로디를 기록해 두었다가 귀국한 후 재즈버전의 〈아디동 불르스Ah De Dong Blues〉라는 재즈로 만들어 SP음반에 담아 발매했다. 1952년 최초의 재즈버전 아리랑은 이렇게 해서 탄생된 것이다.

엘리 윌리엄즈Elly Williams처럼 종군기자가 기록한 아리랑을 부른 가수도 있다. 그는 UP통신사 기자 스탠리 리치Stanley Rich가 한국에 머물 당시 경험한 사랑의 멜로디 아리랑을 불러 1954년 EPExtended Play로 취입했는데, 이 음반은 발매 일주일 만에 '이 주의 앨범'으로 선정되었다. 당시 엘리 윌리엄즈는 아리랑을 '2,500만 한국인의 가슴속에 살아 숨쉬는 노래'라고 소개했다.

1951년 영국계 미국 가수로 전 세계 민요를 두루 섭렵하던 피트 시거Pete Seeger도 아리랑을 불렀다. 1950년대부터 조안 바에즈Joan Baez와 함께 모던포크 운동을 주도하던 피트 시거가 반조banjo를 연주하며 부른 노래 〈Ariran〉은 마침내 1953년 미국 스틴슨Stinson 레코드에서 10인치 LP음반으로 발매되고, 그 후 독일과 영국에서도 출반되어 많은 사람들을 사로잡았다. 그는 아리랑을 부르기 전 아리랑의 역사와 배경에 대해 짧게 소개하며 평화를 소망했다. '한국에는 다양한 멜로디의 아리랑이 있다. 일본이 지배할 때는 이 노래를 금지하기도 했지만 지금 남북이 분단되어 있어도 남한과 북한이 함께 부르는 노래다.'며 전쟁을 반대하고 평화가 오기를 염원하며 아리랑을 불렀다. 피트 시거는 아리랑을 남북이 하나라는 상징적인 노래로 보았다.

태평양을 건너간 아리랑은 1950년대 모던포크 운동의 여파 속

1951년 위문공연을 위해 한국을 방문한 오스카 페티포드와 그가 편곡한 아리랑이 〈아디동 블루스〉라는 제목으로 실린 SP음반

엘리 윌리엄즈가 1954년 취입한 아리랑 EP음반과 해설과 함께 수록한 아리랑 악보

에 미국에서 급격히 퍼져 나갔고, 구슬프면서도 아름다운 멜로디로 사람들 가슴 깊이 자리잡게 되었다.

민족 분단과 전쟁은 우리에게 가늠할 수 없는 슬픔과 절망을 안겨 주었고 이 땅을 폐허로 만들어 버렸지만 포연이 자욱한 시기에 우리나라 민요 아리랑이 입에서 입으로 전 세계에 퍼져 나가는 계기가 되었다.

아리랑, 일상의 노래가 되다

6·25 전쟁이 끝난 후 암울했던 시절, 김옥심·이은주 등의 명창들은 구성진 목소리의 아리랑으로 상처받은 사람들을 달래며 큰 인기를 누렸다. '아리랑'이라는 제목을 단 대중잡지도 나와 전쟁 후 난세를 즐겁게 헤쳐 나가는 방법론을 제시하기도 했다. 이 무렵 아리랑은 삶을 짓누르는 현실을 위로하며 희망을 표출하는 치유의 노래였다. 가슴에 진 응어리를 풀어 내며 절망에서 희망으로 넘어가는 노래였다.

우리 민족의 희로애락을 고루 담아 낸 아리랑은 1960년대 들어서면서부터는 단순한 민요를 넘어 시위가요로 성격이 바뀌기도 했다. 남녀노소 누구나 알고 있다 보니 가사를 투쟁에 걸맞게 바꿔 항쟁가와 쟁의가로 불렀다. 한편으로는 이 무렵 간간히 맥을 잇다가 흔적조차 없이 사라져 간 아리랑도 한둘이 아니었다.

1950년대 우리나라에서 발행된 대중문예지 〈아리랑〉 잡지

 때늦은 감이 있으나 1980년대에 들어서면서 우리 문화에 대한 관심이 커져 아리랑은 주목을 받기 시작했다. 서울 올림픽 당시 공식음악으로 선정되어 선수 입장식 때나 시상식 때 연주된 아리랑은 지구촌 곳곳의 안방에까지 울렸고, 폐막식 때도 아리랑 가락에 맞추어 손에 손을 잡고 석별의 정을 나누었다. 1990년대부터 탁구, 축구 등의 국제대회에서는 남북 단일팀의 응원가로 아리랑을 불러 두터운 체제와 이념의 벽을 훌쩍 뛰어넘기도 했다.
 아리랑은 어떤 형식의 틀에 묶인 소리가 아니다. 아리랑을 부르는 사람들에게 문법이나 규율, 억압 따위는 중요한 것이 아니었다. 오히려 삶을 짓누르는 현실을 박차고 일어나 아리랑과 함께 사랑과 기쁨을 마음껏 표출했던 것이다. 일정한 음에 마음 내키는 대로 가사를 붙여 부르는 동안 슬픔과 기쁨, 갈등과 대립 등 가슴

속에 품은 정한은 술술 풀려 나갔으며, 그만큼 아리랑의 공간은 전국으로, 지구촌 곳곳으로 확장되기도 했다.

찍어다 소리를 붙이면 〈정선아리랑〉이 된다

〈정선아리랑〉은 우리나라 아리랑 가운데 토속민요를 대표하는 아리랑으로 산간 지방의 정서를 잘 담고 있다.

정선 사람들은 오랜 옛날부터 하루하루 고달프고 쓸쓸한 삶을 정선아리랑 가락에 담아 풀어 나갔다. 첩첩 산골에 묻혀 사는 설움, 시집살이에 대한 버거움, 어리거나 늙은 남편에 대한 원망과 그리움 등을 구성진 가락으로, 때론 풍자와 해학으로 달래며 살아왔다.

〈정선아리랑〉은 〈긴아리랑〉과 〈엮음아리랑〉으로 구성되어 있다. 가사가 느리고 길게 이어지는 〈긴아리랑〉을 〈자진아리랑〉으로 조금 빠르게 부르기도 하지만, 일반적인 〈정선아리랑〉의 구조는 〈긴아리랑〉이다.

비가 올라나 눈이 올라나 억수장마 질라나
비봉산 산자락에 실안개 돈다

아리랑 아리랑 아라리요
아리랑 고개고개로 나를 넘겨주게

〈정선아리랑〉 가사의 내용은 대부분이 남녀 간의 사랑과 그리움, 시집살이의 고됨과 서러움 등 자신과 자신을 둘러싼 삶에서 비롯된다. 혼자 부를 때는 구슬픈 느낌이 들 만큼 느린 소리지만, 여럿이 돌아가면서 부를 때는 해학적이고 원색적인 가사를 자진 가락으로 흥에 겨워 불렀다.

그리고 〈긴아리랑〉 가사에 다 담지 못하는 삶의 응어리는 〈엮음아리랑〉으로 불렀다.

>우리집의 서방님은 잘났던지 못났던지
>얽어매고 찍어매고 장치다리 곰배팔이
>노가지 나무 지게위에 엽전 석 냥 걸머지고
>강릉 삼척에 소금 사러 가셨는데
>백복령 굽이굽이 부디 잘 다녀오세요

앞부분은 서양음악의 랩처럼 사설을 이야기하듯 촘촘 엮어 가다가 뒤에서는 다시 〈긴아리랑〉 가락으로 부르는 〈엮음아리랑〉은 해학과 흥겨움의 골계미를 갖추고 있다.

우리나라의 수많은 아리랑 가운데 〈정선아리랑〉이 오랫동안 구전되면서도 명맥을 잘 이어가는 데는 정선 사람들의 정서와 잘 맞아 떨어지기 때문이다. 음악적으로도 최고음과 최저음의 폭이 그다지 크지 않고 선율이 늘어지면서 단조로워 누구나 귀에 익으면 즉흥적으로 가사를 만들어 무한정 붙일 수 있다. 그래서 〈정선아

정선 오일장이 열리는 날 〈정선아리랑〉 소리꾼들과 어우러져 춤을 추는 관광객들

리랑〉을 '찍어다 붙이면 되는 소리'라고 한다.

〈정선아리랑〉은 다른 지역의 아리랑에 비해 가사에 추종하다 보니 노랫말도 그만큼 다양하다. 숱한 세월을 거쳐 오는 동안 시시때때로 만들어지고 다듬어진 〈정선아리랑〉 가사는 지금 채록된 것만 해도 7천여 수에 이르러 우리나라 민요 가운데 가장 방대하다는 평가를 받고 있다. 그 가사에는 가난하면서도 낙천적으로 살아온 정선 사람들의 정서가 시대마다 서로 다른 빛깔로 고스란히 쌓여 전승되고 있다.

정선 땅에서 할머니, 할아버지를 만나 소리를 듣다 보면 대부분 아주 느리게, 편하게 흥얼거리며 부르는 모습을 볼 수 있다. 그러다가 여럿이 어우러지거나 흥이 나면 점점 빨라진다. 〈정선아리랑〉

아리랑 : 당신이 알아야 할 한국사 10

은 느리게 부르면 구음口音에 가깝고, 빠르게 부르면 전혀 다른 모습을 띈다.

〈정선아리랑〉을 접하는 사람들은 슬프게도 느끼고, 흥겹게도 느낀다. 한 가지 노래에 대해 여러 가지로 느낀다는 점은 〈정선아리랑〉이 그만큼 많은 정서를 담아 내는 그릇과도 같기 때문이다.

〈정선아리랑〉은 삶과 죽음, 사랑과 이별, 좌절과 극복, 은근과 끈기 등 삶의 질곡을 모두 담을 수 있는 민요로 자리잡았다. 정선이라는 고립된 공간에서 〈정선아리랑〉을 부르는 일은 자기 존재의 확인과 역설을 통해 현실을 극복하고자 하는 의지가 담겨 있는 것이다.

정선군 여량면 여량리 아우라지 나루터는 〈정선아리랑〉의 대표적 배경이다. 〈정선아리랑〉은 아우라지를 사이에 두고 여량리에 사는 처녀와 유천리에 사는 총각이 깊은 사랑에 빠졌다는 전설이 있다. 처녀는 노란 동박꽃을 따러 간다는 핑계를 대고 매일 유천리 싸리골로 다니며 총각과 사랑을 나누었다. 그러던 어느 날 밤 폭우로 강물이 불어 나룻배가 다니지 못하게 되자 만날 수 없게 된 처녀 총각은 강가에 나와 쳐다보며 그리움을 담아 아리랑을 불렀다고 한다.

아우라지 뱃사공아 배 좀 건네주게
싸리골 올동박이 다 떨어진다

제31회 정선아리랑제 폐막식에서 〈정선아리랑〉을 부르는 소리꾼들(2006.9)

떨어진 동박은 낙엽에나 쌓이지
잠시 잠깐 님 그리워 나는 못살겠네

〈정선아리랑〉은 오래전부터 무슨 뜻인지조차 모를 때부터 말문이 열리던 소리였고, 생활 속에서 저절로 귀에 익어 부르는 소리였다. 정선 땅 어디를 가더라도 〈정선아리랑〉을 듣는 일은 그리 어렵지 않은 것도 생활 속에서 자연스레 전승되기 때문이다.

일반적으로 〈정선아리랑〉의 기원을 고려 말 조선의 창업에 반대해 개성 두문동杜門洞에 은거한 72현 가운데 일곱 명이 송도에서 지금의 정선 거칠현동으로 들어와 살면서 그들의 심정을 한시로 지어 부른 데서 비롯되었다고 하나 문헌적인 근거는 확실치 않다.

두메산골 사람들의 삶을 투박하게 담아 내던 〈정선아리랑〉은 오랜 세월을 두고 자연스럽게 전국 방방곡곡으로 퍼져 가 그곳의 문화적인 특성이 더해져 또 다른 이름의 아리랑을 낳았다. 지금처럼 교통과 통신이 발달하지 못한 시대에 〈정선아리랑〉의 전파는 순전히 사람들의 입을 통해서였다. 출가한 남녀, 소리꾼, 떼꾼, 화전민, 장돌뱅이 등등 사람의 이동은 〈정선아리랑〉을 자연스럽게 확산시키는 데 큰 역할을 했다.

〈정선아리랑〉은 전문적인 소리꾼들만이 아니라 오늘도 생활 곳곳에서 구전심수口傳心授로 살아 불리고 있기 때문에 우리나라 아리랑의 보존과 전승의 이정표이기도 하다.

그 유명한 '날 좀 보소'는 〈밀양아리랑〉이다

경상도 민요를 대표하는 〈밀양아리랑〉은 힘찬 세마치 장단의 경쾌함이 짙게 깔려 있어 누구나 들으면 저절로 흥이 난다.

날 좀 보소 날 좀 보소 날 좀 보소
동지섣달 꽃 본 듯이 날 좀 보소

아리 아리랑 쓰리 쓰리랑 아라리가 났네
아리랑 어절씨구 아라리가 났네

중국 심양시 소가툰구의 조선족 식당 개업식에서
〈밀양아리랑〉 노래에 맞춰 춤을 추는 노인들

〈밀양아리랑〉은 처음 듣는 사람들도 금방 따라 부를 만큼 쉬워 우리나라 그 어느 아리랑보다도 빠른 전파력을 가지고 있다. 근래까지 밀양시나 지역 문화예술계에서 그다지 전승 노력을 기울이지 않았음에도 우리나라는 물론 중국, 일본, 러시아 등지로 퍼져 나갔다. 이미 중국 동북 지역이나 러시아 연해주 일대를 근거로 항일운동을 하던 독립군들이 부른 〈독립군 아리랑〉이나 1940년대 임시정부 광복군의 군가로 불린 〈광복군 아리랑〉도 〈밀양아리랑〉을 바탕으로 한다. 가사 전달이 쉽고 소박함보다는 경쾌함이 드러나다 보니 군가로 불렸을 것이다.

일제강점기 SP음반으로 발매되어 토속민요라기보다는 통속민요로 확산된 〈밀양아리랑〉은 6·25 전쟁 당시 국군이 심리전을 펴면서 적진 바로 앞에서 선무방송을 통해 불렀고, 중공군은 노랫말

〈밀양아리랑〉의 배경 가운데 하나인 영남루

을 바꿔 〈파르티잔 아리랑(빨치산 아리랑)〉으로 부르기도 했다. 뿐만 아니라 1950년대 초부터 북한의 민요집, 음악 교과서, 음악 교재, 음반 등에도 거의 빠지지 않고 등장하는 아리랑이다.

　〈밀양아리랑〉은 1980년대 민주화의 열기 속에 운동권에서 가사를 바꾸어 부르거나 저항의 노래가 되기도 하는 등 시대에 맞게 끝없이 변주되어 신명의 노래, 전국구 아리랑으로 자리매김하고 있다.

　〈밀양아리랑〉도 다른 아리랑과 마찬가지로 배경을 이루는 전설이 있다. 조선 명종 때 밀양 부사에게 아랑이라는 딸이 있었는데 한 관노가 아랑의 미모에 반해 사모하게 되었다. 어느 날 이 관노가 침모를 시켜 아랑을 영남루로 유인했다. 아랑이 영남루에 올라 달빛에 취해 있을 때 그 관노가 나타나 사랑을 고백하고 말을 듣지 않으면 죽이겠다고 위협을 했다. 하지만 아랑이 저항을 하자 칼로 찔러 살해하고 암매장해 버렸다. 딸을 찾지 못한 부사가 서울로 올라가고 난 후부터 새로 부임하는 부사가 원인 모르게 급사하는 일이 되풀이되었다. 그러다가 담이 큰 부사가 부임하여 아랑귀신을 만나 자초지종을 알게 되고 죄인을 찾아 처벌하여 아랑의 원한을 달래 주었다는 이야기다.

아랑의 정절을 기려 밀양의 부녀들이 부르던 노래가 〈아랑가〉였는데, 그것이 변하여 〈밀양아리랑〉이 되었다는 것이다. 해마다 음력 4월 16일에는 아랑의 넋을 추모하는 아랑제가 밀양에서 열리고 있다. 그러나 아랑전설은 영남루를 배경으로 하는 전설일 뿐 〈밀양아리랑〉과는 관련이 없다.

지나다 눈만 맞아도 〈진도아리랑〉이 절로 나온다

〈진도아리랑〉은 남도 민요의 정수라 할 수 있다. 민요는 보통 음악 구조가 단순하고 가락이 서정적이지만 판소리와 산조를 키워 낸 남도의 〈진도아리랑〉은 특유의 장중한 맛을 낸다.

진도 사람들에게 아리랑을 부르는 건 일상과도 같다. 진도에서는 '지나다 눈만 맞아도 아리랑 가락이 절로 나온다'고 한다. 〈진도아리랑〉이 주는 정서의 농도와 예술적인 정취는 이미 2백만 관객이 넘게 관람을 한 영화 〈서편제〉에서도 잘 드러난 바 있다. 전라도의 산과 들을 배경으로 아버지와 딸과 아들이 장구치고 춤추며 부르던 〈진도아리랑〉은 많은 아리랑 중에서 가락이 유연하고 마디마디 넘어가는 면에서 유려함을 느낄 수 있다. 또 구성진 굵은 목을 눌러 내는 듯한 독특한 창법은 표현하기 힘들 만큼의 묘한 분위기를 담고 있다.

서산에 지는 해는 지고 싶어 지느냐
날 두고 가신 님은 가고 싶어 가느냐

〈진도아리랑〉은 멀쩡한 사람을 웃기다가도 울려 버린다. 주로 세마치 장단, 잦은 중모리 장단으로 부르는 〈진도아리랑〉은 슬프다 싶으면 한없이 슬프고 구성진 가락 같기도 하고, 멋스럽다 싶으면 한없이 흥겹게 느껴진다. 가락에 멋과 흥취가 있다 보니 다른 지역의 아리랑과는 구별되는 여음의 묘미가 느껴진다. 시대의 흐름과 맥을 같이 한 가사에는 슬픔에서 기쁨으로, 기쁨에서 슬픔으로 넘나드는 풍부한 인간 감정이 고루 담겨져 있다. 그만큼 〈진도아리랑〉은 듣는 사람에 따라서 느낌을 달리할 수 있는 무한한 융통성과 가변성을 지니고 있다고 볼 수 있다.

그런데 〈진도아리랑〉의 음악적 특성을 살펴보면 전라도 동부 지역에서 논을 매면서 불렀던 〈산아지 타령〉과 음악적 형식이나 선율 구조에서 거의 일치한다. 〈진도아리랑〉이 독자적으로 창작된 민요가 아니라 〈산아지 타령〉이라는 노동요가 흥과 멋을 더해주는

진도군 의신면 사천리 첨찰산 입구에 있는 진도아리랑비

유희요로 바뀐 것이라는 얘기다. 이때가 일제강점기라고 하는 식민지 상황에 대한 자조적 한탄과 이를 극복하고자 하는 의지가 섞이던 1900년대 초반이라는 견해가 일반적이다.

진도군에서 발행한 『옥주의 얼』에는 〈진도아리랑〉의 기원에 대해 1900년대 초반에 우리나라 대금의 명인이자 젓대의 창시자인 박종기(朴鐘基, 1879~1939) 선생이 박진권, 박동준, 채중인, 양홍도 등과 함께 모여 아리랑을 작사, 작곡하였다 한다.

〈진도아리랑〉의 기원 설화로는 몇몇 이야기가 전하는데, 대표적인 것이 경상도의 대갓집 처녀와 그 집에서 머슴을 살던 진도 총각의 사랑 이야기다. 옛날 먹고 살기가 힘겨운 시절, 진도 총각이 경상도 대갓집에 들어가 머슴살이를 하다가 어여쁜 주인집 딸과 사랑을 하게 되었다. 두 사람의 사랑은 깊었지만 부모의 반대로 부부의 연을 맺고 살기 어렵게 되자 쫓기는 몸이 되어 진도로 도망쳤다. 두 사람은 문경새재를 서럽게 넘으면서 이렇게 흥얼거렸다고 한다.

문경새재는 웬 고갯가
구부야 구부야 눈물이 난다
아리 아리랑 쓰리 쓰리랑 아라리가 났네
아리랑 응응응 아라리가 났네

이들이 자신의 처지를 비관하지 않고 삶을 흥겨움으로 승화시킨 모습은 '응응응'으로 부르는 간드러진 콧소리와 리듬의 종지성 終止聲을 치켜올려 경쾌하게 이어가는 후렴에서 절정을 이루는 듯하다. 설에 불과한 애틋한 사랑 이야기이지만 고된 삶을 노래하면서도 구슬픈 가락에 신명이 담겨 있는 〈진도아리랑〉의 특징이 잘 드러난다.

〈진도아리랑〉은 현재 진도에서만 불리는 것이 아니라 전국으로 퍼져 나갔으며, 중국, 일본 등지에서도 불리는 노래가 되었다. 우리나라와 북한의 음악 교과서에 실릴 정도로 전통성과 예술성이 높게 평가되고 있다.

북한의 아리랑, 체제 선전의 이면

북한의 과학백과사전출판사가 1983년 발행한 『백과전서』에는 북한에서는 아리랑에 담긴 주제에 대해 '님에 대한 간절한 애정의 호소와 버리고 간 님에 대한 원망, 님을 가로막고 있는 고개를 넘어가려는 지향'으로 풀이하고 있다고 나와 있다.

대략 20여 종이 넘는 북한의 아리랑은 민요 아리랑과 가요 아리랑으로 크게 구분할 수 있다. 민요아리랑 가운데 북한에서 〈아리랑〉과 〈영천아리랑〉, 〈밀양아리랑〉, 〈랭산모판 큰애기 아리랑〉은 널리 불리는 아리랑이다.

아리랑의 전설을 담고 있는 북한 어린이 그림책

빠른 5/8박자 엇모리 장단으로 장식음을 사용해 간드러지게 부르는 〈경상도아리랑〉은 〈영천아리랑〉과 함께 최근까지 북한에서 발행한 교과서, 민요집이나 LP음반, CD 등에 자주 등장하는 아리랑이다.

    울넘어 담넘어 님 숨겨 두고
    호박잎만 난들난들 날 속였네

— 〈경상도아리랑〉

아라린가 쓰라린가 영천인가

아리랑 고개로 날 넘겨주오

— 〈영천아리랑〉

단순한 절주 형태로 선율변화가 특징인 〈경상도아리랑〉은 길게 늘어지듯 부르다가 점차 빨라지는 노래로 서정적인 가사와 구성진 노래로 공훈배우 김정화 등을 비롯해 북한 민요가수들이 즐겨 불렀다. 경상도라는 지명이 나타나지만 경상도 지역에서보다는 주로 북한에서 전승되는 아리랑이다. 〈경상도아리랑〉 등은 음악 조기 교육을 위한 피아노와 가야금 배우기 등의 교본에도 실려 있어 북한 어린이들까지 연주하고 부를 줄 아는 노래가 되었다.

〈영천아리랑〉은 아주까리 동백이 열리고 머루 다래가 열리는 계절, 사랑의 꽃이 피는 여성들의 모습을 그대로 담고 있다. 〈영천아리랑〉의 내용은 대체적으로 민족적 정서를 다루고 있으나 창법은 우리 정서에 익숙하면서도 좀 낯설게 들리는 이질적인 양면성을 지니고 있다. 이는 북한의 아리랑이 전통음악에 뿌리를 두는 한편 '주체발성법'이라고 하는 그들만의 창법에 맞게 변주한 결과일 것이다.

그러나 전통적인 아리랑과는 달리 북한에서 아리랑은 '예술은 영웅적 투쟁 모습을 그려야 한다'는 기조에 따라 1990년대 이후 사회주의 리얼리즘 입장에서 체제를 선전하는 모습을 드러내기도 한다.

북한이 자랑하는 '대집단 체조와
예술공연 아리랑' 포스터

　2000년 가을 김정일 국방위원장은 아리랑을 주제로 한 가요 창작을 지시했다. 이때부터 〈강성부흥아리랑〉, 〈철령아리랑〉, 〈군민아리랑〉, 〈간삼봉에 울린 아리랑〉, 〈행복의 아리랑〉, 〈통일아리랑〉 등이 쏟아져 나왔다. 이러한 아리랑에는 한결같이 '장군님의 손길따라'(강성부흥아리랑), '장군님 고난의 날'이나 '장군님 선군길'(철령아리랑), '장군님 선군령'(군민아리랑) 등이 주제가 되고 있다. 이전까지의 비교적 '전통'을 바탕으로 한 아리랑에서 벗어나 전형적인 '체제 옹위'의 형태를 띠는 선도적인 역할을 수행하는 노래라고 할 수 있다.

　2002년 4월 29일 김일성 주석의 90회 생일을 기념해 평양 능라도 5·1 경기장에서 처음 선보인 '대규모 집단체조 아리랑'도 그렇다. 전 세계인들을 상대로 시작된 집단체조 및 아리랑 공연은 10만

명이 넘는 공연자들이 동원되어 주로 당과 체제를 선전하는 카드섹션이 대부분이다. 최근까지 우리나라를 비롯해 많은 외국인들이 관람을 했고, 북한의 아리랑 공연을 홍보하는 데 열을 올렸다.

북한의 아리랑은 기본형식면에서 보았을 때 전통적인 아리랑은 정체되어 있지만 체제를 선전하는 아리랑은 지나치리만큼 강조되는 양상이라고 할 수 있다.

아리랑에 나오는 '아리랑 고개'는 어딜까?

아리랑에는 언제나 '아리랑 고개'가 등장한다. 다양한 내용의 노랫말에는 '아리랑 고개로 넘어간다'라는 능동형이 있는가 하면, '아리랑 고개로 나를 넘겨주게'라는 수동형도 있다.

수많은 아리랑에서 제각기 다른 모습으로 등장하는 아리랑 고개는 무엇일까? 고개는 산을 모태로 한다. 산이 유달리 많은 한반도는 옛날부터 산을 신성시하고 산에 대한 믿음 또한 강했다.

교통이 수월해지기 전까지 사람들은 신성한 산을 넘어 다니지 않으면 안 되었다. 마을과 마을을 질러갈 수 있는 산을 '고개'라고 해서 부르고 산의 일부로 여겼다. 고개는 인적자원이나 물적자원이 넘나드는 곳이었고, 그 너머의 다른 미지의 세계로 가는 통로이기에 언제나 두려움과 기대감이 교차하는 곳이기도 했다. 사람들은 고개 마루에 서낭당을 세워 신성시했고, 장승을 세우거나 돌탑을 쌓아 마을의 경계이자 수호신으로 여기며 넘어갈 때마다 안녕을 빌곤 했다.

고개는 어느 곳이나 꼬불꼬불한 굽이가 많다. 그래선지 고개를 이야기할 때는 아흔아홉 굽이, 열두 고개라는 상징적인 수가 따른다.

> 아리랑 고개는 열두나 고갠데
> 넘어갈 적 넘어올 적 눈물이 나네

고개를 오르내리는 것을 시련과 고난의 연속인 인생에 비유해 열두 고개로 표현하기도 한다. 12수는 12지^{十二支}와 일 년 열두 달을 상징하는 수로, 우리 민족이 저승에 이르기 위해 지나야 하는 열두 대문을 상징하기도 한다. 열두 대문은 지날 때마다 갖가지 시련이 있으며, 통과하기가 매우 어려운 것으로 여겼다. 우리 민족은 간난신고^{艱難辛苦}, 디아스포라^{Diaspora}를 열두 고개로 여겨 아리랑 고개로 표현하곤 했다.

> 괴나리 봇짐을 짊어지고서
> 아리랑 고개를 넘어간다
> — 〈월강곡〉

> 울며 넘던 피눈물의 아리랑 고개
> 한번 가면 다시 못올 탄식의 고개
> — 〈기쁨의 아리랑〉

아리랑 고개는 고난의 역사를 드러내 주고 있다. 아리랑 고개는 괴나리봇짐을 짊어지고 넘던 고개였고, 눈물을 뿌리며 넘던 고개이기도 했다. 일제와 싸우는 항일투사들에게는 비장함을 새기고 넘던 혁명의 고개이기도 했다.

체념 이외에는 달리 아무것도 할 수 없는 처절한 무력감에 괴로워하면서도 이를 극복하기 위한 노력의 결정체가 아리랑 고개를 낳게 한 것이다.

쪽바가지 차고서 넘던 고개
기쁨의 웃음 짓고 돌아들 오네

— 〈새 아리랑〉

그러나 마치 피눈물 나는 절규의 소리이자 한恨의 배경으로 등장하던 아리랑 고개는 해방 이후 새롭게 만들어진 아리랑에서는 기쁨의 고개로 등장한다. 이는 이전의 슬픔이나 탄식이 너무 컸기 때문에 새로운 세계를 추구하는 약동의 모습을 더욱 크고 자랑스럽게 그리고 있기 때문이기도 하다.

우리 민족이면 누구나 가슴속 깊이 아리랑 고개가 있다. 아리랑 고개는 실존의 고개가 아니라 슬픔에서 기쁨으로, 어둠에서 밝음으로, 절망에서 희망의 세계로 넘어가는 고개다. 미지의 세계로 넘어가는 인생의 분수령이라고 할 수 있다. 아리랑이 지닌 매력은 바로 '아리랑 고개'에 있으며, 이를 통해 아리랑의 서사적 의미가

해란강을 끼고 있는 조선족 마을과 평강벌의 비옥한 농토
두만강을 건너 아리랑 고개를 넘은 우리 민족이 일군 땅이다.

강하게 드러난다.

아리랑 고개는 오늘도 우리 민족에게 끝나지 않고 계속된다. 아리랑 고개가 시대정신의 상징인 이유가 바로 여기에 있다.

아리랑, 세계인이 부르는 노래

우리나라의 아리랑이 2012년 12월 유네스코 인류무형문화유산에 등재되었다. 아리랑이 유네스코 세계무형문화유산으로 등재된 것은 아주 특별한 의미가 있다.

1990년대부터 아리랑은 새로운 시대를 맞이했다. 이때부터 아리랑은 다른 장르와 접목해 시대의 감성과 취향에 맞는 새로운 노래로 탈바꿈하기 시작했다. 2002년 한일월드컵 응원현장에서 대중음악과 접목한 아리랑, 가수 조용필이 부른 〈꿈의 아리랑〉이나 가수 윤도현이 부른 록버전의 〈아리랑〉은 붉은 색의 응원물결과 함성에 실려 우리나라뿐만 아니라 지구촌 곳곳에 아름다운 노래 아리랑, 세계와 소통할 수 있는 노래 아리랑의 선율을 알렸다.

아리랑은 분단을 넘어 남과 북이 어우러져 부를 수 있는 노래로 다가오기도 했다. 이미 1989년 3월, 1990년에 열리게 될 북경 아시안게임 단일팀 구성을 위한 남북 체육회담에서 남북 모두가 단일팀의 단가로 아리랑을 택했다. 아리랑이 분단을 넘어서 남북이 어우러져 부를 통일의 노래로 인식되기 시작했다.

분단의 골이 깊은 상처에도 불구하고 아리랑은 반세기 넘게 싸늘하게 닫혔던 마음의 벽을 녹일 수 있는 노래다. 머지않아 맞이할 통일의 순간, 아리랑은 우리 민족이 다 함께 부를 통일의 노래일 것이다. 더불어 아리랑은 민족 동질성 회복을 위해 중요한 노래다. 전 세계에 흩어져 있는 한민족이 '우리'라고 하는 자긍심을 갖고 세계인과 더불어 벅찬 가슴으로 부를 노래이기도 하다.

한국사 알리기
STORY

1. 뉴욕 타임스스퀘어에서 상영되고 있는 아리랑 광고 영상

01 뉴욕 타임스스퀘어에 울려 퍼진 K-pop, 아리랑

2011년 광복절을 앞두고 제작된 '들리시나요?'(DO YOU HEAR?)라는 제목의 아리랑 영상 광고는 세계인들이 가장 많이 모인다는 뉴욕 타임스스퀘어 내 가장 큰 TSQ 전광판에 30초 분량의 영상으로 제작하여 노출되었다. 케이팝(K-pop)이 전 세계에 많이 전파되는 것을 보고 서경덕 교수는 우리의 전통음악인 아리랑도 함께 홍보하면 한류 전파에 더 큰 도움이 될 것이라 생각하여 광고를 기획하게 됐다. 광고 제작 도중 중국이 아리랑을 국가문화유산으로 등재한다는 소식을 접하면서 우리의 문화유산을 다른 나라에 빼앗길 수 없기에 아리랑이 한국의 진심어린 소리라는 것을 더욱 강조하였다고 한다. 광고비용은 네티즌들이 모은 돈과 서 교수의 외부 강연비용을 모아 충당했으며 여러 광고회사의 재능기부를 통해 제작되었다.

2. 〈월스트리트저널〉에 실린 아리랑 광고

02. 중국이 동북공정으로 고대사를 왜곡하더니 이젠 아리랑도 넘본다?

서경덕 교수는 그동안 'Basic Korean' (기초 한국어)을 주제로 한글 홍보 광고 캠페인을 벌여 왔는데 '독도', '안녕하세요', '고맙습니다', '동해' 등에 이어 '아리랑'의 한글 광고를 〈월스트리트저널(WSJ)〉에 실었다. 이 광고 아래에는 '아리랑은 한국인의 마음속에 늘 살아 숨을 쉬고 있다. 이 아리랑은 오래전부터 구전된 노래이다.'라고 소개했다.

이 광고는 2012년 12월 초 프랑스 파리에서 열리는 유네스코 국제회의에서 우리의 대표 전통음악인 아리랑을 인류무형문화유산으로 최종 등재시키기 위해 힘을 조금이나마 보태고자 만들어졌다. 〈월스트리트저널〉 유럽판 1면 우측하단 박스 광고로 실린 이번 광고는 큰 글씨로 한글 '아리랑'을 적고 전 세계인들이 쉽게 이해할 수 있도록 영어 발음기호 및 영문 설명을 상세히 넣었다. 특히 '아리랑'의 한글 서체를 쓴 소설가 이외수 씨는 중국이 고구려, 발해에 이어 아리랑까지 넘보는 것을 보며 그에 대항하여 우리 아리랑을 함께 지켜 나가자는 의미에서 동참했다고 한다.

지도를 그리며 놀자!

- 일본의 유명한 도시, 산맥, 섬 등의 위치를 표시해 보세요.
- 지도를 색칠하고 꾸며 완성해 주세요.
- 퀴즈도 풀어 보세요.

일본에서 가장 큰 섬의 이름을 써 보세요.

세계 지도에 일본의 위치를 표시하세요

퀴즈!

① 일본은 유라시아판과 필리핀판과 〈　　　판〉이 만나는 곳에 있어요.

② 얼음 축제를 하는 도시는 어디일까요?

지도를 그리며 놀자!

- 미국의 유명한 도시, 산맥 등의 위치를 표시해 보세요. 주의 이름도 써 보세요.
- 지도를 색칠하고 꾸며 완성해 주세요.
- 퀴즈도 풀어 보세요.

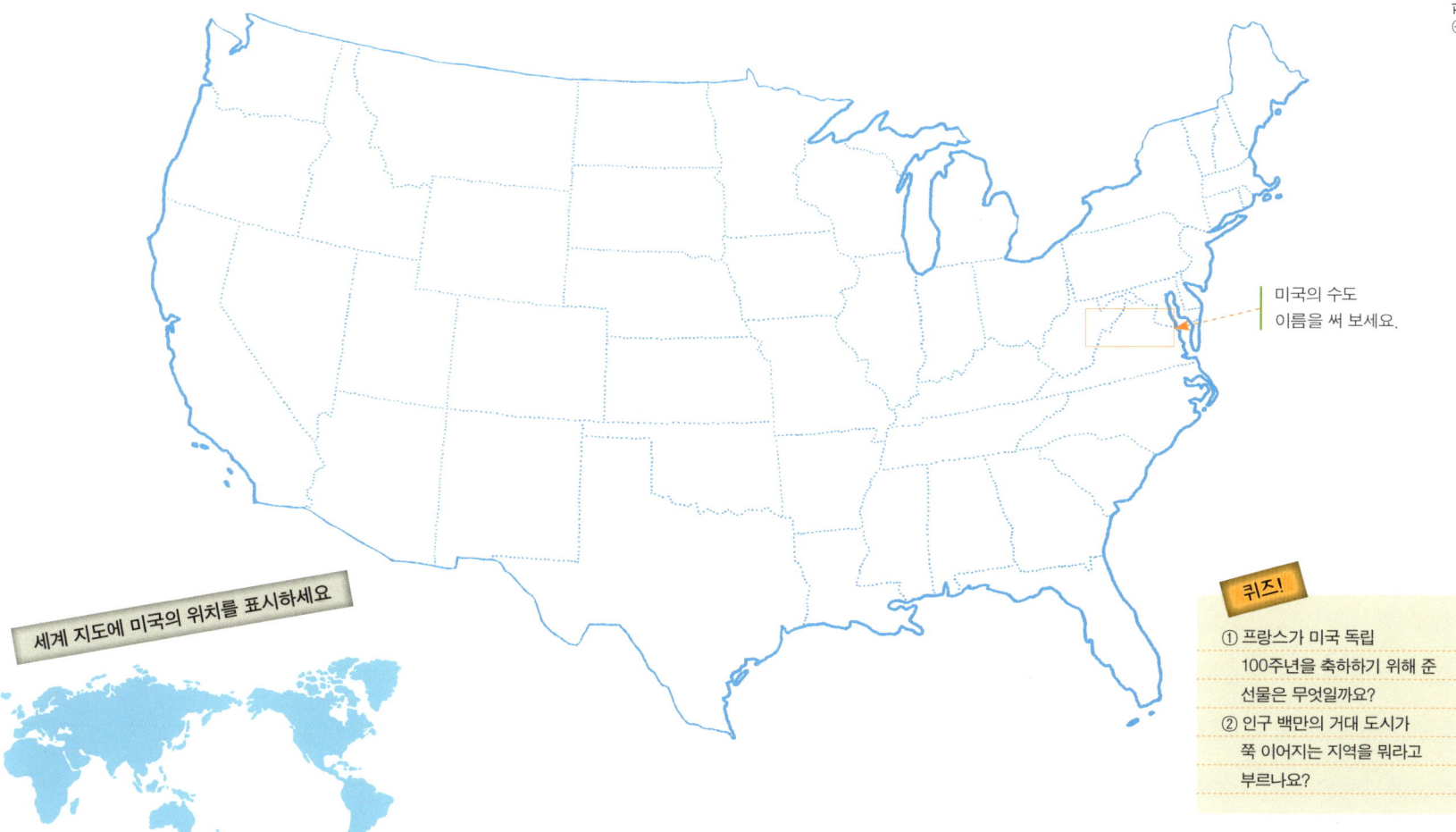

미국의 수도 이름을 써 보세요.

세계 지도에 미국의 위치를 표시하세요

퀴즈!

① 프랑스가 미국 독립 100주년을 축하하기 위해 준 선물은 무엇일까요?

② 인구 백만의 거대 도시가 쭉 이어지는 지역을 뭐라고 부르나요?

세계 지도를 그려 볼까? **5**

지도를 그리며 놀자!

- 러시아의 유명한 도시, 산맥, 강 등의 위치를 표시해 보세요.
- 지도를 색칠하고 꾸며 완성해 주세요.
- 퀴즈도 풀어 보세요.

유럽과 아시아를 나누는 경계가 되는 산맥의 이름을 써 보세요.

세계 지도에 러시아의 위치를 표시하세요

퀴즈!
① 블라디보스토크에서 모스크바까지 달리는 열차는 무엇일까요?
② 세계에서 가장 깊은 호수의 이름은 무엇일까요?

① 시베리아 횡단 열차 ② 바이칼호

지도를 그리며 놀자!

- 동남 및 남부 아시아의 나라와 유명한 도시, 산맥, 섬 등의 위치를 표시해 보세요.
- 지도를 색칠하고 꾸며 완성해 주세요.
- 퀴즈도 풀어 보세요.

인도와 인도차이나반도 사이에 있는 만의 이름을 써 보세요.

세계 지도에 동남 및 남부 아시아의 위치를 표시하세요

퀴즈!
① 동남아시아 나라 중 가장 작은 나라는 어디일까요?
② 중국과 베트남을 모두 흐르는 강 이름은?

지도를 그리며 놀자!

- 서남아시아와 북부 아프리카의 나라와 유명한 도시, 산맥, 사막 등의 위치를 표시해 보세요.
- 지도를 색칠하고 꾸며 완성해 주세요.
- 퀴즈도 풀어 보세요.

북부 아프리카와 중남부 아프리카의 경계가 되는 사막의 이름을 써 보세요.

세계 지도에 서남 아시아와 북부 아프리카의 위치를 표시하세요

퀴즈!
모리타니, 모로코, 알제리 같은 나라가 있는 지역을 가리키는 말로 서방을 뜻하는 아랍어는 뭘까요?

지도를 그리며 놀자!

- 중남부 아프리카의 나라와 유명한 도시, 호수, 강, 분지 등의 위치를 표시해 보세요.
- 지도를 색칠하고 꾸며 완성해 주세요.
- 퀴즈도 풀어 보세요.

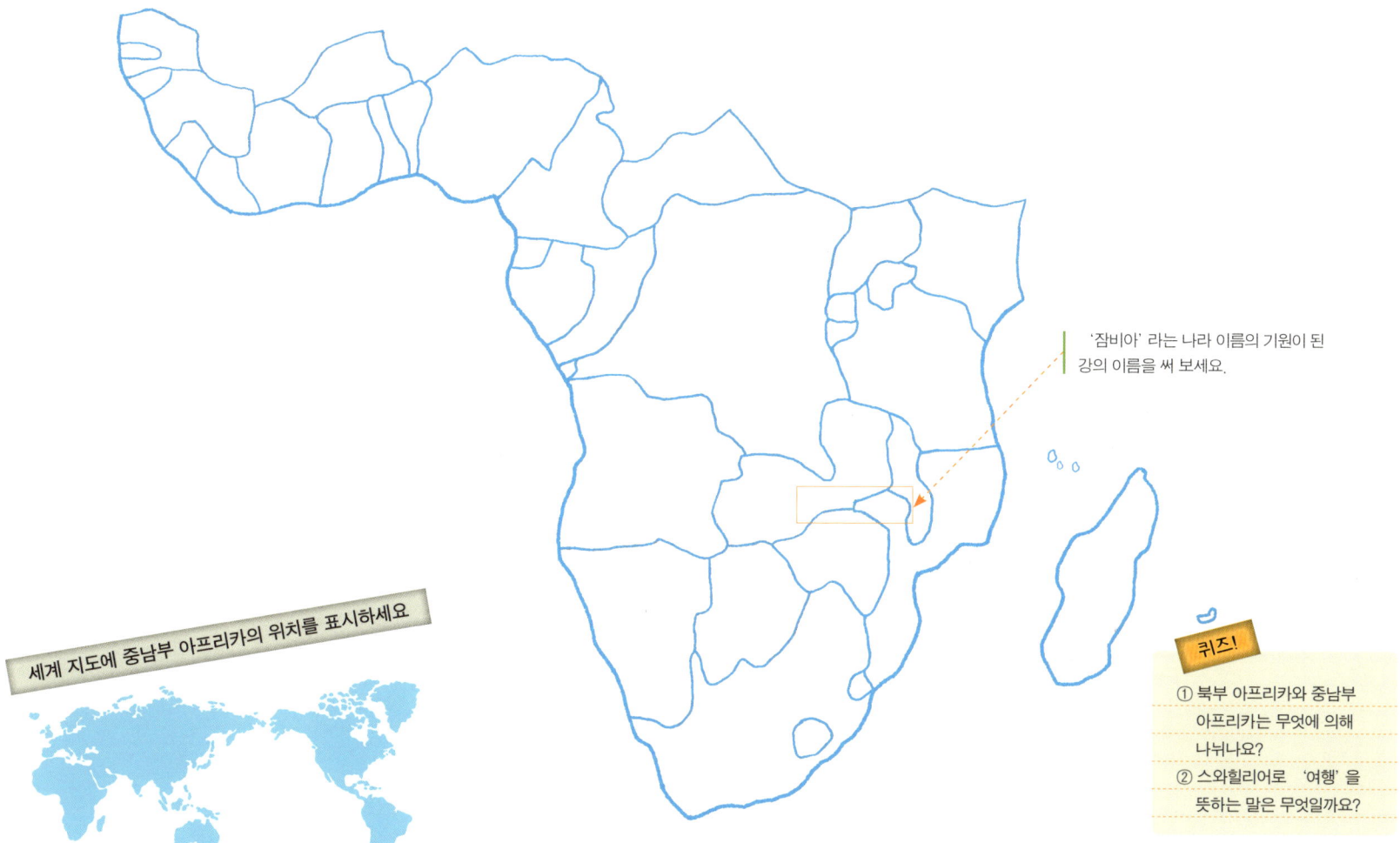

'잠비아' 라는 나라 이름의 기원이 된 강의 이름을 써 보세요.

세계 지도에 중남부 아프리카의 위치를 표시하세요

퀴즈!
① 북부 아프리카와 중남부 아프리카는 무엇에 의해 나뉘나요?
② 스와힐리어로 '여행' 을 뜻하는 말은 무엇일까요?

지도를 그리며 놀자!

- 서부 유럽의 나라와 유명한 도시, 산맥, 강, 분지 등의 위치를 표시해 보세요.
- 지도를 색칠하고 꾸며 완성해 주세요.
- 퀴즈도 풀어 보세요.

'유럽의 심장'이라 불리는 나라의 이름을 써 보세요.

세계 지도에 서부 유럽의 위치를 표시하세요

퀴즈!

① 유럽 연합이 만든 화폐의 이름은 무엇일까요?
② 맛있는 와플을 처음 만든 나라는 어디일까요?

지도를 그리며 놀자!

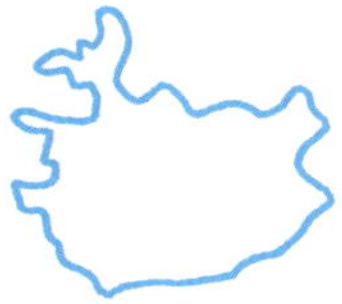

- 동부 및 북유럽의 나라와 유명한 도시, 산맥, 강, 반도 등의 위치를 표시해 보세요.
- 지도를 색칠하고 꾸며 완성해 주세요.
- 퀴즈도 풀어 보세요.

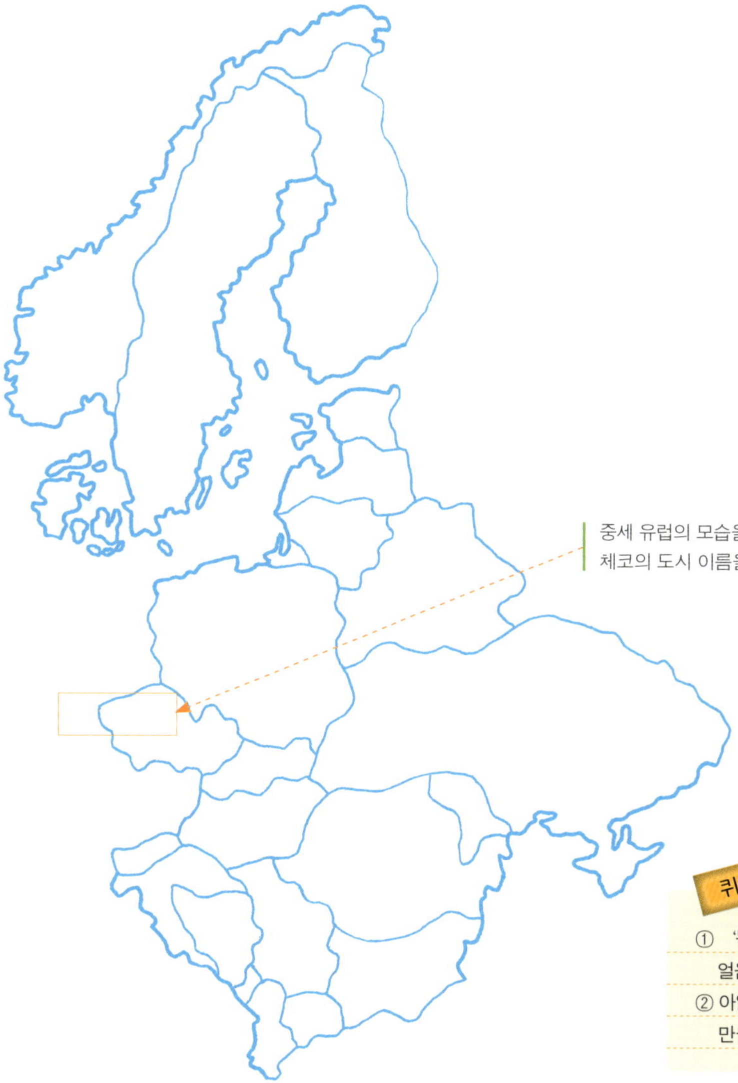

중세 유럽의 모습을 간직하고 있는 체코의 도시 이름을 써 보세요.

세계 지도에 동부 및 북유럽의 위치를 표시하세요

퀴즈!

① '녹색 땅' 이라는 뜻이지만 실제 얼음 땅이었던 곳은 어디일까요?

② 아일랜드의 한 괴기 소설가가 만들어 유명해진 인물은 누구일까요?

지도를 그리며 놀자!

- 남부 유럽의 나라와 유명한 도시, 산맥 등의 위치를 표시해 보세요.
- 지도를 색칠하고 꾸며 완성해 주세요.
- 퀴즈도 풀어 보세요.

퀴즈!
① 오렌지, 레몬, 포도, 올리브 등이 잘 자라는 기후는?
② 곤돌라가 다니는 이탈리아의 수상 도시는 어디일까요?

에스파냐와 포르투갈이 있는 반도의 이름을 써 보세요.

세계 지도에 남부 유럽의 위치를 표시하세요

지도를 그리며 놀자!

- 남아메리카의 나라와 유명한 도시, 산맥, 분지 등의 위치를 표시해 보세요.
- 지도를 색칠하고 꾸며 완성해 주세요.
- 퀴즈도 풀어 보세요.

배가 다닐 수 있는 호수 중에서 가장 높은 곳에 있는 호수의 이름을 써 보세요.

세계 지도에 남아메리카의 위치를 표시하세요

퀴즈!

① 남아메리카의 거인이라고 불리는 나라는 어디일까요?
② 우리나라와 대척 지점인 나라는 어디인가요?